体验创业 II

武平 应钢星 侯小倩 编

创新创业，历经磨难，方能涅槃。

中国出版集团
東方出版中心

图书在版编目（CIP）数据

体验创业. 2 / 武平，应钢星，侯小倩编. -- 上海 ：东方出版中心，2015.11
ISBN 978-7-5473-0880-6

Ⅰ. ①体… Ⅱ. ①武… ②应… ③侯… Ⅲ. ①私营企业—企业管理—通俗读物 Ⅳ. ①F276.5-49

中国版本图书馆CIP数据核字(2015)第263151号

责任编辑　唐丽芳
装帧设计　杨晓雯　汤　梅
美术编辑　汤　梅

体验创业Ⅱ

出版发行：东方出版中心
地　　址：上海市仙霞路345号
电　　话：62417400
邮政编码：200336
经　　销：全国新华书店
印　　刷：上海安全印务有限公司
开　　本：710×1000毫米　1/16
字　　数：180千字
印　　张：18.75
版　　次：2015年11月第1版第1次印刷
ISBN　978-7-5473-0880-6
定　　价：68.00元

体验创业 Ⅱ

主　　编　武　平

执行主编　应钢星

总 策 划　侯小倩

VENTURE ENTREPRENEUR 创业企业家名录

常兆华

微创医疗
董事长兼首席执行官

陈必寿

上海三思
董事长

程　东

英塔咨询/安派科（上海）
董事长/总经理

戴为东

星杉投资/安派科生物医学
合伙人执行总裁/总裁

蒋英华

达亿康医疗投资管理
CEO

李　革

药明康德
创始人/董事长/CEO

刘道志

山蓝资本
创始及执行合伙人

刘　毅

惠祖车
创始人

陆　豪

卓越联创投资基金/赛富基金
创始合伙人/合伙人

倪海郡

圆周率文化传播机构
创始人兼执行创意总监

沈南鹏

红杉中国基金
创始及执行合伙人

宋安澜

软银中国基金
主管合伙人

陶　闯

橡力传媒/知卓资本
CEO/创始人、董事长

王　闽

宝恩科技/安慧投资咨询
董事长

王　影

51offer、中英网UKER.net
首席执行官

王　喆

长森药业
董事长

魏正康

绿环机械
董事长兼总经理

武　平

武岳锋资本
创始合伙人

熊　健

宝莲华新能源集团
董事长兼总裁

徐　雯

华越软件科技
总经理

许　久

比瑞吉宠物用品
董事长

杨　扬

飞扬冰上运动中心
创始人（冬奥速滑冠军）

叶　锋

夏鼎资本
董事长及创始合伙人

尹志尧

中微半导体设备
董事长兼首席执行官

应钢星

露梦创开门窗科技
董事长

于　刚

壹药网
联合创始人，执行董事长

于小央

韬图动漫科技/汉赢网络
董事长/合伙人

俞　昌

安派科生物医学科技
董事长

袁　岳

零点调查集团/飞马旅
董事长/创始人

张鹏飞

博通集成电路
首席执行官兼总裁

周　敏

吉尔生化
总经理

PROLOG 序言

海归创业人 赤子报国心，满满神州情

海外归国人员，是过去一百多年民族复兴道路上的一支耀眼的主力军。无论是辛亥革命，还是中国共产党的成立；无论是第一条铁路，还是第一座现代桥梁；无论是第一颗原子弹，还是第一个人造卫星；无论是第一例心脏手术，还是第一块钢铁成就；无论是第一片集成电路，还是第一台电子计算机，海外归国人员，无不是站在时代潮流的最前列，用自己的赤子报国心，满满神州情，为祖国挥洒满腔热血，无怨无悔地努力奉献。

上海，是一座神奇的城市，祖国大地上的闪亮的明珠。改革开发以来，海外归国人员，一直对这个城市有着执着的偏爱。在特定的年份，上海曾是海归落地人数最多的地方。在过去的十几年间，许多海归创业者选择了在上海创业，创造了众多灿烂的业绩，谱写了可歌可泣的故事。这些故事和成就，不仅改变着上海这座城市，也在改变着中国，改变着世界。

本书是《体验创业》（上海欧美同学会编，上海教育出版社2007年版）一书的全新续集。自《体验创业》出版后八余年来，海归创新创业，如火如荼，更涌现了积极崭新的面貌，形成了新局面新业态。80、90新海归登上创新创业的历史舞台，中老海归在创新驱动发展、经济转型升级中扮演着各自不同的角色。在此期间他们又有很多“新的体验”。他们在各自不同的创新创业领域，用自己的思想、行动和实践，用自己的语言、感悟和体验，创造并谱写着一个个创业路上的奇迹和动

人故事，他们中有：半导体加工公司中芯国际、新药开发外包企业药明康德、网络旅游公司携程、通讯芯片设计公司展讯通信、微创医疗器件的微创医疗、卫星视频通信芯片澜起科技、射频与基带芯片锐迪科、视频网站土豆网等等。海外归国学子也给上海带进来国外最先进的以风险基金投资为主体的机构，如：红杉资本、纪源资本、启明创投、软银中国、武岳峰资本、今日资本、凯鹏华盈等，大力提升了高新科技的创业投资环境，以资本的力量助推了创新创业和科技的发展。海外归国学子也推动了产业结构的巨大和创新变革，如中微半导体、联影医疗、新傲科技、博通集成电路、格科微电子、一号店、PPTV、大飞机项目、生命科学、基因检测等等。

创业者大抵是一群具有特殊素质的人，或者有独特的眼界，或者有独特的人格，或者有独特的煽动力和魅力，或者有超乎寻常人的毅力与坚持……上海的海归创业者有好几千人，我们只能选取部分有代表性的创业者编入本书，目的在于推崇创业精神，展示不惧艰辛，给社会带来正能量的海外归国创业者的风采。在这样的背景下，我们编写了这部《体验创业Ⅱ》，以资弘扬创业精神，推动创业气氛，激励年轻一代更好投身创新创业。

上海正在打造具有全球影响力的科技创新中心。其中，创新创业人才的集聚是第一位的，而激励更多创新创业人才回归祖国，投身创新创业至关重要。人才结构决定了产业高度与产业结构，也决定了创新的水平。上海未来的发展与海归人才聚集息息相关。

每一个伟大的时代，都会产生一批时代的弄潮儿；每一次时代的进步，都源于一批时代娇子的推动；每一个时代的关键时刻，都会有一批栋梁人才顶天立地。让我们相聚上海。让我们继续携手前行！

愿《体验创业Ⅱ》一书能为年轻的创业者们提供创业路上的启示，为您投入实现中华民族伟大复兴之梦感悟创业，思想创业，行动创业，为伟大的时代，为我们祖国繁荣富强而努力奋斗！

武　平

2015年11月于上海

CONTENTS 目录

浅谈海归高科技企业的多元化和国际化

——从『海归』到『归海』创业之路的经验分享

文/ 常兆华

高科技实体公司的创业往往是靠“锱铢必较”起家，其一波三折的艰辛程度超乎寻常人想象，能挺过九死一生的初创期幸运活下来并且还有余勇继续活下去实属不易。一个务实的海归创业者在将其所学回馈于社会的同时，尚能兼顾到家庭、朋友和员工等身边人的生计并使其免于生活上的窘境，做到“发乎情，止乎理”和“小富即安”已很值得全社会尊重和称道；事实上这也是世界上绝大多数中小微企业的合理归宿。然而，如果一个海归企业的存在满足了社会某方面的迫切需求，而且家底殷实，有做大做强的天时、地利、人和等条件，那么通过快速发展将企业不失时机地提高到一定的当量和能级，应该是海归创业者责无旁贷的使命。

海归高科技企业的开创虽然往往始于技术和技术的持续创新，但最终决定企业走向和命运的却是管理和管理的不断创新。企业的快速发展得益于多种要素的耦合与机遇，而在合适时机实现企业的多元化和国际化经营从而化解单一产品和单一市场经营的风险是“海归”高科技企业绕不过去的两个坎，也是企业做实、做强、做活和做久的两个最重要的商业因素。我把“海归”企业从本土走向海外市场特别是回归到自己曾经生活过的国家的历程称作“归海”创业之路。本文希望通过回望自己的亲身经历，尝试着阐述“海归多元化经营”和“归海国际化经营”对企业发展的重要性和必要性及个人的一些体会等，希望这些粗浅的认识和一孔之见对新老海归创业者们能有所裨益。

让企业既有理想也有思想而且能传承

我于1998年中断了美国的职业生涯，在上海张江创建了微创医疗器械（上海）有限公司。虽然现在的张江高科技园区，经过几届政府锲而不舍地精心打点，俨然已是高楼林立、群雄集聚的现代化科技城，彼时的它不过是一个农田和小河交织的大农场而已，仅比我在美国创业时的农场略大一些。可能与在美国创业时形成的心理定式有关，张江那时简陋的设施和落后的农村环境不仅没有让我有些许的不适，反倒有些激情澎湃，我自始至终坚信自己在纽约北部农场能做成的事在上海东郊的“农场”也能完成，对于“迟早会有一个高端医疗器械集团从这里走向世界”从未有过片刻的怀疑。

微创医疗有一个“以人为本在以微创伤为代表的高科技医学领域建设一个属于中华民族的全球化领先医疗集团”的远景。这个远景连同企业名称，在我于1997年底整装回国前就已拟定，即我在“海归”之前就将“归海”作为回国创业整体规划的第二部曲。当时微创伤医疗技术在欧美等国家已经占到手术总量的80%以上，而中国的医疗水平还停留在“手术刀和钳”的水平，微创伤手术占比几乎为零；医疗器械的落后是国家医疗水平整体落后的主要原因之一，泱泱大国竟无一家高端医疗器械公司，迫使中国患者要么放弃享受现代高科技医学文明的成果，要么不得不为此承受比欧美患者高达数倍的费用。仅举一例而言，我在美国公司领衔开发的一台肿瘤治疗设备，在欧美日等国售价仅为10万美元，到了中国价格就离奇地涨到了100万美元而且不缺购买者；虽然其中隐情难以一语道尽，但至少从表象和我当时极其有限的认识来看，中国并不富裕的患者似乎被海外公司“讹”了，这是一种被深深刺痛的感觉。

在创业早期，主要还是因为自己的一些思维和行为方式与当时的国情不符合，吃了许多苦头；如果只是出于创业投机，或许早就返回美国寻求——以当时的眼光看——更顺理成章的创业机会了。让我在国内愈挫愈勇并坚持下来的可能还是那种今天看似有些上不了台面的“原始义愤”。驱使我回国的初始隐性动力应该是国内的潜在创业机会，但我从不否认自己当初回国创业的确也出于一种为中国患者打抱不平的义愤，所以在远景中刻意加了“属于中华民族”这个定语。2013年微创医疗国际化已到了一定规模，让上千名海外员工一起建设一个“属于中华民族”的企业就有些差强人意；为了避免不必要的困惑和质疑，我主动策略性地将此改作了“属于患者”。这个迸发于公司未发之时的远景，也是自己创业的初衷和原始动力，自始至今未变。一个企业的远景其实就是这个企业的理想和抱负。很多创始企业对远景缺少规划和精炼，而且常常将远景和使命视作是一个可有可无、虚无缥缈甚至可以信手随意改动把玩的文字游戏，不能不说是一种遗憾。企业永续经营的法宝是企业文化的底蕴及其可传承性，而其核心就是企业远景和使命；前者就像一块磁铁，磁场越强，吸引到的“才”和“财”就越多，后者就像粘结剂，其粘合力越强则“才-财”聚合体的成效越是卓著和长久。很多企业家热衷于空谈战略规划，但不合适的企业文化一定会把一个伟大的战略当作餐点吃掉。

早期的微创医疗与绝大多数中国公司一样，一旦获得产品注册证，会迫不及待地向市场推销产品。但2000年前后的一次事件彻底改变了公司的经营理念。有一天我在北京某医院观察手术，目睹了自己公司生产的产品在手术台上无法正常使用的情形；多名患者躺在手术台上的无助，患者家属的焦急，医生充满怨恨的眼神，同事的无奈，我甚至感觉手术室的灯光都在无言地表达自己的厌恶。极端惭愧之下，我把自己的衣服脱得只剩一件衬衫，然后在冰天雪地里站了数个小时，当时“求死”的欲望要远远浓于“求生”。虽然自己感冒了很久，但公司从此诞生了“一个属于患者和医生的品牌”的品牌观。这个事件发生的当天，我强行停止了公司所有的市场销售和生产，直到建立起一套完全符合国际化行业标准的生产和质量体系为止；不久公司又诞生了一条“微创生产的每一件产品都是一条天大的生命，我的每一点差错都会将患者推到生死边缘”的一线员工信条。我相信产品质量是由生产工人制造甚至是由工程师设计出来的，但我更崇尚员工对自己所做之物要有一种自始至终的敬畏和尊重；事实上，很多的质量差错根源于生产者和使用者对产品应有的虔诚之心的缺位；无论是工人、工程师、科学家还是医生都趋于高估计自己战胜疾病的作用并在各种荣誉面前洋洋自得；但实际上，以冠脉支架为例，在病变区坚守岗位，忍辱负重默默无闻工作数十年之久的还不是那个小小的金属物？此金属物虽没有思想，但却也有自己的脾性、灵魂和生命周期，其他的工业品又何尝不是如此？

“一个属于患者和医生的品牌”的理念逐步得到员工和社会各界的认可。有一天晚上我从办公室出来在公司花园里偶遇一个从卡车上装运绿化石子的搬运工。他主动走过来跟我说他母亲用了两枚微创公司的火鸟支架，触动他们毫不犹豫选定微创产品是因为他们在某处看到了这个品牌观并由此触发了全家对微创公司的信赖；这位同胞朴实的话语令我感慨良久；这个从内心涌出来的品牌观想不到会有如此给力的外向性效能。此外，公司每年都会接待众多的参观者，我听到最多的赞誉是公司对细节的关注。公司致力推广的“尽精尽微 致广致大”及“取势宏远 着力微观”的工作理念已经内化在员工心内和外化在公司运营的各个方面。

目前国内高科技创业活动热火朝天，但这里面充斥着太多的“假、大、空、诈”等。在这种投机氛围浓厚的创业环境下，一个海归创业者能坚守商业底线，显现出“拒浮夸而不沾”且坚拒“化良为娼”和“一点清油污白衣”的不凡定力就显得尤为可贵，高科技创业以“真、善、美”为特征的本来面目一定会逐步在举国上下展示出来。一个企业的理想和思想虽然不尽来自于创业者，但其传承的基因来自于创业者的说法或许并不夸张。海归创业者应有坚定的信念，做有理想、有思想的创业者。除了与其他民营企业一样追逐经济利益外，海归企业应开中国企业文明之先河，对企业存续的社会效益、社会责任感和荣誉感给予等量甚至更多的考量。

坚持自主创新战略和企业多元化经营

高科技创业公司的命运多舛之所以尤甚于传统创业公司，除了需要面对传统公司所有的问题外，高科技公司还得面临产品快速更新换代的压力。微创医疗刚成立时，用球囊导管扩张冠脉狭窄病变还是当时的主流医疗技术，但当公司终于研发出全中国第一根球囊医用导管时，主流技术已经变成了金属支架扩张术，而且有信息表明，跨国公司已经悄然布局开展药物支架的研发。当时微创医疗虽然紧跟海外巨头的上市产品为国家不断填补空白，但这种跟随的做法除了自娱自乐和博政府个别部门一笑之外，根本无法经得起市场的检验，更不可能为自己赢得生存空间。所以尽管公司当时尚非常羸弱，我还是决定开始实施前瞻性的产品开发策略，将公司资源孤注一掷地投入了当时前景尚未明了的冠脉药物支架开发。即使在公司最为困难的时刻，也没有放弃对这一被誉为“医疗器械皇冠”的研制。微创医疗利用有限的资源，自主研发，攻克了各种难关，成功并及时地开发出了中国第一个药物支架系统。后来的实践也证明这是个一举定乾坤的决策；产品正式投放市场后，公司销售收入连年稳定增长，为公司发展奠定了深厚基础。仅到目前为止该产品就成功救助了100多万名患者。

在传统行业内一个家族企业可以靠“一招鲜吃遍天”甚至历经百年而不倒的例子比比皆是，但在现代社会靠单一产品起家的海归企业，只要是以长期独立持续经营为目的，就必须走“多元化经营”这条道路，否则，只要在持续性创新方面稍许迈错一步或半路突然杀出个程咬金式的颠覆性技术，则企业难免遭遇致命一击。全球某个跨国企业，作为

▲ 2010年9月，微创医疗于香港主板上市

支架领域的技术开拓者和全球市场的大哥大，2013年突然宣布退出支架市场，这应该是其集团总部出于某种战略性考虑的理性决策，据业界推测，其在新一代药物支架开发方向上的判断失准可能是主因；这块业务最终被微创医疗收购。支架和药物支架领域的曾经的先行者最后将全球相关资产拱手让给一个后来者，如此这般的戏剧性一幕，若换成任何一个仅靠支架吃饭的公司而言都会引发灾难性结局。产品有生命周期，市场有起有落，时运会忽东忽西，“多元化是对无知者的最佳保护”的说法很有道理，因为谁也不敢保证自己永远能做到“先知先觉”。

企业的多元化经营应该分两种，一是跨行业的“广义多元化”，二是行业内的“狭义多元化”；前者是抢地盘式的强力扩张，后者是业务逻辑性的自然拓展。这些年我曾与许多民营企业家交流，发现能立于不败之地的本土民营企业家无一不是靠单一产品起家而靠“广义多元化”经营发家的。对于绝大多数海归企业而言，我不觉得“广义多元化”是一个选项，因为它会淡化海归创业的目的和严重削弱自身优势；海归创业者的书生气一旦遇上那些靠游击战术存活下来的本土创业者的原始本能，根本没有胜算的机会，而更重要的是，海归创业应该以为社会解决某一方面的需求为目的，而不必要盲目地跟随去做一些与本土企业有简单重复性和明显挑衅性的事。高学历的海归创业者多是技术出身，对自己掌握或熟悉的技术往往会犯过于痴迷的毛病，或不情愿或不敢或从未想到去探索自己专业边界以外的事物，有意无意之中与许多“狭义多元化”商机擦肩而过。

在第一代药物支架上市之后，微创医疗现金流大为改善，已有余力进行多元化扩张、这时候，有股东提出微创应该将自己定位于一个支架公司，把这块业务做精，争取将产品打进欧美主流市场并尽可能拔得头筹。将单一产品推向不同地域，靠一根“定海神针”打遍天下，这其实是一种市场地域性多元化行为，也有缓解企业潜在风险之效。另外一个多元化的方式是上述的产品“广义”和“狭义”多元化。市场多元化和产品多元化都需要巨额资金投入，前者花钱在能很快感受到但却难以看见的品牌和渠道建设上，而后者则花钱在能看得见但难以感受到的研发上。最终我还是选定了以实施产品多元化为主，以市场多元化为辅的策略。之所以做出这样一个决定公司命运走向的选择，首先是基于对海归创业的目的、实质的反省和检讨，但决定性的因素还是出于对企业依赖于单一类产品的深度担忧。在这个颠覆性创新防不胜防且其路数难以预测的时代，那种“将所有鸡蛋放到一个篮子里并花费所有精力看好这个篮子”的说教是一种不靠谱的说教。

在执行“狭义多元化”运营多年之后，微创医疗初步实现了集团化运作模式。集团下辖十几个实体公司，业务范围几乎覆盖了所有慢性病的治疗领域；这些子公司以类似于联合舰队的运营模式开展日常工作，各自既能独立运作而又不失彼此间的相互协同。产品工具箱也由最早的单一支架产品扩展到了约200个产品，大大降低了企业的运营风险而且为企业后续发力奠定了基础。

根据我的观察，很多成功的公司赖以成功的机遇可能只是一些偶然和外在的因素；这些因素有时候像火花一样，可以在瞬间产生巨大的能量，把企业推向神坛。但是，等这些短暂的能量释放以后，企业如果想要避免自由落体式的坠落，那就必须找到一条持续稳定的增长通道。经营企业有一根弦必须是时刻紧绷着的，那就是对企业中长期运营潜在风险的预判，创业者应有未雨绸缪，坏时看好、好时看坏的审慎心态。既然多元化运营可以有效化解企业潜在的危机，企业当然可以随时尝试一些小范围、小规模仅有痛痒之虑的多元化，但对于大动干戈尤其是可能有伤筋动骨之忧的全方位多元化，走此一步棋必须满足几个前提条件：1）有足够且可以输得起的资源储备；2）有清晰、相对固化而且统一的战略目标和意志力；3）有能贯穿所有业务板块并能承上启下的强势企业文化；4）有一套相对固化但能自动校正和纠偏的企业管理模式。多元化经营是一种外在的表现形式，其实质还是深入企业骨髓的一体化（Diversified But Unified）。运营的外延多元化是相对的，而惟有各种内涵因素的一体化是绝对的，不能健康发育的多元化会使各个业务单元彼此间渐行渐远，而与其初衷背道而驰，甚至导致覆水难收的恶果。“一体化集团架构、片状化核算体系”以及“授权制”的管理理念非常适合海归企业的多元化运营模式。

坚持全球化品牌战略和国际化经营

微创医疗先实施产品多元化的另外一个主因是意识到对单一产品实施市场地域性多元化在资源投入上得不偿失；但一旦多种产品具备了国际市场竞争力尤其是当企业已经深扎中国市场根基并由此稳住底盘之后，公司应关注全球化品牌战略并力所能及地迈开国际化步伐。企业国际化运营涵盖多个方面：较简单易行的如海外研发与学术机构的双向交流，与海外中介机构的合作，供应链的国际化延展等；难度和风险较高的如国际营销渠道的建立，海外研发机构和/或代表处的设立，合资公司的设立等；最难也最能体现水平的还是在欧美地区的并购及之后可能需时3-5年之久的整合。国际化的要点是把企业主动地融入到全球高科技的主流中去，把企业的某些技术，或概念或产品设计或生产工艺或配套器材或产品服务等，主动纳入到全球自主创新的网络系统中去，并使之成为其中的一个自然节点，从而实现如同“几个泥人打碎后重塑”的那种“你中有我，我中有你”的常态，进而在人才、技术和市场方面实现“互通有无”资源共享的局面，并在此基础上逐步形成具有国际水准的但仍属于自己的核心竞争力。

早期在美国工作的经验使我强烈意识到美国公司的经营、管理模式与国内有天壤之别。最令国人心痛的差异多在费用开支巨大而且难以管控方面，这是一个资金吞吐无底洞甚至是黑洞，而且，美国公司内部管理内耗问题非常严重，远非国人对外国企业的盲目认识。先不论美国公司创新能力之强、员工单兵作战专业素养之高、国家整体工业基础对企业的支持力度之大，仅国家品牌高大上的比较优势给企业带来的无形资产这一点就是中国企业在现阶段望尘莫及的。美国社会习惯了其公司到其他国家单向扩张，对于中国公司走向他们本土的“逆袭”，首先从情感上是难以接受的，其次在文化认同和专业化程度方面也存在不对称的问题。中国企业走出去不但要解决自身的一些问题，还要同时背负一些西方企业界与民间好事者对红色中国的成见和偏见。中国的“海归”大军帮助中国社会对西方社会有了较为准确和透彻的了解，而西方社会既没有“海归”也没有“陆归”，其对东方社会认知的缺失常常会导致一些误判，而这种误判对中国企业正常的国际化行为可能带来极强的杀伤力。总之，东方的中国企业走向西方的欧美世界是一个风险极大的举动，除了考虑商业化因素外还不得不考虑政治性因素，谋划稍有不周或时机不对，就会给公司带来极大的运营风险。但，不入虎穴，焉得虎子？

从微创医疗自身的发展来看，走向世界有其历史必要性、必然性和使命感。为了使微创集团能顺利地走出去并为世人接受，我在公司内部提出了全体员工从以下八个维度进行自我修炼的倡议：心胸及心智、立足点与立场、视野与视角、思想与思维方式、行为准则与行动方式、专业技能与职业化水平、规范与标准化程度以及外语表达和文字书写能力。在经过了大约2年左右时间的管理层内部调整和洗牌后，从2013年开始公司在国际化人才方面已经具备了与海外同行进行多层次和多点专业化打交道的能力。也就是从这一年开始，公司实施了三个较大的国际化动作：完成收购美国瑞特关节重建业务；收购强生名下药物支架相关资产及其在爱尔兰的一家子公司；与意大利索林集团签署合资协议，在华共建心律管理业务平台。这些运作将微创医疗集团这样一个在张江这个早先的大农场里土生土长的企业一下子定格为一家初具国际影响力的国际化企业。

收购美国瑞特“关节重建业务”，国内媒体将其称之为中国企业的一次比较成功的“海上逆袭”，也有人说这是微创不同于本土企业的一个“奇招”；美国媒体也说微创在51天（完成尽职调查和通过各种审批的时间）内使自己成为了一个国际公司。一个来自红色中国东部的年轻公司收购了一家蓝色美国南部的老牌企业，这是一个傲慢与偏见纠结、东西方文化冲突、不确定因素迸发、危机与危险蛰伏、按下葫芦起来瓢，数次逼近死亡线但又都柳暗花明又一村起死回生的高低潮迭起的过程。微创医疗在国际化的八个维度的积淀，在短平快的并购及其此后漫长的整合过程中发挥了重要作用。大量海归在海外生活与工作的背景快速而自然地拉近了与欧美员工的心理距离，无论是在一对一的交流还是集体活动中，海归背景都在起着某种不可言喻的催化剂或粘合剂的作用。在与当地政府首脑、议会和商会交往的过程中，我也隐约感觉到了彼此间存在的一种自然的亲和力、理解和信赖，或许这也是在国家鼓励民营企业走出去的当下，“海归”们应该在民营企业中率先“归海”的重要原因吧。

微创医疗的一系列国际化运营一举改变了公司过度依赖中国市场，独木支高楼，令人即感觉心惊胆颤又纠结无奈的被动局面，直接表征是国际收入营收占比从5%上升到55%左右，且覆盖了美国、欧洲、日本等主流市场。在国外公司大举收购中国公司的时候，微创能以小博大，到美国开疆拓土，这不仅是微创自身的，也是中国医疗器械产业的海外布局的一种大胆而且可能会艰难的尝试，在一定意义上对微创和中国医疗器械产业都是一大进步。国际化运营不仅使微创实现了与国际高端医疗器械产业的融合，还即刻增加了自身的当量和体量。此外，我一直感兴趣但尚未有答案的一个问题是，一个有较高程度国际化的企业能否围绕三大地理板块（中国、美国和欧洲）的时差作些运营优化，从而为企业赢得比本土企业多一个维度的生存和发展时空。

“望远能知风浪小，凌空始觉海波平”，不走向世界，不知道自己多么渺小。无论从心理和竞争意识上，还是从实力和创新生态环境上看，中国民营企业与跨国集团公司的竞争实际上是一场力量对比悬殊的不对称竞争。中国企业的国际化运营实际上是把自己决然地置于与海外优秀公司尤其是实力雄厚的跨国公司同台竞争的局面。一个企业在国际化方面真正需要正确判断和作对的大事其实不多而且历时也不长，而在这几个关键动作做完之后绝对不能搞砸的事情却是接连不断地出现而且经久不息。一个猛子扎下大海容易，但不是每个人都还能浮起来。国际化运营与多元化运营是两把双刃剑，出手角度和时机把握不好都会伤及自身。因此，对于中国企业而言，国际化运营尤其是海外并购是一个高难度而且非常令人揪心的动作，其实施与否应该是“大胆想象，小心求证；探微取精，去伪存真”后的理性决策而绝非一时的情绪化冲动。在本土根基还没有扎深的情况下的国际化是一种舍本求末、缘木求鱼的行为，而在粮草未备尤其是国际化人才不到位的情况下的国际化只是一种逞匹夫之勇、不自量力的行为；海归高新企业的所有国际化行为都必须以促进自身业务在国内市场的繁荣为出发点、着眼点、着力点和归结点（Globalized Yet Localized）。即使对于一个高度国际化的公司而言，不断的精耕和深耕本土市场也应该是国际化运营声声不息的主旋律。

海归创业者的修身与修行——路漫漫其修远兮

海归高科技创业有其独特性，我个人粗浅地将海归创业方略总结为“养精蓄锐海归——窥伺狭义多元——浅尝越洋归海——俯取本土固本——进取世界共和”五部曲。与老一辈海归者们学有所成后购买单程票回国服务不同，新时代的海归创业者们更习惯于在洲际间多次往返，其中的部分人士会伴随着中国民营企业走出去的大潮而“归海”并在此过程中发挥一般民营企业不能发挥的作用，即建立起以中国为根基的全

▲ 2014年1月，位于美国孟菲斯的微创骨科公司成立

微创医疗董事长兼首席执行官常兆华博士、微创骨科首席执行官Ted Davis、阿灵顿市市长Mike Wissman、谢尔比县县长Mark Luttrell、田纳西州议员Mark Norris

球化事业。即使是一个立志于本土而无暇顾及海外市场的海归企业，这种全球化的心态和视野也是企业发展的必备要素。对于海归创业者个体而言，或许其个人价值的体现开始并终于本土，但对于海归群体而言，对中华民族最大的贡献可能并非仅仅将自己所学所知贡献给这片土地，而最大的价值莫过于在完成“海归”的行动后能勇敢地再次“归海”，并在这后一段的创业历程中帮助中国高科技企业实现与全球工业和市场的全方位融合和重塑。海归创业者作为特殊时期的一个特殊群体，无论是在“海归”后与“此本土”创业者的直接“头碰头”竞争还是在“归海”后与“彼本土”创业者的“头碰头”竞争，都没有明显的优势，其细分化的比较优势体现在其复合型身份上，尤其是那种能看透两边国情民情（即“看得明白”），在“此地说彼话”和在“彼地说此话”（即“说得明白”），以及能“取人之长补己之短”和“取己之长补人之短”（即“做得明白”）的特殊能力上。“时来天地皆同力，运去英雄不自由”，尽管“海归”创业者的终极使命可能是帮助将“海归创业”这个独特的时代现象归结于历史，但现在一定是高科技海归创业者们最

好的时代，正所谓时不我待。

“海归”创业是“路漫漫其修远兮”，“归海”创业之路又何尝不是“知之非难，行之惟艰”。创业者处于一个动荡不安、难以预测且常常是不可控的环境里甚至是难以逃脱的漩涡之中，不可避免会遇到一些离奇的事和非常之人，而一个人的心就那么一点点大，因此烦恼、伤心、担忧、歉疚、后悔、焦虑、误解、冤屈、悲愤、无助、孤僻、失落和绝情等是一个创业者的心理常态。海归创业犹如文人持剑，知行错位尤甚。有人说创业是创业者的一种生活方式，但我更觉得创业是创业者们的一种天性，这种天性与攀岩和登山者们每天为抓住几块石头而乐此不疲的本能并无二致，否则就难以解释在创业者这个群体里那些激情与活力四射的七旬甚至八旬弄潮儿的创业动机和力量源泉。与登山者只是人群中的极少数一样，创业者也只能是大众中的极少数。高含金量的创业常常需要一个人毕生甚至是几代人不断的坚持，因为事业既是靠一股“不折不挠”的“韧劲”干出来的，也常常是靠一种“咬定青山不放松”的“定力”熬出来的。对于后者的解读，巴菲特的说法最言简意赅：“不管你多有才能，多努力，有些时候，你都必须坚持足够的时间；要生一个婴儿，只能是一位女性怀胎十月之后的事，如果只有一个月，十位女性一起怀胎也没用。”每次我与从事高科技创业的海归们见面，离别时我会常常以“坚持”二字鼓励对方，每次都会赢得一次感激而发亮的目光对视，这似乎成了这个出污泥而不染、苦苦奋斗群体的暗语。“莫嫌海角天涯远，但肯摇鞭有到时”或许在当今这个浮躁的社会也可以被当真?

日本医药界有一位创造了年销售额近200亿美元商业帝国的奇才，过去数年我有幸多次与他见面，每次见面自然会向他讨教一些创业与企业经营之道。他话不多，但却是字字珠玑，令我印象最为深刻的是两条：一是创业就是设法做到“才-财汇聚”，二是企业发展要学会像竹子蹿高一样打节，由此让我明白了企业在固本强基和快速拔高之间作阶段性、间歇性发展的道理。去年在他病危时，我特意带了一大瓶1986年法国木桐酒与另外两位同事专程去日本看望他老人家，在若干医护人员的严密看护下，我们在一家法国餐厅吃了一次午饭。谈话间，他明显表达出了对那瓶红酒的喜爱，表示虽不能喝但会放到床边天天看看也好，而最多的话题是关于中国和全球医疗市场发展趋势的看法，其好奇心和对事业的专注以及热爱生活的态度令人难以忘怀。此后不久，我们就听到了这位令世人尊崇的企业家离世的消息。知我者谓我心忧，不知我者谓我何求？对酒当歌，人生几何？把“生命不息，冲锋不止”忘我而顽强的拼命精神之“愚钝”留给迟早归于社会的事业，而把“嫩绿枝头一点红，动人春色不须多”独我而温馨的柔情蜜意之“敏感”留给永远属于自己的生活，这大概是一个合格创业者的基本表征吧。“拼事业也爱生活”或许没有“万里风云三尺剑，一庭花草半床书”古风来得浪漫和风流，但至少会让从事海归创业的难兄难弟们觉得不枉“海归”此行，更不枉人生此行。我想将此所悟作为本文的结语，既是为了纪念这位伟大的创业家，也是为了与海归同志者们共之、勉之、励之。

常兆华简介

出生于1963年，1979年从山东淄博到上海理工大学动力工程系攻读学士、硕士及博士学位；1987年前往美国纽约州立大学生物系攻读博士学位，在美期间曾成功参与一次颇有建树的高科技创业活动并先后担任两家上市公司副总裁。1998年归国创建微创医疗器械（上海）有限公司；从一张办公桌开始，以冠脉支架起家，发展到拥有海内外数十家全资子公司和3000多名员工的全球化领先医疗集团；产品在全球逾5，000家医院使用，覆盖了亚太、北美、南美及欧洲等主要市场，平均每18秒，就有一个产品用于救治患者生命或改善其生活品质或用于帮助其催生新的生命；公司2013年以3亿美元收购了美国瑞特医疗公司大关节业务，这也是中国健康产业史上最大的一笔海外并购案；公司同年还收购了美国强生公司的冠脉支架全球相关资产。常兆华博士还担任上海理工大学教授、博士生导师及上海市工商联副主席等职务。

创业是一场人生修行

文 / 陈必寿

屈指算来，从1982年留学德国到今天已经过去了30多个春秋了。几十年岁月如梭，让我从一个普通的技术人员变成一个管理者；让我从青年学子变成了鬓生白发、风霜满颊的老人。岁月确实让我改变了许多，但唯一不变的是我对于创新的渴望和对创业的探索，创业也是人生的一种修行方式。投身创业，从系统工程角度说，理论上有成功的基础，我不仅有领导和朋友的鼓动，而且自己也有进行实践的想法。

我不爱"运动"

毕业之后我被分配到上海船舶运输科学研究所（以下简称船研所）上班，那时候的船研所是交通部下辖最大的科研机构。当时正值文化大革命爆发的岁月，整个社会都处在一种混乱的状态里，单位里员工放下手里的工作加入了风风火火的“运动”中去。

这和我毕业时的想法相差甚远，我还是希望自己做一些科研工作，将自己的所学用到工作中去，于是我申请到近海航行的货船上去做课题研究。现在看这是一个不错的选择，那一年里我在船上工作，躲过了轰轰烈烈的运动，同时还学到很多专业知识。而那些和我同时进单位的同事们在这期间就在船厂或者其他单位参加运动，甚至差点儿成为批斗的对象，这样一对比我就感觉到自己的幸运。

经历过这件事情，我突然意识到，人这一辈子是由很多不同的经历组成，你选择什么样的经历就是选择什么样的人生，经历的总和就是你人生的全部，所以我希望自己可以拥有一个充满丰富经历同时创造更多价值的人生。这也是我第一次考虑人生和工作的因果关系，在那个年代我就认定了自己未来走的路——用知识和奋斗填满自己的一生。

习惯“主任”这个称谓

我的人生之路也因为这些丰富的工作经历而变得更加开阔。最重要的机遇出现在上世纪80年代初期，1979年邓公复出后提倡要多派留学生到国外去学习，赶上这股春风，我也成为我们单位首批公派出国的留学生。

1979年，我们由单位选派参加了国家组织的出国研究生、研修生外语考试，最终只有包括我在内的三位同事一起通过考试。1980年初，我们以“访问学者”的身份公派出国留学，我去了德国康斯坦茨大学深造，而他们两个则分别去了日本与挪威。

两年的留学生涯给我带来了很多感触，大大开阔了我的眼界，我对于国家和民族的思考更为深刻，德国的先进技术更是让我感觉到我们国家在技术发展方面的欠缺，坚定了我回国做技术的决心。

1982年我回国，重新回到船研所工作，这是我最黄金的年纪，整个80年代我都工作在研发的第一线，我牵头研发的“恒电位仪”项目取得了不小的突破，最终该项目在上世纪80年代末期获得国家发明四等奖、交通部重大科技二等奖。

当时我对于科研工作甚至可以用“醉心”这个词来形容，我是真的喜爱这种工作，我一直觉得技术人员就应该一心研发新产品。这种工作状态甚至惹得同事笑我是“书呆子”。

留学归来后，领导对我们更加器重，没多久提拔我当研究室主任的任命下达了，对于这次提拔我最初是拒绝的。我当时不想管那么多事儿，我觉得能集中精力做好自己的研发就很好了。

于是我去找了我们船研所的主管副所长，我希望任命能收回，或者找其他人来接任主任的位子。听完我的要求后，他哈哈大笑，最终还是依旧让我接任主任的职位。

后来，“主任”成为我最习惯的称谓，直到今天我在三思公司，依旧不喜欢别人称我董事长而是喜欢同事们叫我主任，因为我总觉得这是一个“技术称谓”，与我一生钟爱的科研工作很相符。

到上世纪90年代初期，我所在的计算机研究室成为我们船研所比较重要的科室，我们办公室挂了两个牌子，一块是船研所计算机研究室，另外一个牌子是交通部上海计算中心。我也感觉到自己身兼重职的压力。

下海去

1993年对于我来说是一个非常重要的年份，这一年我50岁了，用古人的话说已经到了知天命之年，但在这一年我做了一个重大的决定：离职下海开始创业。

这在当年被认为是不可思议的，一方面我们船研所是很多人眼中的“好单位”——当时船研所是交通部下属最大的科研机构，员工最多时候超过1200人，计算机室还是船研所当中业绩最好的部门之一，曾连续获得多个奖项；而在另一方面我个人还是国家第一批国务院特殊津贴获得者，又是交通部高级职称评审委员会委员，深受领导器重。无论是单位业绩还是我个人成绩甚至收入在当时都是很不错的状态。可以说在船研所可以保证我过一种安稳优裕的生活，而一旦创业我则必须面对未知的风险，所以很多朋友同事都不理解我为什么要执意下海。

但这不是我仓促间做出的决定，邓小平1992年南巡，重申了支持改革开放的政策，并称“要抓紧有利时机，加快改革开放步伐，力争国民经济更好地上一个新台阶”。这直接催生了我的创业梦想。但我依旧私下谨慎地咨询朋友和领导，听取大家对未来的建议和意见。

我到交通部找到几位老领导咨询请教，我原本是希望他们帮我分析时局厘清困惑，但没想到的是他们坚定地支持我创业并称“不要有丝毫犹豫”。这不但给我增加了信心，同时让我认识到，“创业正当其时”。

实际上，我做事一直力求谨慎，我们创立的上海三思公司，名字中的三思除了有英文“三C”即“Computer”“Control”“Communication”的谐音以外，中文名字还嵌有“三思而后行”的意味。所以我认为创业不是一个追赶潮流的过程，也不是一个冲动的结果，创业是需要谨慎思考的。

当时经过慎重考虑，我想如果我错过这次创业，我可能一辈子都待在船研所做技术，看着科研成果鉴定后被束之高阁，对社会也没有什么实际意义，这与我当初设定的“人生是一场经历总和”的目标相违背。我一定要有更多的经历，更丰富的阅历，同时更完美的人生。1993年，我带领几名员工创业，在上海的徐汇区安福路上，我们租了黎明中学的学校车间成为我们的办公室，虽然条件艰苦，但当时我们认准了这个创业方向，从没有改变过。

我们在创业之初就看准了这个市场——做LED显示屏。在90年代初期中国证券市场刚刚打开，当时的证券公司如雨后春笋一般矗立在上海的每个街角。而每一个证券公司都需要有自己的一块“跑马灯”“交易屏”，而这就是我们的潜在市场。

当时，我们三思的LED屏幕、跑马灯、交易屏等产品顺利地进驻各个证券公司、交易中心，随着技术的深入我们的产品进一步打入银行系统、医院系统等单位。这让初次创业的我们尝到了甜头，同时也挖到了第一桶金。

从0到1

从1993年到1998年，我们的主要业务都集中在银行、证券等行业，每年的营业额维持在2000万人民币左右。在90年代对于一家初创型公司而言，这是一个很不错的数字，但我们不这么认为。

LED行业是一个门槛相对不高的行业，尤其是在我们最初从事的下游环节中，企业间竞争激烈，甚至大打价格战。受制于行业饱和的影响，我担心三思在低价竞争的市场中迷失方向。正好在1998年的出国考察中我了解到国外高速路上的LED设备应用非常普遍，尤其是在监控系统和路牌指引等方面都需要大量的LED设备，而当时国内的高速公路配套设备中的LED几乎为零。

这个发现为我们三思提供了另一个广阔的市场天地，我们很快就开发出了适用于外场环境的箱体结构、远程控制等产品，并率先拿出了样机，一举抢占了市场先机。这个市场将我们三思的营业额直接由2000万人民币，提升到4000万人民币。

现在三思已经是国内连续10年LED显示屏行业排名第一的品牌。我们的年营业额也从最初的2000万、4000万到现在连年超过10亿元。

同时我们还开拓了LED照明技术，鹰潭高速公路隧道LED照明项目是我们早期的一个标杆项目。后来的很多项目也都成为国家发改委、交通部、公安部与建设部的示范工程。

但真正让我们三思LED照明赢得市场信任的还是“深圳地铁2号线照明工程”。2010年4月，三思参加深圳的“地铁2号线照明工程”竞标，说实话当时我对这个项目的中标预期并不高，不是说我对自己的产品没信心，相反我们的产品在技术上拥有绝对的优势，因为三思承担了863国家高新技术研究发展计划，在两年半研究中我们申请了76项专利，课题的综合技术在国内处于领先，并达到国际水平。

影响我对中标判断的是当时的外部环境，当时国内的LED照明企业大部分都集中在广东地区，受以往地方企业占优势的思路影响，我认为三思在这场竞标中有很多不利因素，项目方很可能选择本地的企业来接

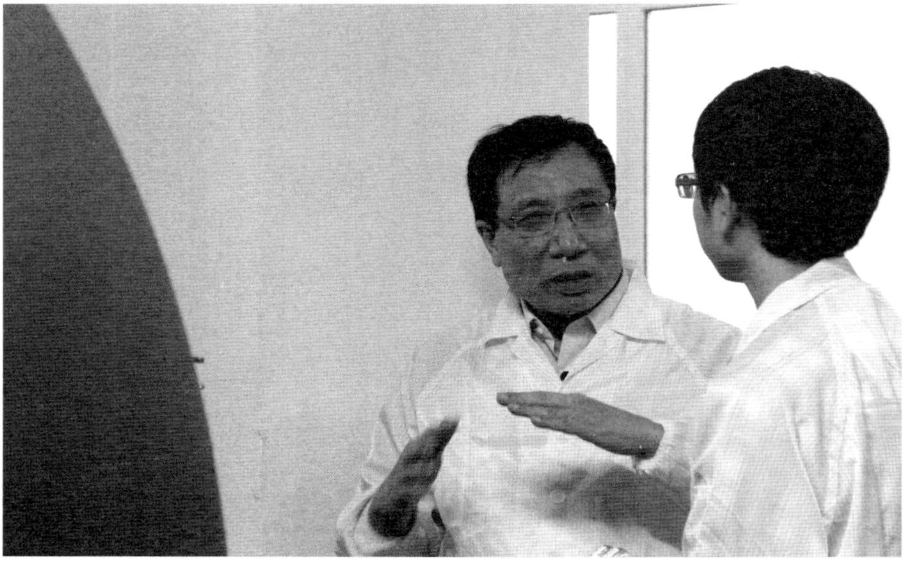

▲ 陈必寿与研发人员讨论技术问题

受该项目。所以后来当我接到项目方通知我们中标的电话时，我甚至有点儿不敢相信。

实际上这个项目我们完成得非常好，我们在“深圳地铁二号线”的27个地铁站公共区、出入口通道、设备区及走廊等场所安装了25000多套LED节能照明装置，在几年后检测证明可靠性高并且几乎没有光衰减，获得了业主方、设计方、运行方和社会大众的一致好评，并在LED应用优秀工程评选中获得唯一的LED照明应用优秀工程奖。这也是LED照明系统首次在国内外城市轨道交通工程中大规模应用。后来，我们LED照明系统陆续应用到全国近20条地铁线路上。

随着智慧城市的概念正在越来越深入人心，顺应形势的发展，我们研发推出了智慧路灯系统，这是一个融合了互联网+、云端处理、大数据等前沿技术于一身的新型智能路灯，具有各个功能模块之间数据互通联动，实现实时监测、故障预设处理、信息收集发布、节能照明、危险呼叫报警等强大功能，还可以为新能源交通工具充电、发射射频信号等。另外，对于我的老专业船用设备领域，我依旧有一份难以割舍的情怀，由于LED照明具有节能、环保、寿命长、抗震、防盐雾侵袭等优点，我们正在研发的LED船用灯、航标灯等将使LED产品应用到一个新的领域。

中国的就是世界的

现在三思已经从当初的16万资金、十几名员工发展成为注册资金达到1亿元、拥有1700余名员工的国内LED行业的领先企业。更值得一提的是仅我们的研发团队人数就超过400人，可以很自豪地说，全世界没有一家LED公司有我们这么庞大的研发团队，有我们这么强悍的研发能力。

卓越的研发队伍让我们一直走在LED行业的前列，最典型的例子是我们去年4月发布的10瓦LED球泡灯，虽然能耗功率只有10瓦，但是灯泡亮度相当于传统白炽灯100瓦的效果。

美国能源部门曾经为LED产品设定了一个标准，即一旦研发出此类10瓦LED球泡灯就意味着全球进入了LED照明的新时代，换句话说，这个10瓦球泡灯是一个划时代的产品。

但我当时并不知道美国有这样一个说法，我们只是按部就班地低头赶路，没想到自己做出了多么厉害的产品。后来美国方面专门过来求证，同时很多行业专家过来确认才让我感觉到一点儿不同。国家香山会议秘书长闻讯赶来，在他的建议下，我们在2014年4月26日举办了有3位院士与200多位专家出席的新品发布会。

从某种角度看我们三思是一个不擅长宣传的公司，这可能和我本人的性格有关，我一直不喜欢宣传推广，而只愿意埋头做事儿，坚持用“产品说话”。

当然，我们的产品确实也做到了这一点，我们三思生产的巨大超高清LED屏幕登上了2010上海世博会的开、闭幕式，那块面积达到500m^2，像素高达1300万的屏幕不仅可以实现多画面实时同步播放，同时还可以无缝切换数据环路、逐点亮度色度一致性，是业内公认的高性能LED屏幕的代表。西昌卫星发射中心控制指挥中心的那块屏，也是我

▲ 陈必寿获得紫荆花杰出企业家奖

们三思的产品，由于产品质量非常可靠，我们的产品还大量应用到军事国防领域。

现在三思的产品已经走出国门，远销欧美等国。比较著名的如美国时代广场的412m²和800m²LED大屏幕，在2012年美国专业杂志《Signage Solutions》曾评价称该屏幕是“时代广场的新标杆”，并认为我们三思是世界第二大的LED应用产品制造商，是一个结合了LED软硬件为一体的优秀的中国公司。

作为一个50岁才开始创业的技术人员，看到这个评价的时候我心里还是充满了喜悦，我觉得自己终于圆了少年时代的梦想——希望自己为这个国家为这个民族做点儿有价值有意义的事情。

现在这些倾注了我心血和汗水的LED产品正在世界各地发光、工作，它们优异的性能和卓越的质量就是我们对这个世界的无声宣告。

陈必寿简介

生于1943年，浙江省浦江人，研究员，上海三思董事长。1966年毕业于西安交大应用数学专业，毕业后入职上海船舶运输科学研究所，1980年以访问学者身份赴德国康斯坦茨大学深造，回国后任船研所计算机研究室主任，曾获得国家科技进步二等奖、上海市科技进步一等奖、交通部重大科技二等奖等，享受国务院特殊津贴。1993年下海创业，成立上海三思电子工程有限公司，主营LED显示、LED照明及控制系统的产品研发、生产和销售，今天的三思公司已经连续10年在国内LED显示行业中排名第一。而陈必寿本人也曾获“中国优秀民营科技企业家”“上海市优秀专业技术人才”“紫荆花杯杰出企业家”“中国留学人才归国创业腾飞奖”等多项殊荣。

创业积累财富　公益提升价值

文/程　东

只要看到他们的表情，我就清楚他们在想什么、在为什么而痛苦；只要与他们交流三分钟，我就知道他们回国的动机……

由于自觉或不自觉地把十年的时光都投身到社会公益活动中，相比“上海英塔公司董事长”和“安派科（上海）公司总经理”两项企业职务，我的社团职务要多得多：

上海市归国华侨联合会副主席，

浦东新区归国留学人员联合会常务副会长，

浦东新区归国华侨联合会副主席，

欧美同学会创业分会常务副会长，

浦东新区侨商会副会长，

张江高科技园区侨联分会主席，

还有全国侨联委员、上海市政协委员等等，在所有的社会组织职务中，唯一的正职——“张江高科技园区侨联分会主席”，这个最基层的社会职务，让我做最接地气的事情，令我无比珍惜，因为她给我带来一生中无比巨大的荣耀。

政府购买服务，创新公益模式，社团为国引进高端人才

2009年，我所担任主席的张江高科技园区侨联分会，在全国第八次侨代会上获得了由国家人力资源和社会保障部与中国侨联联合颁发的“全国侨联系统先进集体”荣誉奖牌。我代表千千万万个新侨和海归创业者、代表张江侨联分会，在北京人民大会堂接受党和国家领导人的集体接见，时任国家副主席习近平同志亲自为我颁发奖牌。站在人民大会堂领奖台上的那一刻，我感到无比的光荣！

富有特色的社会组织工作，凝聚了近2万名新侨和归国留学人员，通过沙龙、论坛以及创业培训班，为张江高科技园区建设良好的创业生态作出了积极的贡献，打造了一个连接上海与世界的国际高端人才引进和服务平台，开创了中国科技园区新侨工作的典范。这就是近十年来，我和我的伙伴们所创建的海归社会组织创新服务平台——浦东新区归国留学人员联合会以及我们和张江集团联合创建的“浦东国际人才城”。我们“政府购买服务”和“政企社才”的运营模式在浦东、上海乃至全国具有很大的影响力，全国许多省市组织部、侨联、高科技园区等新侨和海归服务机构都到我们这里考察交流，与我们建立人才引进和服务合作关系。党的十八届三中全会报告中，提出全面谋划社会组织改革发展。就社会组织，《中共中央关于全面深化改革若干重大问题的决定》提到13次，涉及的内容之多，是前所未有的。《决定》提出要“加大政府购买公共服务力度”，尤其是社会组织的服务。由此可以看出，我们的工作是一个很好的实践，也得到党和政府的充分肯定。

积极投身公益，创建品牌活动，海归争当创新创业排头兵

与一些创业有成的海归学长们相比，我回国后的第一次创业不能算成功，在这里也没有什么好的经验可谈。也正是因为自己经历了艰苦而又不太成功的创业历程，让我对海归创业的同学们有着特别的感情，只要看到他们的表情，我就清楚他们在想什么、在为什么而痛苦；只要与他们交流三分钟，我就知道他们回国的动机和动力。他们这种茫然无助的神情常常触动我内心深处的痛楚。所以在自己艰苦前行的同时，在各级领导支持下，我充分利用不同涉侨社团平台，整合各种资源，为新侨和海归创业者们提供一些力所能及的帮助。而做这些公益活动的动机，更多的是同情和理解，长而久之就成为一种情怀。

记得在2001年，我公司所落户的浦东软件园建园一周年之际，我突发奇想，以自己公司的名义举办了一场音乐会，邀请软件园里其他企业员工免费出席，以此促进园区企业间的了解和交流。这在当时还是一个很新潮的举动。为此，软件园的领导专门上门感谢我。由此，一些大领导到浦东软件园参观，必然会被安排参观我的公司，我也参与接待了当时到软件园视察的多位中央主要领导人。

2003年我被推荐为上海市政协委员；2004年被推选为浦东新区归国留学人员联合会常务副会长；2010年被选为上海市归国华侨联合会副主席……。从此以后，也许是兴趣使然，也许是命运安排，也许是初次创业不够成功，反而使我在寻找人生新的价值…… 就这样，我在社会公益活动这条道路上一走就是十多年。

这十年里，我和其他热衷公益事业的海归学长们组织策划了许多活动，在社会组织建设方面做了许多创新：利用计算机数据库和客户关系

系统管理会员；通过各种沙龙和论坛联络联谊海内外留学生；通过打造海归创业培训品牌活动为政府招才引智；通过对接各种资源，服务海归创新创业；通过创意和建设“浦东国际人才城”提升浦东吸引高端人才的力度，使之成为浦东的新地标等等。这些有益的尝试凝聚了大批海归创新创业者，同时也吸引了大批海外学子回到上海落地发展。

这十年里，我的70%精力都投入到联合会的工作之中，但不拿一分钱工资。我们努力探索具有中国特色的社会组织运作模式，推动政府购买服务，树立“公益化的宗旨”，实施“企业化的操作”，我和伙伴们把浦东新区归国留学人员联合会发展成一个拥有近2万会员、在海外具有广泛影响力的海归组织，并在国家级高科技园区内成立首个侨联组织。

长期在海外学习深造与工作的海归们，如何尽快适应国内创业的“水土”？带着这样的思考，从2008年开始，浦东新区归国留学人员联合会在上海市侨办和浦东新区区委区府的指导和支持下，每年举办“海外华侨华人回国创业培训班”和“海外华人精英浦东行”等活动。培训班在全球招募学员；注重创业培训的实战性；出席培训班的领导须脱稿讲话；创业导师须是海归创业企业家，传授亲身经验，点评热点问题；把培训与参观孵化园区、对接创业空间、解决回国创业的落地问题结合起来；邀请资金经理，为海归们介绍如何申请政府的项目资金，如何获得风险资金；学习结束后，联合会与学员保持联系，继续提供指导与服务；为学员们进行包括创业导师、天使投资等资源的对接等等。这些培训模式在今天已经被广泛采用，但在八年前，从教材设计、导师遴选、考察安排、项目对接、服务落实等等，都需要我们自己开发和探索。而这些积极的探索是有意义的：经过统计，每期培训班结束后，都有20%左右的参训学员回国创业。他们中已经出现了一些成功创业的领军人物。在当前的“大众创业，万众创新”热潮中，创业培训班的意义得到进一步的升华：海归创业者拥有更好的技术、更新的商业模式、更高的国际化、更大的成功率，理当起到引领和示范作用。我为此感到社会公益的价值和意义所在。

深入调查研究，推动政策落实，愿做海归创业的铺路石

作为政协委员，在人民政协的舞台上，我也不遗余力地为浦东建成国际人才高地鼓与呼。

浦东新区有500万人口，但国际化人才仅8万余人，这与世界发达国家相比存在巨大差距。浦东吸引国际人才还有哪些“短板”？新的技术移民政策如何试行？早在2013年1月份的上海“两会”期间，我就提交了近8000字的提案《关于浦东试行技术移民政策的建议》。网络上称之为“史上最长的提案”，该提案又被在沪的全国政协委员带到了全国两会，从而受到政府相关部门的关注。该提案从酝酿到摸底调研，组织召开过不下20场座谈会、上百位中外“新浦东人”在座谈和调研中倾诉自己的感受，后期撰写完成历时大半年。

此外，我与浦东留学生联合会和张江侨联的同事们从抓调查研究入手，坚持每年开展一项综合调研，倾听新侨、归国留学人员的想法，先后完成了《一支充满生机和自主创业生力军——张江归国留学人员创业案例分析》《浦东新区归国留学人员创业环境的现状分析及建议》等调研报告。这些调研报告既弘扬了新时期新侨、归国留学人员科技强国的精神，在浦东创新创业的风采，又扩大了他们在浦东创业成功的海内外影响，还对他们在发展过程中遇到的瓶颈问题，诸如对政府部门的政策信息不熟悉、在企业创业发展时融资困难、子女入学入园等问题与需求，及时进行梳理，积极向区、市有关部门反映，为政府部门制定有关政策提供了决策依据，得到了相关部门的高度重视，促进了《关于印发浦东新区促进自主创新的若干意见的通知》《浦东新区科技发展基金留学人员创业资助实施细则》等及时出台，这些都妥善解决了他们的燃眉之急与后顾之忧。

日前，上海出台《关于服务具有全球影响力的科技创新中心建设实施更加开放的海外人才引进政策的实施办法（试行）》，让我倍感振奋。这标志着“中国绿卡”申办将进入新的阶段，上海将实施更加开放的海外人才引进政策。这与我们持之以恒的呼吁分不开。

2014年浦东留学生联合会在组织对“千人计划”专家调研的基础上，向全国政协提交的社情民意《警惕美籍华人绿卡持有者必须申报银行账号协议对千人计划的负面影响》被全国政协采用，并报送国家有关部门，受到相关领导的高度重视。

抓住重大机遇，建立全球网络，为“一带一路”牵线搭桥

百年世博，给中国、给上海带来了百年一遇的机会。如何借此契机，与世界各地的朋友交流感情、增进友谊、促进合作？在2010年上海世博会期间，我带领浦东留学生联合会办起的“馆长沙龙”以及“世博服务联盟”为之做了大胆的尝试。

每次两个多小时的“馆长沙龙”，虽然简短，却不仅是思想交流的平台，也为各国馆长提供了合作与联谊的机会。有不少馆长由衷地感叹：没想到中国也有这样的社会组织，把我们带进真实而又亲切的中国。

而这样有趣的活动，正是缘起我在一次酒会上与德国馆馆长的交谈。原来早在建馆期间，不少外方工作人员就来到上海。对他们来说，长时间身在异国他乡，也需要有人文关怀。我想：能不能组织外方馆长和工作人员走出世博园、走进张江园，大家互动交流、联谊交往，增加对上海和中国的了解和认识呢？

于是，把设想变成行动：上海世博会240多个国家和国际组织的世博馆长或参展方代表都成了联合会邀请的嘉宾，在世博会期间的每周二夜晚，五大洲不同肤色的朋友相继在张江园区相聚，真诚话语在这里交流，多元文化在这里交融。由此，在世博期间我们成立了“世博服务联盟”，建立了“世博场馆预约机制”，组织了3000多位海外侨领、华人华侨、留学生等高层次人才通过各个场馆的绿色通道入馆参观。我们的预约机制也为各个场馆的VIP嘉宾参观提供了预约服务。

现在，上海世博会虽然落幕了，由联合会创办的“世博之友”网络平台还在继续发挥作用，及时加深与各国世博友人的文化交流，为国

内外相关企业搭建一座合作与发展的“桥梁”。在上海世博会结束后，我应邀访问了阿联酋、巴林和沙特阿拉伯等国。所到之处受到了原世博馆长的热烈欢迎和接待，同时他们还为我介绍了本国的工商界人士，希望我能够继续推动中国与海湾国家的文化交流和经济合作。由此，我们社会组织抓住了世博机遇，建立了全球联系网络，为中国企业走出去服务，为“一带一路”战略服务。

怀着新的使命，踏上新的征程，让每一个人都远离癌症

帮助别人的同时也成就了自己。浦东留学生联合会的多位副会长如常兆华、周敏、赵箭、卢寿福等多位学长都积极支持我的公益工作。特别是副会长俞昌博士非常赞赏我多年的公益之举，力邀我投身到大健康领域，推广肿瘤预防和早检业务。我觉得，健康事业就是充满大爱的事业，是更大的公益平台。我义无反顾地加入到安派科的创业团队，把信息技术与生物医学相结合，把市场经验和多年人脉与肿瘤早检业务拓展相结合——“让每一个人都远离癌症”是我在充分理解安派科公司发展战略的基础上，为自己确定的第二次创业的人生使命！我定当珍惜第二次创业机会，会更努力、更沉稳、更智慧地去践行公司的愿景：打造最具信赖的肿瘤早检服务网络。

创业积累财富，公益提升价值，归国实现梦想！

程东简介

1962年6月生于安徽金寨。1979年9月至1984年7月在同济大学管理工程专业学习；1984年7月至1990年2月任同济大学经济管理学院政治指导员、团委书记（其间：1987年9月至1990年2月在同济大学经济管理学院管理工程专业在职研究生学习）；1990年2月至1992年3月在德国图宾根计算机管理学院硕士研究生学习，获计算机管理信息系统硕士学位（德

国）；1992年3月至1995年7月任德国英特格拉塔股份公司程序员、软件工程师、项目经理；1995年7月至1998年5月任德国英特格拉塔股份公司中国代表处首席代表；1998年7月至2005年9月与德国汉莎航测集团合资成立上海英塔信息技术有限公司公司，担任总经理，成功开发了“上海市房屋土地管理信息系统”以及“地税网上申报纳税服务系统”；2005年9月至今，担任上海英塔管理咨询有限公司董事长；2014年4月与安派科生物医学科技有限公司董事长俞昌博士合资成立安派科（上海）公司，担任总经理，从事肿瘤早检业务。程东除了经营自己公司以外，还从事大量的社会工作，为浦东新区的招才引智做出了积极贡献。现担任上海市政协委员、全国侨联委员、上海市侨联副主席、浦东新区留学生联合会常务副会长等社会职务。1988年荣获“上海市优秀团干部”、“上海市新长征突击手”；2004年荣获“上海市优秀留学回国人才”称号；2007年荣获上海市“侨界十杰”称号，2009年荣获“聚焦张江十周年创新创业风云榜社会事业精英奖”、国务院侨务办公室“第二届百名华侨华人专业人士杰出创业奖”等。

一样的创业，不一样的体验

文 / 戴为东

在上海，熟悉我的朋友听说我又下海了，都感到惊奇。

不论是海归人员创业的圈子，还是侨联、侨商圈子里认识我的人，不论是医疗器械、医药研发制造还是医疗服务行业内与我有过业务往来的朋友，还是在风投、私募投资领域内的新朋旧友们，以及我的广泛的朋友圈，都知道我已经在逐步的“隐居江湖的”退休过程中快三年了。我的再次下海确实引起了他们的好奇，见到我的朋友们，直接好奇地询问：“老戴，什么项目有这么大的吸引力让你重新出山啊？”没有见到我的好友，不在上海的朋友，也传话来约时间聚聚，都想听我说说又进入了哪一行、又在做什么事情。当然，我也明白，有些好奇的人是因为在过去曾经多次地邀请我加盟他/她的企业，被我婉拒；有些朋友是想跟着我的事业足迹找寻投资的机会和捷径；当然也可能会有希望再次看见我对文化领域公司投资结果的人……想到了这些，我自己倒是笑出了声。

是啊，自从离开大学教书育人的象牙塔，转眼27年过去了；从1995年第一次接受企业管理岗位的总经理职位也有了20年的时间；2004年开始自立门户的自主创业，到2013年开始的半退休状态（离开企业日常的管理岗位、仅担任董事或顾问的状态，我称之为半退休状态），这期间发生了太多的故事，有过太多的经历。它不仅见证了我——一个个体的成长变化轨迹，也见证了国家的经济政策、政治改革、市场开放的历程。

从大学的体制内出来已有27年了。从作为受雇的企业高级管理人员到真正自主掌握自己命运的发展成为真正的市场人也有十多个年头。回顾自己走过的路，也是学习——就业——创业。与其他人没有不同，但细细地梳理发现确有不一样之处：我虽然书读得多，学历高，国外也留学过，但自己没有一项专利，没有一项独有的专有技术；我虽然国内、国外都工作过，体制内、体制外都工作过，体制外的外资独资、合资企业，民营企业都工作过，但自觉还没有完全实现财务的自由。虽然大家都是创业，但看看自己却与大多数海归人员的创业方式不一样；不一样的创业方式，自然给了我不一样的创业体验。

过往的岁月，如电影画面般一幅一幅地滑过眼前。

第一幅：2013年起，虽说我处于半退休的状态，但除了在各种社会组织里担任的兼任职务外，仍然间断地担任着3-5家医疗器械、医药研发、医疗服务等大健康领域内公司的顾问，将自己快40年在这个还没有真正市场化的领域内获得的深厚经验和广泛的网络资源继续发挥着它们的作用和价值。

第二幅：2004年起，我离开了受聘的企业集团，真正地开始了自主的创业。我一边用心经营着自己的业务——连锁血液净化中心，同时在2009年参与成立私募股权投资基金，积极地参与对高新科技、生物医药、先进制造业、新能源、现代农业、文化传媒等领域内中小企业和成长型企业的投资。继续拓展着自己的知识、扩展着自己的视野、扩大着自己看项目、看数据的格局、位置、角度和深度。

第三幅：1993年起，我不断地在美欧亚洲不同的上市公司、合资公司内工作，不断主动地学习再学习，不断地增加历练再历练的机会。这几年间，我参与、主导和经过了项目找寻、项目筛选、项目评估、项目谈判、项目建设、项目运营、项目退出的全过程；在北美和香港的上市公司工作时，经历了从项目主管、项目总监、CSO（首席科学官）、行政总监、投资者关系总监、代总经理到合资公司总经理、董事、执行董事、集团副总经理的过程。过程有时是很痛苦的，但努力总是有收获的。收获的内容，除了有形的外，更多的是用眼睛看见的（但你不一定看得见），更重要的是要用心，用心灵去感受到的收获。

第四幅：1985年起，在大学体制内的工作。我既踏实地做好了本职工作，主动地承担更多的教学、科研和临床工作，还积极选择参与了其他多项对自己能力有所锻炼的工作：校内担任大学生的班主任、参与学生会和运动队的工作，校外参与医学专业学会的工作、担任全市研究生联合会的部长、外校的兼职教学辅导等等；多付出，多锻炼，多收获，这些也成为我日后在就业的企业中、在自主创业的过程中，自己有较强的管理能力、组织能力、协调能力、动手能力和表达能力的坚实基础。

回头看，往事如烟，岁月如歌。更体会，空谈误国，实干兴邦。

二年前，首届上海海归千人创业大会组委会向我约稿谈创业体会。那时，正值我刚离开企业日常的管理岗位。咋一退出忙碌状态的我，还真的有些不适应了。处于迷茫中的我，不知道自己应当向左转，还是向右转，还是继续向前走？感觉到了一个十字路口。对那时如何走出迷茫的心路历程，对那时自己的创业经历和感受，我有过如下的文字记录：

十多年前，面对着一次可以让我独立创业的机会时，我犹豫过、怀疑过，因为我没有核心技术，也没有足够的资金，只有一颗创业的心，一股创业的热情，一份完整的还算靓丽的就业履历；这算是创业吗？创业能成功吗？内心不断地反复地挣扎，最后我选择了跟随心的指引，选择了离开待遇优厚的某集团公司高管（同时担任五家公司的董事、执行董事、总经理、集团副总经理等）的岗位，开始了自主创业的里程。五年不懈的努力，全身心的投入，真诚细致的服务、和谐良好的人脉，使我带领着公司的业务不断地发展，取得了骄人的业绩，几年的时间就成为了国内血液净化治疗专项服务和慢性肾病管理领域中最大的民营企业之一。骄傲啊、自豪啊、膨胀啊。

2007年欧美同学会编辑出版了一本书《体验创业》，讲述了一群在上海创业的海归们的故事和个人的创业体验，书中每个人的创业经历都不一样。我有幸也在其中写了一篇创业感想：《只要有梦，就有梦想成真的一天》。那里面记录了我怎么从一个分管五个企业的集团公司高管，到最后如何抓住了机会自主创业的过程；记录了自己如何结合自身的专业和专长，为创业做了充分的准备；如何在业务经历了数次难关，以及自己在感到无助和绝望时的感觉；文中也包含了自己对创业的一些感悟。现在再去看那时所写的感悟，多的是豪迈，多的是自信，多的是对创业那么的感觉良好，同时现在的我也看见了那时我的思想浅浅的深度。

匆匆已过十年。过去的十年里，一方面公司的业务不断地良性发展，另一方面我开始逐步地涉足非医疗专业领域的投资和业务，这期间我不仅投资了超过千亩土地的现代农业项目，还合伙成立了私募基金，杀入股权投资领域。这期间我个人的生活也同时发生了很大的变化，不仅有了一个温馨的家庭，还有了一双可爱的儿女，使我在开始感知天命的时候，又一次感受到了生命的奇迹，新生活带来的力量，以及伴随着生命的成长带来的无与伦比的欢愉。

十年之时，我想说的是：我选择了创业，创业改变了我的生活；我选择了创业，创业实现了我的梦想。生活是美好的。

但今天，我又来到了路口，又一次面临选择。

三年前的2012年，我为了让公司的业务能更快速地发展（创业以来我没有向银行以及任何金融、非金融机构借贷过一分钱），使公司尽早走进资本市场，就像是把自己养大的女儿出嫁一样，左挑右选，反复权衡，最终选定了几位“诚恳的、非医疗领域背景的、有资金实力”的个人投资人，以增资扩股的方式把自己坚守了十年的公司控股

权稀释了，希望以此为公司的发展换取更多的资金。美好而稳固的婚姻，是需要建立在双方深入了解的基础上的，需要有着共同的价值观、事业观、人生观。这段我原本以为了解、以为稳固的“婚姻”，在经历了短暂的蜜月期后，开始滑向一段自己未曾料想的“婚后生活”。

逐渐淡出公司日常管理后的我，确也获得了一段难得的闲暇时光。这期间，我开始与以前见面不多的朋友们经常见面，开始想做些似乎是自己“感兴趣”的事。因为我的家人和朋友们在文化圈、影视圈和艺术界，也有不少的人脉，我自己也曾经与现在国内著名的大牌冯姓导演、著名的朱姓小品演员以及其它著名的影视界人士有过密切的合作，创作并在央视播出过有关医院医生生活的电视剧。我就在朋友的鼓动下，共同成立了一个时髦的文化公司，而自己则选择当起了半甩手掌柜的股东生活，尝试着做些中国字画、金石古玩、古董、影视策划推广等业务，还在上海图书馆开办了中国精品书画展等等。

朋友们开始调侃地说我开始看上去文艺了，我似乎也认为自己找到了内心的兴趣所在，同为海归回来创业的学长们以为我转行投资文化、做文化生意了。可是在文化公司开张半年后，我就发现自己做出一个错误的投资决定和选择了一种错误的生活方式。美好的设想，浪漫的假设，看似不错的朋友圈，都不如现实来得残酷。在文化公司经营了一年半后，我选择了退出。

我不是一个害怕失败的人，创业都有失败的可能，哪怕你曾经成功甚至辉煌过。对于这次错误的投资决定，事后，我静静地思考出以下的几点经验与大家分享。

首先，几十年努力工作的结果，导致了首次创业的成功。而自己不够成熟的内心，会让创业者放松对人性弱点的警惕，对外界来的贪婪的防范。在你信守诚信的品格时，不要忘记还有阴谋诡计的存在；在你愿意为大局、为共同的远景牺牲前，不要忘记还有过河拆桥、想吃独食的人存在。

第二，一定不要做自己不熟悉的事，盲目进入不熟悉的领域。不要以为过去成功的经验和自己在熟悉领域内的工作能力可以延伸覆盖其他的领域。术有专攻是颠扑不破的真理。此外个人的精力、年龄及相对应的学习能力也是有限的。创业是创业，投资是投资，不要以为抱着玩票的心态就可以面对不理想的现实，当你看着经过精心策划的“商业模式”变成那月月赤字的报表，尤其是你对市场的“分析”和前景的预期在市场残酷的现实面前，在巨大的计划与市场的落差面前，而你还没有更好的方法去实现改变时，你还能维持平静的心情吗?保持良好的心态吗？尤其对一个还没有达到真正的财务自由的你时。

第三，不要以为有广泛的人脉，你就能事业成功。人脉是在你取得成功后的锦上添花。在事业开创之初，往往雨雪交加时，更多的时候是没有送碳的人，更难有添花的人。这时如有送碳的人确是难能可贵的，要分清和珍惜能够雪中送炭的人。巴菲特曾经说过：靠谱的人比有能力的人更重要。这句话，不论是对于选择合作伙伴，还是投资人都十分地适用。找曾经帮助过你的人，而不是你曾帮助过的人更靠谱。

第四，不要迷信财务预算，更不要把商业计划书视作神器，视作业务成功的前提。尽管你已经对业务、市场、政策等因素的分析十分到位和细致，但现实的变化，影响的因素比你想到的还要变得快、还要大，还要多得多。

第五，坚持、坚持、再坚持是创业者的一个必须的品质。以前我对创业的感悟是“不要轻言放弃”。而现在我更丰富的感受是：有时果断的放弃也是创业者必备的另一个品质。

这次文化公司的铩羽而归，让我有机会对“创业改变人生，创业实现理想”这句话有了新的体会和诠释。大家都一样在创业，但我确有了这一次如此不一样的创业体验。

“你怎么去了安派科生物医学科技有限公司？那不是俞昌博士的企业吗？”脑子里突然冒出了前几天见过的一位留学回国创业的博士说的话。回想起知道我现在在安派科生物医学科技有限公司的人都觉得有些诧异。其实，任何的事情都是这样的：外行的人看热闹，内行的人看门道。

安派科是一家从事肿瘤早期检测技术研究和应用的公司，是一家留美回国的物理学博士创办的企业，外行的人如是说。

但在我的眼中，这是一家有着原创性检测技术的高科技企业，在肿瘤早期检测这片红海中，它是一个异类：因为它既不是检测肿瘤标志物，又不是蛋白芯片，更不是基因检测，它是对微量全血成分的多层次、多参数的检测。几十年医学知识的学习，对医疗产品研发和制造的经验，对医疗服务市场服务经验的沉淀，和这近七年参与股权投资对项目的敏感度，让我感到这是有“黑马”特征的公司，更让我兴奋的是数次临床单盲检测结果对比竟比目前常用的肿瘤检测方法所出的结果的灵敏度和特异性均高出有统计学上意义的差异；同时，它一次检测可以查出数十种癌症的有无也十分地吸引人。目前已经检测了数万个样本的结果揭示着：这是一个潜在的，可能带来肿瘤早期检测适用技术的突变技术。而这个技术特别适用于大样本的筛查，适合边远和交通不便地区人群的筛查，适合广大普通民众的健康筛查。

俞昌博士坦诚地告知了公司的情况，在他真诚的相邀下，我心中再次创业的热情被他、被这个项目所鼓舞起来，我数十年沉淀的知识、经验、资源等所有的无形资产都可以落在这个平台上发挥出更大的价值。这种价值不仅仅是为了我、为了俞博士、为了安派科，更是为了全中国、全世界的人民能够受惠于一种由中国人自主研发的全球独创的高灵敏度、高特异性、便捷、有效的新的检测方法。癌症作为一种不治之症，数十年来让人们谈癌色变。其中一个重要的原因是发现它们太迟，太晚了。如果能够做到WHO（世界卫生组织）针对癌症提出的“三早

（早预防、早发现、早治疗）”原则，70%以上的癌症都能得到有效的治疗，病人都能得到生命的有效延长，生活质量得到有效的保持和提高。而现在安派科的技术有可能促进这个目标早日达到。

想到这些，心潮澎湃，心中更有80年代初在中山医科大学读研究生时要投身于如火如荼的改革开放中去、要投身到全国百业待兴的建设中去的感受。

几个月下来，对安派科的深入了解，对产品的深入了解，对癌症检测市场的深入了解，对竞争对手的深入了解，对创始人的深入了解，让我再次感到：无论什么时候的创业、无论什么形式的创业、无论什么项目的创业、无论什么人的创业都不容易。安派科也有很长的路要走，还有很艰难的路要走。创业是激动的，过程是痛苦的；前景是光明的，道路是曲折的；后天是美好的，但多数的人会倒在今天和明天的晚上的。我希望用自己的专业经验，为安派科越过今天和明天晚上，为安派科走得快一点、顺一点、成功一点地迎接灿烂的后天而保驾护航。

现在，我的生活之路是---退休？半退休？还是继续创业？这已经不再是个问题。

戴为东简介

1982年毕业于安徽医科大学，1985年硕士研究生毕业于中山医科大学，后留校任教。1987年成为我国第一位自己培养的法医病理学博士研究生。1989年留学英国，就读谢菲尔德大学医学院PHD。

自1993年离开象牙塔后，先后担任过加拿大威克斯国际、英美烟草、香港震雄集团、东方明珠、信宝国际等多家著名的上市公司高管。自主创业后曾担任肾康企业管理咨询（上海）有限公司董事长，活力医疗集团（香港）有限公司副董事长，中国健康产业有限公司（香港）董事，上海东鸣医疗器械有限公司董事、总经理等。目前仍然担任上海星杉创业投资有限公司、星杉股权投资基金管理中心合伙人执行总裁，安派科生物医学科技有限公司总裁等职。

同时兼任安徽中医药大学客座教授、上海市欧美同学会理事暨创业分会副会长、上海市侨商会高新技术专委会副主任、安徽省侨联海外理事、安徽省医学养生保健研究会副会长等多个社会职务。

有数十篇科技论文及文章在国内外专业杂志发表，多次受邀在国内外多所大学及政府机构授课及演讲；主持研发的医疗器械曾获1999年香港工业奖，生产的医疗器械曾入选国家计生委采购目录、公安部公安装备采购目录和中标国家援外项目。

文 / 蒋英华

一个女CEO的自我修炼

我喜欢泰戈尔的那首诗《生如夏花》——

“我相信自己，生来如同璀璨的夏日之花，不凋不败，妖冶如火，承受心跳的负荷和呼吸的累赘，乐此不疲……”

作为一名女性创业者，在艰辛的创业过程中，我深深感悟到：创业犹如人生，没有一味的苦，没有一味的甜，也没有永远的痛，更没有迈不过去的坎。女人要像杨柳，看似柔弱却坚韧；女人要像荷花，亭亭笑看水世界。保持个性，完善自我，追求真实，呵护幸福，这就足够了。

自我成长：放下一切，从零开始

2002年，工作稳定且发展大有可为的我， 毅然决然放下公立医院舒适并且已然不错的职位， 出乎众人意料地选择踏上留学英国之路，这是一条圆梦之途，是自我成长之途。初到伦敦留学，第一个遇到的难题就是，要在完全陌生的环境下，边读书还要找到合适的工作来凑齐昂贵的学费与日常开支，即使是清洁工也完全接受。打扫老师办公室和教室，当餐厅服务员，帮广告公司发传单，到老年福利院做护工……也许那段日子是吃尽了苦，但回归初心的感觉很幸福也很充实。然而接踵而来的第二个难题给我当头一棒， 走进MBA教室的那一天才知道这群同学大多都是来自世界各地顶尖企业的高管、政府官员以及行业律师，而我，仅有的大学知识却是医学知识，英语也仅仅是商务英语而已，更不要说商业案例的分析与讨论完全没有经验，小组讨论环节时常让我无地自容。这些同学商科理论基础扎实， 还有丰富的实战经验，个个都是商业管理的佼佼者。而在此领域，我甚至连专业书籍都没学过， 更别提与同学一起做课题了。其中几位同学知难而退，时隔一个月后转了相对容易的专业。就在犹豫不决的时候，一个国际长途给我当头棒喝，父亲用他军人的口吻开导我：你之所以要出国读研究生的目的是什么？简单的事情谁都会去做，复杂困难的事情不是谁都能完成，两者结果完全不一样，你自己衡量吧。从小在军区大院长大的我，耳濡目染军人的果敢和坚毅，虽然外表秀气，性格却坚韧自信，父亲一番话刺痛了我，也坚定我顺利毕业的信心与决心。当你把别人泡吧和逛街的时间都用在啃书本上时，当你每次都把别人认为不重要的作业当做一个项目去完成时，你会发现自己的进步让人异常惊喜。宿舍、图书馆两点一线，整日苦读到天亮的日子终于在两个月后，让我与那些商业精英们站到了同一条起跑线上。

每每忆起求学之路的酸甜苦辣，感慨万千，任何成功一定是一分耕耘一分收获，并非一撮而就的。参加毕业典礼时，我的导师对我说：“Yolanda，还记得你刚进我们班级的那个学期吗？你羞怯得连话都不敢说，全班只有你一个中国传统医学的临床医生学商科，每次你介绍自己经历的时候，同学们都会投来不一样的目光， 呵呵，他们都在想，一个医生来学习商科，跨度也太大了。而你不仅克服语言的障碍，而且各科学业优秀，顺利圆满获得英国大学的MBA毕业证书，这是一件多么值得骄傲的事情啊！” 感谢导师，更感谢自己。感恩梦想，它让我坚信，凭借顽强的毅力，任何困难在你面前都会逃之夭夭。

一步一脚印：创业艰辛路，我还在路上

2005年留学归国，2006年年初，上海的海归队伍中多了一名新成员，我作为海内外高层次创新创业人才被引进入沪，我归国后参加的第一个社会组织就是上海市欧美同学会，通过留学人员联合会，我结交了众多海外归来的学者，他们国际化的视野和敏锐的市场洞察力带给我无尽的体验和收获，这些前辈和学长是我一直学习的榜样，也坚定了我要把国外学习的知识和经验通过创业的形式发挥出来，更好地投入到中国医疗和卫生事业的浪潮中。

2005年—2014年，参与并组织实施的公立医疗机构与民营资本合作项目逾30家，其中包括生物技术的临床转化、妇幼项目的合作以及干细胞库的筹建工作。期间，多次去日本、美国、加拿大考察养老康复机构和高端医学中心以及公立医疗机构，重点专注于临床康复与养老行业。也许我是一个理想主义者，有个美好的愿景，希望在创业过程中能够实现：把最具人性化的感动服务理念和养老康复理念与中国的国情相结合，给康复、亚健康人群和老年人群带来最具人文关怀和专业化的360度健康管理服务。

为更好地推动中国养老健康产业与养老产业链的发展，经过长期的努力，终于在2014年成功引进外资创建了上海达亿康医院投资管理有限公司和上海奎科医院投资管理有限公司，借助加拿大、美国、日本、瑞典等国外的资源优势，结合“互联网+”的概念，紧跟时势“触网”，掘金互联网医疗蓝海。

同年成功引入A轮投资资金500万美金，分别投资上海奎科康复医院，奎科访问康复项目、老年用品购物平台项目以及老年人社区项目，目前O2O项目——奎科访问康复已经覆盖上海各区县以及各大企业的亚健康人群和居家康复的术后患者。老年用品购物平台更是吸引了无数关爱老人的社会组织，一些子女甚至把这个平台作为了关爱父母健康形影不离的好帮手，协助并积极推动、实施关爱社区老人的活动。

正在筹建中的上海奎科康复医院得到了市委市政府的高度关注，并于2015年4月的自贸区扩区动员大会上与上海市委书记韩正会面交流。为深入研究国内外养老产业发展状况，多次受邀出席自贸区医疗的项目汇报和调研，以及亲自到各养老福祉论坛发表演讲。

围绕医养结合的理念，经过两年的考察谈判，于2015年初，成功签约了豫沪两地产业对接项目——河南濮阳国际医学中心项目，目前项目正式开始筹建。我们坚信，以医、教、研、养、康五位一体的医养一体化项目必将成为一颗璀璨的明珠，为冀鲁豫三省的百姓带来福音。

2014年7月，为切实推动国内养老康复事业的发展，带队先后考察了日本、美国、台湾等知名养老和康复医疗机构，在日本受到旭川庄第二代理事长江草先生的亲自接见，并建立了战略合作计划，搭建了日中养老康复事业交流的平台。（江草先生是“上海市荣誉市民”，创办了88家养老机构）

2012年—2013年期间，作为主要发起人之一，协助卫生部积极筹备组建中国抗衰老协会，在北京国际会议中心组织并主持了两届高峰论坛和两次筹备会议。作为特邀嘉宾参加世界抗衰老大会，发表了生物技术在抗衰老领域的前景主旨演讲，并与世界抗衰老协会主席高德曼博士进行了友好交流并建立了长期合作，人民网等各大主流媒体也做了相关报道。2014年，当选为中国抗衰老协会第一届理事会常务理事。

2013年5月，作为上海市归国留学生代表，参加了在人民大会堂举行的“中国欧美同学会成立一百周年纪念大会”，聆听了习近平总书记的谆谆教诲：希望广大留学人员积极投身创新创造实践，有敢为人先的锐气，有上下求索的执著，得风气之先、开风气之先，力争有所突破、有所发展、有所建树。

作为上海妇联的一员，通过上海国际妇女论坛、科创中心座谈会、积极参加各种论坛的方式，就妇女和养老问题发表提案，并积极组织专题调研。

与爱同行：公益事业，一如既往

虽然工作忙碌，但公益事业一直是日程中最重要的一项：如何关爱“空巢”老人；给孤寡老人送医送药，激起他们对生活的热爱；去孤儿院做义工；参与社会公益组织的一系列公益活动；为贫困山区孩子送温暖；参与环保与你同行活动等等……创业与公益同行的路上，我结交了很多志同道合的朋友。

多年来为孤残儿童提供志愿服务，包括为即将走向社会的成年孤儿做职业培训，借助康复团队为残障儿童不定期提供公益服务，教导他们如何用一颗感恩的心去回报社会。

作为一名具有强烈社会责任感的女性海归创业者，专注于国内养老健康产业的健康传播、科技创新。作为上海市欧美同学会创业分会副会长，与分会的企业家前辈共同参与创业导师“千里马”计划，用切身经验指引和带动“新海归”，奔走在搭建创业平台的道路上。

2015年荣获“浦东新区十佳志愿者”光荣称号，受到上海市委常委、浦东新区区委书记、中国（上海）自由贸易试验区管委会主任沈晓明的亲切接见，浦东电视台进行了专题报道。

实现梦想：勿忘初心，生如夏花

作为一名从事健康产业的职业女性，需要投入毕生的经历去完成自己的理想。从临床到管理，从管理到经营，从经营到投资，二十余年的工作历程，一步一个脚印，一步一个台阶。回首往事，大江南北留下了创业团队无数的考察足迹，从实地勘察到实时跟踪，夜以继日、废寝忘食。

我常思索，职场女性，不仅需要拥有智慧和胆略，更要有一颗比男人更坚强的心。与男人相比，女人的善良、柔美、执著、勤奋和坚韧不拔，延展出女性另一面的强大，这是一种无形的正能量。任何女性，只要拥有了这种力量，就会成为生活中的强者，路也会越走越宽。

蒋英华简介

1971年生，临床皮肤科医生，2002年留学英国，获得工商管理学硕士、博士，在医疗健康行业已从业23年，曾发表学术论文数十篇，并著有《湿疹》一书，列入卫生部健康教育丛书，由中国中医药出版社出版，发行量过十万。

现任上海达亿康医院投资管理公司、上海奎科医院投资管理有限公司总经理兼法人。

2010年，蒋英华女士作为济南市引进的海内外高层次创新创业人才，被聘为济南市“特聘专家”。

不忘初心，方得始终

文/李 革

我在药明康德上海总部的办公室里，摆放着陶艺雕塑家郑玉奎先生的作品——《二傻的梦想》。郑先生用陶土塑造了“二傻”这个憨厚的人物，以各种金属零部件组合成了大提琴，以树枝木棍演绎了琴弓，惟妙惟肖地刻画了憨厚的“二傻”尽情拉奏大提琴，追逐音乐梦想的快乐瞬间。

我喜欢这幅作品。创业，其实就是一种“傻子式”的梦想、坚持与乐观。

在药明康德，我们也称自己为“二傻”。十多年来，我们打造一站式开放研发平台的不懈努力，也曾一直被认为“傻”，因为“没人这么干过”；我们的梦想——“帮助任何人、任何公司实现研发之梦”——也曾不被看好，被认为“很傻很天真”。但是我们心无旁骛，一直坚持到今天，有两个主要的因素，首先是我们相信我们做的是最想做、最愿意做的事业；其次，我们一直坚信创业理想能够实现，所以在很专注和执着地把这个事业做大。创业是一种信仰。

“二傻”的梦想

1999年回国的一次考察，使我萌生了创业的念头。当时应母校北京大学之邀，我回国向国家卫生部的领导和国内制药界介绍美国先进的“组合化学技术”，及其在药物研究中的作用。这次考察，让我切实体会到了国内制药行业相比国际水平的差距，中国老百姓缺医少药的现实，以及中国研发创新能力的整体缺失。我迫切希望“组合化学技术”的前沿研究方法和经验，能够在中国的新药研发领域得以广泛应用，并以此能帮助中国药企走出一条创新之路，好让中国的广大老百姓都能真正用得上、也用得起世界最先进和最有效的新药。

2000年底，我决定海归，和其他三位伙伴一起在上海外高桥保税区建立了第一间650平方米的研发实验室。药明康德就这样成立了。

创业之初，虽然我们对困难已经有所预计，但是当时国内的医药研发环境之弱还是远远超出我们的想象。比如化学实验室需要专业通风橱，这种西方常见的实验室设备，国内却找不到一家合格的厂商可以生产。于是，我们只好找到卖橱柜和抽油烟机的生产厂商，按照我们画的图纸，用防弹玻璃做成了我们的第一个现代化学实验通风橱。药明康德也就是在这样最原始、最简陋的条件下，一步步开始的。

困难自然不仅仅如此。药明康德从无到有，没有现成的道路可走，没有现成的游戏规则可循。在四处探索和碰壁的过程中，我开始体会到，选择创业，就是选择了一种“衣带渐宽终不悔”的生活方式。它定义你的每周七天和每天二十四小时，让你忘记周末和假期，让你心甘情愿在办公室打地铺，让你半夜醒来，只为客户的一个问询。我也开始体会到，创业不是自己一个人的事业，一旦选择创业，选择了这种生活方式，不但自己需要竭尽全力，家人、员工、客户、合作伙伴、投资人甚至包括各方朋友都将被卷入这种生活方式中来。创业改变的不仅是自己，也会改变你周边的所有人。也正因如此，创业更是一份担当。因为客户的信任，最艰难的时候也必须得扛过来。因为员工的期待，最无助的时候也必须得撑住。我再也不能说“抱歉，我尽力了”，因为所有的责任，我都无可推卸。

创业需要专注，专注需要忍耐。很多时候，创业者是唯一相信自己在做什么的人。在药明康德积累了一定的研发技术和能力规模后，我开始思考平台问题，希望建立一个开放式的药物研发平台，帮助任何人、任何公司实现药物研发的梦想。但当时业界大多不以为然，原因很简单：“没人这么干过！”几乎所有投资人都在提醒：“投入这么大，风险这么高，值吗？”几乎周围的朋友、同事和家人都在质疑：“好好的还折腾什么？难道你没看见大家都反对吗？”对创业者而言，最真实的考验莫过于在最孤独和困难的时候是否还能够热爱自己所做的一切。

经常有人问我说，你过去最困难的事情是什么？我真的记不起来了。过去的已经过去了，而能够跨过去的就不算困难。刚成立药明康德的时候，我也没有想到会发展成今天这样的规模。但是，我做一件事总是希望全力把它做好，不希望失败。不要轻视自己，要相信自己，这是很重要的，只有这样才能做到全力以赴，专注于实现目标。至于路怎么走，用什么方法，则可以灵活多变。这就是创业的韧性。韧性就是遇到挫折不言放弃，韧性就是失败后有重新出发的勇气，韧性就是在偏离航道的时候，还可以不断修正自己，直到重新走上正轨。创业当然很难，但只要创业者不放弃理想，理想就不会放弃你。

求知若饥，虚心若愚

在药明康德，我相信信仰的坚持，也相信学习和创新的力量。谈到创新，我们很多人首先想到的会是技术创新、专利发明等等。其实，创新的形式多种多样。在药明康德，我们对创新的理解是在学习中积累，在积累上提高，在自我修正的过程中创新和发展。我们经常以Steve

Jobs的“Stay Hungry， Stay Foolish”自勉，翻译成中文可以理解为“求知若饥，虚心若愚”。我们相信，一个企业只要不断学习，就会有创新，就会不断完善自身的体系。

药明康德创业的第一步，就是在学习中迈出去的。就如前面所说，2000年成立之初我们想做的是新药研发。当时团队拥有美国先进的“组合化学技术”的研究方法和经验，本想以此帮助中国药企走研发新药之路。然而在实践过程中，我们逐步意识到国内新药研发条件和环境都远未成熟。医药企业的研发底子太薄，对我们的技术几乎没有需求，于是我们大胆地把商业模式从“研发新药”变成了“新药研发服务”，完成了第一次自我修正，迈出了药明康德发展中至关重要的一步。

我们创业中的第二个转折点是2004-2005年，那时我们确定了药明康德的平台战略。我很高兴药明康德在一片“不看好”中坚持住了自己的理念。从商业模式来说，研发服务不是我们的原创，现在业界讲的“药明康德模式”，是指我们把传统的研发服务开创性地和海归精英及中国本土人才优势结合起来，从而短时间内在能力和规模上得以迅速发展，并在学习和积累中，建立和完善一体化开放平台，造就生态体系，引领了中国一批相关企业的成长。医药研发服务这个行业的规模在中国从无到有，到超越印度，可以算作是商业模式上的创新。

也有人常问我在创业过程中，做过哪些印象最深刻或者是最难的决定？其实决策没有特别难或容易的。难的决策往往并不是因为难，而是因为有太多的选择。在从无到有的创业过程中，有无数的未知，有无数的诱惑，和无数的选择。在拿捏决策和取舍之间，决定一念之差的往往还是要问自己当初为什么要做这个事业。有信仰的企业家，一定是敢担风险，渴望学习，也耐得住寂寞的。他们会认定大目标，大原则，而不只是现实的结果和近期的功利。

今天回头看我们坚持和走过的路，我很欣慰。我们的新药研发平台承载着国内外2000多家客户的数千个项目，涵括从研究探索到商品化生产的全过程。小客户小到只有1个员工的公司，大客户囊括全球前50名跨国药企，一家只有2-3人的初创公司依托我们的平台在短短18个月就实现了从项目启动到以1.4亿美元被收购的跨越。我们的梦想是药明康德的开放式技术和能力平台，能成为承载新药研发长跑接力的坚实跑道，让任何人和任何公司的研发之梦都变得更容易。

与未来俱进

今年药明康德15岁。15年前，我们从无到有；如果问未来的十五年我们应该发展什么，我觉得我们还是要追随自己的梦想，坚守我们创业之初的信仰。不同的是，我们今天正在经历一个前所未有的好时代。中国在崛起，互联网在崛起，全球医疗健康行业赋予我们每一个参与者重新定义创新的机会，无论是在中国，还是在全世界范围来说都是如此。如果说“资本、资质、资源”长期以来是企业创立和发展的三大支柱，在互联网和传统产业深度融合，高科技和共享经济连接一切的今天，把“资本、资质、资源”用于设置壁垒，这将会被颠覆的；把它们用于颠覆自己，这将是开创性的。未来正如海啸般扑面而来，对企业家来说，前瞻能力和跨界学习的能力凸显得尤为重要。我们必须“与未来俱进”。

在药明康德，面对互联网和大健康等历史机遇，我们的平台战略正从新药研发延展到连接人与健康。因此我们从2012年开始，更加灵活和大胆地加大了对新兴机会的投资，积极地拓展公司能力和技术，更加深入地布局药明康德的长远未来。当然，任何新兴机会的投资，往往伴随着一定程度的风险，比如我们缺乏在相关新领域的经验。这就要求我们必须认真虚心地跨界学习，并专注于执行、积累和提高。我希望未来的15年，药明康德能成长为一个伟大的公司，实实在在地推动人类健康。

最后，让我分享谷歌首席执行官 Larry Page前不久在谷歌宣布重组成立Alphabet公司时的公开信中的一段话：“我们一直相信，随着时间的推移，各家公司都会趋向安于守成，墨守成规，满足于锦上添花，点滴进步。但在科技行业，革命性创新在不断推动着下一个巨大的增长领域。你如果不希望自己出局，就必须让自己不那么安逸。”

以此和大家共勉。

李革简介

于1989年毕业于北京大学，后赴美深造，并于1993年获美国哥伦比亚大学有机化学专业博士学位。

是组合化学和药物化学领域的资深科学家，曾成功利用组合化学技术发现了多种药物前体化合物，其中有多个化合物进入美国不同阶段的临床试验。李革博士拥有40多项发明专利，并在业界期刊上发表过多篇学术论文。

在美国期间曾作为美国Pharmacopeia公司的创始科学家之一于1993年开始第一次创业，该公司于1995年成功登陆纳斯达克。

于2000年底回国创业，设立药明康德新药开发有限公司，定位于为国内外制药企业提供新药研发服务。2007年，药明康德在美国纽交所成功上市。

在李革博士的领导下，药明康德从2000年12月创立之初的4 名员工成长为全球员工总数逾10，000人，科研人员9，000余人，研发及生产基地50万平方米的亚洲最大的生物医药研发服务公司，并拥有业界公认的最具研发实力的开放式一体化研发能力和技术平台。

药明康德的崛起及其开创并成功实践的“药明康德模式”，不仅带动了中国的新药研发服务产业的形成和快速发展，也帮助中国逐渐成为全球瞩目的创新药物研发中心。药明康德也是业界公认的“黄埔军校”，为国家新药创制培养和储备了大量人才。这些创新能力和人才，正引领中国医药创新与国际迅速接轨。

于2005年荣获由国务院侨务办公室颁发的华侨华人杰出创业奖，并成为《Red Herring》杂志封面人物；2006年入选中国十大科技英才；2007年荣获安永企业家奖并入选影响中国的十大企业家；2008年荣列《福布斯》25位知名美籍华人；2009年入选中国医药“60年 60人”；2010年荣获圣地亚哥生物制药成就奖，入选国家千人计划；2011年荣获百华协会终身成就奖；2012年荣获波士顿生物科技 CEO 大会终身成就奖；2013年获评中国服务外包杰出贡献人物；2015年当选“2015年全球生物制药25位最有影响力风云人物”。

教授、上市公司高管、投资人——我走过的岁月

文 / 刘道志

牛津求学，攀高峰

1993年我获得一个公派机会，进入梦寐以求的英国牛津大学，从事博士后研究。这个机会非常难得，为此我通过了层层筛选获得了英国皇家学会奖学金，并幸运地被牛津大学录取。记得在北京机场离境的时候还出了一点小差错，差一点没有登上飞往英伦的飞机。从踏入牛津的第一天开始，我就深深地被这一著名学府浓厚的学术气氛所吸引，在此期间我克服语言障碍，逐渐适应异国环境，最后融入牛津的生活及学习。在工作之余，也享受了大学城古老的建筑群，及城市校园周围美丽的小河和乡村景色，非常有特色的一年一度的赛艇比赛。最有收获的还是在此期间，我发表多篇论文，也到欧洲参加国际学术大会，取得了不错

的成绩，特别自豪和让眼界大开的，是在培养了多位诺贝尔奖获得者的Clarendon 实验室工作，可以直接感受到具有300多年的实验室沉淀的学术大师的影响和自由及充满创造力的学术气氛，同时增添了不畏失败和积极探索未知领域的勇气。

随后我又在日本国家材料研究机构和澳大利亚一所著名大学从事新材料的研究工作，发表60多篇学术研究论文，在学术研究领域进入了上升通道。就在我事业如日中天的时候，我却选择在2003年2月从澳大利亚回到上海，进入医疗产业界开始我新的职业生涯。这是因为我预感到医疗技术产业在中国的巨大发展前景，而我的研究领域生物材料又是医疗器械产业的基础，所以我感觉我的研究成果和知识会对中国的医疗器械产品技术有所帮助，又能满足自己创业兴趣。十几年过去了，现在看这一选择十分正确，如果我继续留在国外或回到大学教书，我不会感到像现在这样对社会更有直接贡献和成就感。我从这一转身中得到的感悟是：人生转折或创业不要等到走下坡路时再行动，应该在人生旅途的高峰，放眼远方，敢于放弃已有的光鲜亮绩，开启全新的旅程！

开微创医疗技术之先河，企业发展立新功

在2002年初，我就回国事宜与上海微创医疗公司创始人常兆华博士交流时，微创医疗正处于很困难的发展阶段，一些创业初期的技术骨干离开了公司，公司的核心产品还没有推向市场，后续融资也没有最终确定，一切还都是未知数，在这个阶段，放弃国外工作加入上海微创当时还是一个start-up公司，是需要决心和勇气的，但我非常看重这个企业所从事的微创医疗产品研发制造领域，它是采用全新微创医疗技术治疗心血管疾病的最有发展前途的医疗技术，这是一个在中国还是空白但需求非常巨大的市场，我看好微创医疗技术的发展前景。在2003年初，我回国加入上海微创医疗，开始了我的职业的转型，由一个大学教授一下子转变为企业研发中心负责人，转变之大不亚于从中国到英国牛津大学的首次出国求学。在微创公司，作为创业团队成员，我从技术总监开

始，领导研发团队从事血管介入新产品的开发工作，这是一个新的领域，我从招聘工程师开始，从零开始建立研发队伍、完善设计开发流程和产品标准、进行临床实验，培养了国内最早的一批微创介入医疗器械专业技术人才，目前这些人才已经成为中国该领域的重要力量。后来微创公司开始多元化发展，我又开拓新业务，我从零开始领导创建了微创医疗的心脏电生理医疗器械、骨科医疗器械、心率管理（起搏器，植入式除颤器等）三大新业务，推动微创医疗的多个国际国内并购与合资项目。微创骨科分别于2011年和2013年收购苏州海欧斯和美国Wright公司，发展成为中国最大的骨科医疗企业，使中国患者可以使用高性能质量人工关节。微创心率管理业务（CRM）与欧洲最大心血管医疗企业——意大利Sorin集团合资组建领创心律管理器械公司，微创占51%控股，该合资项目使得微创集团可以在中国生产最先进的起搏器和植入式心律除颤器等CRM产品。一步一个脚印，走完了企业人需要经历的职业生涯。上海微创医疗也从我加入时不足百人的小公司发展成为具有2600多人，在海外上市的国际化程度最高的中国医疗界的领军企业，企业和我个人都取得巨大成功。在微创的11年创业过程让我感受到一个道理，在创业时，无论你考虑如何周到，都会面临不确定性和风险，技术或技能的缺乏并不可怕，但你一定要充满勇气，不要等到你感觉没有风险的时候再创业。

年过半百又出发，创建山蓝资本

在2013年底，我决定离开已经工作了10多年的微创公司，开始新的创业，这次我选择了进入资本投资领域，创建山蓝资本，投资医疗健康创新企业，在风险投资领域大显身手。对于我这个在学术和工业界工作了20余年，在中国的学术和企业界积累了众多人脉资源的人，选择去创立一家风险投资基金，还是会面临挑战和需要巨大勇气的。中国医疗行业孕育着巨大的发展机遇，据统计中国医疗器械产业未来5年会保持15%以上的速度增长，发展成为全球第二大的医疗技术市场；医疗健康领域又是国家重点支持的行业，医疗器械是医疗健康产业的核心之一，我这么多年在中国的医疗产业界和投资界都积累了很多经验与人脉，通过创立基金投资平台，把各种资源整合在一起，投资医疗创新技术、并购整合细分领域分散的中小企业，更具有挑战性，也是我未来10年事业的重点。方向确定后，为了了解国内外同行业的发展现状，我有半年时间在国内和国外旅游，走访纽约华尔街、美国加州和德国斯图加特及慕尼黑各地，接触投资人和医疗企业，了解国内外风险投资基金募资及投资医疗领域发展现状，分享海内外医疗技术企业发展模式和经验。在这些调研交流的过程中，我感觉到医疗投资基金在中国有很大发展机会，这方面国内无论基金的专业性还是基金数量与美国及欧洲相比都有很大差异，中国医疗领域缺乏真正了解这个行业的专业投资人，自己把多年在企业中积累的企业经验分享给更多创业者，是非常有意义的事。山蓝资本将专注于医疗器械、健康服务和药物领域的风险投资。新起航开始了，我又进入到了像十几年前刚回国一样的创业状态，虽然年过半百，但是仍然斗志昂扬，走遍全国各地，拜访各地投资人，有时一天忙得顾不上吃饭。募资到位后，就开始了寻找项目，进行投资阶段，由于过去10多年我和基金合伙人在医疗企业和投资界积累了广泛的人脉和项目资源，我们非常快地就进入了最佳阶段，团队人员到位，投资了几个高质量的项目，使山蓝基金很快驶入了良性发展阶段。在创业的过程中，我体验到创业是人生的一种生活方式，更是一种心态，当你缺乏了这种心态，你才是真的老了。

“利他”：我的人生感悟

在过去30年的求学、做研究、企业管理及从事投资并购资本运作的各个阶段，我一步步丰富了自己的人生阅历，我也一直问自己，人活着是为了什么？记得我还在微创医疗时，有一次应邀在公司出版的企业杂志做封面专访，我提出了人生需要达到的境界：“无我、利他、感恩、自信。”“利他”又是这八字的核心，是人生的最高境界。如何理解和去行动达到这一境界？

我们无论在工作还是生活中都会经常面临选择，这种抉择发生在工作变动、升职、加薪、同事关系、关爱家人等。实际上抉择的核心是选择看起来更有利于“自己”还是他人或社会。每当遇到这样的抉择时，我们常常是以“我”为核心，来决定利益的取舍。这样的心态和处理方式，并不能使我们的内心感到平和，获得真正的幸福感。因为我们无论财富有多少，名气有多大，权势有多强，得到了还希望更多，感觉永远不够好。“无我”的境界是指在涉及个人利益的重大抉择时，把自己利益取舍剔除在外，更多考虑别人的利益。没有了个人的利益与荣辱的牵挂，往往可以做出更客观、理智及有益于他人和社会的决定。达到这个境界意味着“我”自身的足够强大，丝毫不会为自身利益可能受到的损坏而忧虑。一个有利于他人和社会的事情，即使看起来使自己的利益受损，但长期来看会获得更大的收获。“利他”在商业社会中表现为对企业股东负责、对全体员工及他们的家人关爱、对用户和客户的切身利益的尊重、对社会责任、环境保护、行业道德及社会慈善的不遗余力的贡献，意味着在商业谈判和市场营销中追求合作竞争战略，把自身企业的发展建立在利他的基础之上。“利他”精神在商业文明社会，是企业竞争力升华为更高阶段的一个重要标志。文明竞争总是会超越丛林法则的野蛮竞争，形成更有效的合作竞争秩序。在这样的合作竞争秩序中，“利他”精神和文化将发挥越来越重要的作用。“利他”应该成为一个人追求的最高境界！

刘道志简介

山蓝资本创始及执行合伙人，上海微创医疗（港股 00853）早期创业核心团队成员，曾任微创医疗公司技术、管理、并购投资等多个高级管理层职务。2005年入选上海市首批领军人才，获天津南开大学理学学士和博士学位，作为生物材料教授在英国牛津大学、日本国家材料研究所工作5年，曾获国家科技进步二等奖和国家发明奖。中国生物医学工程学会和中国生物材料学会理事，作为发起人之一，创建了中国生物医学工程学会介入医学工程分会，任副主任委员，创建了上海浦东生物医药产业行业协会医疗器械专业委员会，任第一届及第二届会长。发起在中国医疗行业具有影响力的“医疗器械产业与投资CEO峰会”，并连任四届大会主席。

领略人生宽度

文/刘 毅

“生活就像一盒巧克力，你永远不知道下一颗是什么。” 如果没有意外，我想我会成为中国的“谢耳朵”。万年不变的T恤衫、双肩背包，宅而木讷，我把自己定位为纯粹的理工男，却阴差阳错地考入了厦门大学管理专业，彻底摘下理工男的“帽子”。没曾想，却发现了另一种人生可能。

“你还年轻，你该走得更远。”与中国绝大多数80后一样，在大学，不仅进入了“青春期”，更有着狂热的“出国梦”，就像《中国合伙人》里说的：“你还年轻，你该走得更远。”

第1站——新加坡

幸运的是，终于有机会踏上征途，作为厦大的优秀交换生，我去了世界拔尖的商业大学：新加坡管理大学(SMU)学习。学校与美国沃顿商学院和卡内基梅隆大学有着密切的联系，不同肤色、不同文化，不同国籍的人汇聚一起，探讨全球商业，虽说时间不长，却把我放在了世界的“十字街头”。

第2站——法国

惊鸿一瞥已难忘，一旦“越界”，便对世界有了更大的念想。毕业前夕，“野心勃勃”的我申请了全球最老牌的顶级商学院之一：里昂商学院（Emlyon Business School）。得命运“眷顾”，经过层层考验，我不仅顺利拿到Offer，甚至还领到了奖学金。众所周知，Emlyon是一所“精英商校”，欧洲土豪的聚集地，在校园，你可能随时和“王思聪”擦肩而过，仅我们班36个学生中，就有23位的父母是大型企业的CEO。（你一定想问，那些年我是怎么走过来的……）

他们从小耳濡目染，对商业有着极高的敏感度，和他们“混”在一起，让我对商业更加“感同身受”，更加理解企业家精神，也更具备全球视角和多元思维。Emlyon的学习需要组建小组，组内成员需针对不同的case，协力完成商业调研、品牌分析、市场开拓等等，其中一次case，让我至今记忆犹新。“如何将一个德国啤酒品牌打入中国市场”是这次讨论的课题，作为组里唯一的东方面孔，我“顺应民心”当选为组长，带领小伙伴们了解中国的酒文化、啤酒市场、中国人的消费习惯等。如何结合中国国情？如何使品牌更接地气？在这两个问题上，团队花了大量时间进行深入调研。也正是从那时，我惊讶于中国市场的广阔潜力，也更“深有同感”于如何以更贴合中国人的方式对产品、品牌进行输出和服务。这些都为我今后的出国创业之路，打下坚实的地基。

第3站——英国

Emlyon的学习并非全在里昂，源于里昂商学院和英国阿斯顿商学院（Aston Business School）课程合作，第二年我去了英国。

在英国“北漂”是什么感受，我算是深刻体会到了。幸运女神不会只忠心耿耿于一个人，我也不例外，临近毕业，却正巧赶上了1998年全球金融危机，各公司都在开源节流、裁员缩减，更棘手的是，当年很多企业都不愿为外国人办理工作签证，嫌麻烦。我投了近100份简历，其中就包括保洁（P&G），并顺利进入了法国总部的终面。进入终面是什么概念？即使对欧洲人来说，进入世界500强的中面都是件了不起的事情，其面试过程需要测智力、情商、素质等多个方面，越往后走，越证明实力。正当我憧憬着“P&G梦”的时候，却只等来了一句thank you……在那段“受挫”岁月，我们同行的几个留学生都非常“抱团”，谁接到了面试通知，我们会帮助他搜索各种面试攻略，并模拟真实的面试现场，进行问答。面试完的小伙伴，再将他的“面试经”分享出来。就这样，我们都熬成了“面霸”。我记得当时开玩笑说：“找什么工作呀，咱开设一个“面试技巧培训班”得了。”

看来是难以如愿了，最终，全球汽车租赁品牌赫兹（Hertz）发来了Offer，我得以进入租车行业，并从此与租车结下不解之缘。

“呆在水里你才会淹死，你只有游，不停的往前游”

最近，有个“兔子拔萝卜”的漫画很励志，有句话我印象很深——“或许有一天你发觉日子特别地艰难，但不要放弃，可能是这次的收获特别巨大”

回首自己之前的工作经历，更是感悟良多。

带着Hertz回中国

初入职场，Hertz就给了我一个“下马威”：让我负责整个欧洲网络业务的沟通。这对我的英文听说能力和表达能力无疑考验巨大。作为公司“唯二”的亚洲面孔（另一位来自韩国）之一，好不容易才适应不同国家的英语口音和行业内的专业词汇。随着工作逐步踏入正轨，我的努力也换来了接下来的这次“重要谈话”。

当时，赫兹（Hertz）正准备杀入中国市场，公司高层找到我了解情况，而正是这次谈话，让高层惊讶于我对中欧贸易市场的了解，以及我对品牌如何打入中国的建设性想法，经过一段时间的讨论过后，在这位高管的帮助下，我随着Hertz团队回到了中国。

当时，中国的租车市场还是“白纸”一张，“我为什么要租车？”这是当时大部分中国人的疑问，那时的教育先驱是“神州租车”，从零开始一步一步教育市场，慢慢打开了国内租车需求市场。也就是4-5年间，中国人从完全不了解何为租车，到会议/婚礼/旅游的租车订单呈几何式增长，其发展速度不可谓不惊人。一个国外品牌怎样才能真正打入本土市场，是我和团队面临的首要问题。是保持原有的业务模式？还是适应中国国情“弯道超车”？答案无疑是后者。因此，Hertz进入中国后，选择了与“神州租车”达成团队并购。Hertz和神州的“联姻”，是我在Hertz做的最后一项，也是最重要的一项工作。“成功者总是不约而同地配合时代需要。”这句话我一直铭记。当时，中国的互联网正以“星星之火”迅速燎原，愈烧愈旺。面对即将到来的互联网时代，我却还身处事外。经过反复考量，我决定正面迎接进入职场后的又一重大挑战——离开赫兹（Hertz），加入携程。

携程遇到创业“铁三角”

当时，携程租车服务还在“学步”阶段。携程看中的正是我在租车领域的丰富经验，我的加入，能让租车业务线逐渐“丰满”起来。作为国内最大、最成熟的线上服务平台，携程创新的理念和线上服务体系也让我的互联网“羽翼”日渐壮实，更重要的是，遇到了如今一同创业的两个好兄弟——黄昊鸣和王锋。昊鸣是用车频道产品总监，之前是PCHOME初创成员，爱折客APP产品总监，除了有着丰富的产品运营经验外，自己也有很长的海外租车史；王锋是技术研发中心架构负责人，曾经在摩根士丹利任职，技术经验丰富。

“2013年中国出境游人数和购买力超越美国，成为世界第一。”

“2014中国出境旅游人数将达1.16亿人次，同比增长18.2%。”

“中国私人轿车保有量2013年增长20.8%，驾驶人达到2.19亿，驾照普及率持续提升。”

正是这些数据把我们仨紧紧绑在一起，正是这些市场数据不断让我们热血沸腾！我们兴奋地看到中国的海外租车需求正飞速增长，虽然市场无限广阔，但国内用户如果想海外租车依然存在诸多“痛点”——1.盲点多：中国驾照可以使用吗？如何海外租车？保险怎么选？大多中国用户不了解；2.体验差：国际租车网站都是英文页面，页面不符合中国用户使用习惯，难以操作；3.不透明：由于地域差异，价格、优惠、手续等不透明，用户难以比较和选择。“痛点”即机会。一个想法立马从脑子里涌出来：构建一个专业服务中国用户的海外租车平台。“好！就这么办！”在“热血”达成创业共识后，我们很快找到了腾讯联合创始人曾李青， 令我们大感惊喜的是，一杯咖啡，15分钟不到，他就拍板了天使投资基金。后来，曾李青告诉我，当时其实并未完全搞懂我们的业务，只是单纯觉得我们“颜值高”，思路清晰，大方向没什么问题，就给了。无论如何，有了第一桶金，毫不犹豫，开干！惠租车就此诞生。

“今天很残酷，明天更残酷，后天很美好。”

创业是成功率最低的行业。万分幸运的是，我们盼到了明天的黎明，至少，看到了曙光。

地下室，和三张桌子

相比国外企业家的“车库情节”，我觉得“地下室创业”更符合中国国情。清楚地记得2014年5月，我们“正式入驻”创智天地InnoSpace地下室，同行的还有三台办公桌、三台电脑，海外租车比价平台“惠租车”就是在这里出生的。颠倒时差与全球的租车供应商联系合作、不分昼夜地赶制网页，无穷无尽地优化平台服务……“踩着滚轮停不下来的小白鼠”可能是对那段地下室岁月最为形象的比喻，24小时无休，一根筋，只有一个念想，只为一个目标：让国人海外租车更容易！由于地下室没有窗户，四面白墙，太久见不着阳光的小伙伴们，甚至在墙面上画一扇窗，假装“沐浴”在阳光和暖风中，聊以自慰。

作为初创型企业，招人也是一大挑战。“惠租车”的第一批员工都是靠“刷脸”找来的，大学同学、前同事、前前同事……他们都是拿着低于原来的薪水加入我们团队的。整个公司就好比一个“大家庭”，开放式办公，没有层级划分，扁平化，任何员工都可以和我，和CEO开玩笑、吃饭、倾诉等等，虽然辛苦，但每个人眼里都带着光，每个人对于“惠租车”都有着爆棚的信心。

黎明破晓，一路高歌

马云说：“ 今天很残酷，明天更残酷，后天很美好，但大多数人死在明天晚上。”就这样，我和小伙伴们“拼命”来到明晚的十字路口，终于引来收获的曙光——自2014年9月正式上线以来，不到一年时间，平台用户迅速增长，服务用户增长至数十万人，月订单增长率超过35%，销售额超过千万。与此同时，平台不断与顶级国际租车集团如Hertz、Alamo、Enterprise，Europcar等进行深度战略合作，最大化拓展可提供租车服务的国家和地区，目前已覆盖近200个国家，5000多个城市，50000多个门店，迅速成为服务国人海外租车的“领导者”平台。近期，我们更有幸得到了北极光创投近千万级美元的融资。北极光创投董事、总经理姜皓天与我们观点一致，中国出境游市场很大，到2014年11月，中国出境旅游已突破1亿人次，与此同时海外租车的热度更是激增。我们的初创核心团队均来自旅游行业、租车行业巨头，拥有丰富的互联网与国际租车公司的产品研发运营经验，这些都是打动北极光投资的重要因素。获得融资后，惠租车在业内率先提出“0隐性消费”“保证到店有车，无车免费升级”“1对1专属客服”“30S极速应”“7*24小时全天中文客服”等创新服务理念。“服务好每一个出国自驾的中国人，做最好的海外租车平台”是我们对用户不变的承诺。为了更好地解决境外出租用户的痛点，惠租车加速部署“租车+”战略，“租车+专车”解决接送最后一公里，“租车+航空”开通“机+车”的境外交通，并通过积极地与产业链企业进行深度跨界合作，进一步巩固惠租车的领导者地位。

附：惠租车发展大事记

2014年5月惠租车获得前腾讯联合创始人曾李青数百万天使投资。

2014年9月惠租车网站正式上线，上线第一天就有新用户下单租车。

2014年底赫兹租车(Hertz)、Sixt、Europcar三大全球顶级租车公司颁发了本年度中华区最佳新代理商奖项，短短3个月，惠租车就以绝对的优势，斩获2014年度最佳新锐奖。

2015年4月惠租车与天巡网达成战略合作，天巡网租车频道开放与惠租车API直连，实时下单实时确认，为海外自驾用户提供最及时可靠的境外租车服务。

2015年5月惠租车与花旗银行达成跨界合作协议，金融+租车的强强携手，共同布局“互联网+”。

2015年6月初团队受邀参加2015美国国际旅游交易会(IPW)，作为亚洲地区全球租车领域为数不多受邀参加的代表，惠租车得到了国际旅游业及媒体的广泛关注。

2015年8月惠租车获得北极光创投近千万级美元A轮投资。

结 语

“如果额头终将刻上皱纹，你只能不让皱纹刻在你的心上。”我们这代人无疑是幸运的，创业的“黄金时代”正巧被我们赶着了，自由的创业环境和不错的资金支持，如果想跳脱边界，如果想创业，立马上路！即使创业失败，至少，内心不会满是遗憾。

刘毅简介

刘毅，惠租车的联合创始人，曾在全球最大的汽车租赁公司Hertz工作了5年，其中一年在欧洲总部伦敦，4年在中国，以核心成员参与了Hertz和神州租车的并购，是国内租车行业最早一批的业内人士。离开Hertz后，加入携程，一手带领团队搭建了携程的海外用车平台，开创了国人海外租车的新时代。在携程一年后，和另外两位同事创立了惠租车，并且在一年内拿到了腾讯创始人之一曾李青以及北极光创投的两轮融资，发展迅猛。刘毅本科毕业于厦门大学，并与本科期间去新加坡管理大学交流，毕业后在法国里昂高等商学院获得了管理学硕士学位。

成功的人并不总是离经叛道 离经叛道的人往往能够成功

文/陆　豪

人们总是渴望成功，因此，也总是渴望从成功者那里探听到一些所谓的成功秘笈，给自己的梦想一个加速度。虽然，我从不把自己定义为一个人们通常印象中的“成功人士”，但因为经历的关系，也不免经常被人问及“成功的奥秘”，或者换一个方式，询问诸如“你最成功的创业/投资/并购是哪一次”这样的问题。我总是拒绝回答这样的问题，因为，世界上所有的成功都是侥幸，只是在当时当地适当地把握住了机会而已。在过去的所有侥幸中，我从来不去回顾哪一次“最成功”，而是期待着下一次的良机。

事业内核始终如一

人们总爱通过既往的经历去判断和评判一个人，对于有所成就的人，人们还总爱探究他的许多个“为什么”，例如，为什么要创办这家企业？为什么要在这个时间点做这样一个决定？为什么要在最辉煌的时候急流勇退？为什么……？无数个“为什么”的背后，是猎奇，更是一种误解，误以为只要了解了成功者的经历，就能“可复制可推广”，给自己找到一条捷径。

就在昨天，我也被追问“为什么”——“作为一个在电视台工作了三年的编导，你为什么会转型作投资人？”

首先，我想强调的是，我从来不愿炫耀自己的历史，无论它在世俗的眼光中是否称得上“辉煌”，因为，历史就是历史，未来才是未来。我从不愿意把自己的经历晒在毒辣的日头下，或者，像一只看似光辉的蜡烛，永远点燃在那里。无论是被人崇敬地瞻仰，还是任人毒舌地评判，对我个人以及这个社会都是没有价值和意义的，我唯一愿意也是唯一可以与大家分享的，只有思考和观点。

所以，我很少向大家喋喋不休地谈论自己的过去。更何况，虽然很多人都觉得我的转型跨度巨大，甚至有人说我提前预见到了二三十年后的传统媒体衰落，比其他传媒人早下海了二三十年。但是，其实在我自己看来，无论是最初做编导，还是后来做企业，或者现在做投资，内核的理念从来没有变过。

难道不是吗？编导是整合诸多艺术元素，使之成为一个完整的艺术作品；经营公司是对诸多生产要素的整合；风险投资则是对更多因素诸如市场环境、企业价值等的整合。

自始至终，整合资源都是我的事业核心，如果看到这一点，就能明白，所谓顺势而发的转型只是形式和外表上的，真正的转型并不存在。所以，我一直向后来的创业者强调，一定要撕开表象和面纱，找出事物的本质。

骨子里流淌着桀骜的血液

为什么在体制内干了三年就离开？放在当下，离开电视台或许并不是什么奇怪的事，但在1987年，电视台编导称得上是奇货可居的金饭碗。因此，很多人纳闷，会问我究竟是为什么。其实，不仅是在短短三年后就离开电视台，后来，我办杂志，留学，创办卓越，总是很快就抽身而去，握住下一个更让我怦然心动的目标。

对我自己来说，这样的匆匆告别其实一点也不奇怪，因为，我早已清楚，流淌在自己血液里的，就是天生桀骜的因子。

我从来不是一个死板、循规蹈矩的人，而是在循规蹈矩中寻找变通和创新。

我有三个偶像：拿破仑、毛泽东和巴顿将军。

大名鼎鼎的西点军校培养了一代又一代谈起军事理念滔滔不绝的专业人才，然而，能带领美军在二战中打出辉煌战绩的就只有桀骜不驯的叛逆巴顿，循规蹈矩的艾森豪威尔们则注定只会被同样离经叛道的隆美尔打得惨败。

君不见，多少“海龟”回国后淹没在滚滚洪流中，成为棋盘上一颗小小的棋子，毫不起眼，就如同，即使是在被流星雨照耀天际的夜空，你也无法找出这样一颗无法自己发光的小行星。

巴顿说：“成功的士兵有两种。一种人出人头地是因为恭顺，另一种人是因为个性，我属于后者。”巴顿读懂了自己，所以他成功了。我也清楚地知道，我，不甘于终其一生只成为一颗小小的螺丝钉。因为，我，个性张扬，直截了当，不安分，离经叛道，永远不适合做一枚安稳的棋子；真正适合我的角色，是那个掌控棋局者。

每一个人，都需要传统社会的制约，但为了找寻事物的本质，离经叛道者却往往表现张扬，不容易为传统社会和价值观所接受。不过，我并不担心这一点，因为，我追寻的是在外部环境改变时，适时地找寻现有规则中可以改变的空间，实现创新。

在我的好朋友中，也有许多离经叛道者。相比循规蹈矩的企业家、创业者，离经叛道者往往更容易找寻到创新的本质，实现创新的目标。作为一个年轻人，或者关心年轻人的长辈，并不需要为离经叛道本身或离经叛道带来的结果感到担忧、困扰。因为，离经叛道并不意味着没有规则，藐视一切，相反，成功的企业家即使再离经叛道，也有着自己严格的底线。

譬如我，两年前在哥伦比亚大学演讲后接受采访时，我把自己的底线归纳为“六项基本原则”：国家利益至上，拥护执政党，遵纪守法，交朋友讲友情，做事情讲专业，做生意讲诚信。只要坚守住自己的底线，无论这个底线是道德底线也好，投资底线也好，这个离经叛道就不会走邪路，就会让周围的世俗眼光见证到创新和卓越。

投资企业就是投资人

2006年年底，我离开卓越的经营管理岗位，应阎炎相邀来到赛富基金，做了投资合伙人。当时，它的名字还叫软银赛富基金，资金规模是10亿美元。如今，赛富基金管理着45亿美元的资金。现在，我还创立了卓越联创投资基金，担任创始首席合伙人，基金规模为18亿元人民币。前者相对注重处于成熟期的企业，后者则更青睐于创业期的创新创业企业。

在各种场合，人们都会问我一个相同的问题：为什么是赛富？吸引我的，首先是它在行业内的领先地位；其次，我与其中的很多合伙人、投资人都是好朋友，“道不同不相为谋”，更何况是如此庞大而有富有挑战的事业，与“同道”相谋才能走得更远。所以，我非常感谢阎炎当年之邀，方使我的职业生涯有此改变。

做投资，自由是自由的，我可以决定今天三点还是五点来看这个项目，但是这个“自由”的背后，是身不由己的“不自由”。这是一个需要不断自我磨炼和修炼的行业，投资人需要付出大量时间自我学习，不断向新的专业和行业探寻，以及几乎不间歇的走访考察。事实上，要保持投资事业的跨越式发展，就要求我们每一个人成为最受航空公司欢迎的空中飞人。拿我来说，仅仅去国外看项目、向同行学习、了解行业的前沿发展，每年就要花上四个月的时间。

不过，我从来都是喜欢挑战、直面压力的人，所以，这样的忙碌反而让我更加兴奋。去过非洲草原的人一定可以观察到，最凶猛的动物往往有一种嗜血的本能，而我对追逐猎物也有着天然的激情，当一份份项目书如雪片般飞来，我感到的不是“乱花渐欲迷人眼”，而是更加清晰准确地瞄准了其中最有价值的猎物，第一时间命中目标。

无论是软银赛富阶段，还是现今的赛富，我们始终是亚洲地区最大和最活跃的基金之一，这样的成绩是如何做到的？又是如何选择投资项目的？这是很多人想要探究的奥秘。万物归一，所谓“奥秘”其实很简单，只有一句话：投资项目就是投资合适模型中正确的人。

正如我前面所说的，成功是由一个个侥幸和偶然堆积起来的，成功也无法复刻，无法模仿，只是在当时当地抓住了机会而已。所以，我选择投资对象的第一要素，从来不是看其过去的履历是否辉煌，而是像剥洋葱一样，一点点剥去对方的光环，抓住他或她最核心的价值观和经营哲学——一个不在乎情谊和信义，一个不讲规则的人，一定不是一个好的合伙人；一个不能善待父母和家人的创业者，一定成不了大器。

要做成功者，首先要读懂自己，在选择项目的过程中，我看到很多人并没有真正地了解自己，相反，需要借由别人的双眼，才能看清自己的内心欲望。

譬如说，你了解道与术的区别吗？术，是经营之术；道，则是融

合之道。如果你的目标是掌握“术”，只会成为一名优秀的职业经理人；如果要成为一个优秀的创业者和领导者，那你一定更要掌握融合之“道”。

在过去的几十年中，尽管在世人眼中，我的周遭环绕着层层光环，但我一定不会否认，我也曾经做过错误的选择，经历过挫折。其中的两次失误，一个是在互联网进入冬天的时候还雄心勃勃地参与投资上海互联网创投公司，另一个是选择了一家中学同学的企业，最终发现如果一个人的职业道德和操守有问题，你的投资一定会所托非人。

不过，挫折并不可怕。真正优秀的勇士都是从荆棘地里走出来的，这正像女性如果遇到脚底有老茧的男人，赶紧珍惜就对了，可千万别以为没见识过花花世界的小绵羊才是最保险的。

投资项目，首先是投资人性。那么，当投资人秉着“公平，公开，公正，公信，公利”五公原则，认可了投资对象的人品和职业操守后，又会如何评判项目本身？

最近，我刚从美国看项目回来。此行看了些什么？未来将投资什么？这是许多人关心的话题，希望借此对自己的创业带来一些想法。

大家不妨思考一下这个我常常提出的问题：“当你独自一人一丝不

挂时，还需要什么？”

华服美衣？IPHONE 6S？法拉利？

错！这些都是浮云。一丝不挂的时候，只有四件东西是必需品，而这就决定了未来相当长一段时间内长盛不衰的投资方向一定是这四个：大生命产业，大食品产业，大心灵产业，以及大环保产业。

从业几十年，最大的收获恐怕就是越来越去伪存真，看透事物的本质。所以，我对于投资有了这样的四个总结，对于人生也有了新的规划。

我希望，四年后的今天，我不必再颠簸于三万英尺的高空，在上蹿下跳的气流中强作镇定，匆匆浏览项目书。55岁的我，应该已经能够放下一切，带着我最心爱的摄录装备，重拾年少时的诗意，且行且摄，且摄且吟。背着行囊的旅行者——那将是我最后一个也是最爱的头衔。

陆豪简介

“卓越集团”董事长。“卓越金控控股”董事长。“卓越联创投资基金”创始人、首席合伙人。“赛富投资基金”投资合伙人。“联创私塾”创办人、督学。“清华大学”、“复旦大学”、“上海交大”、“中国科大”的总裁班授课老师。“上海交大高等金融学院”金融MBA、金融硕士的职业导师。

1989年底，与人一起创办了香港《名牌》杂志。

1993年，投资成立了“上海卓越计算机”。

1997年，收购了原国有企业“上海建设产权经纪”，后改名“上海卓越产权经纪”，现将改名为“上海卓越趋势资产管理”。

1998年，投资成立“上海豪事酒店管理”。

1999年，投资成立了“卓越国际商务（新加坡）”。

2001年，投资成立了“上海卓豪商务管理”。

2004年，投资成立“香港卓越联创投资（中国）控股”。

旗下，投资参股的企业十多家。

时间，请倪慢下来

文 / 倪海郡

时光匆匆，青春匆匆，一群人行色匆匆。

匆匆的行业叫广告，而我，叫倪海郡。

那么多年于广告圈，揣着不大不小的梦想，在这条长河里奔跑。

只是不知道什么时候可以慢下来，什么时候能够慢下来，但却，那么期待。

人生像个一口气读不完的长句，需要尽心平铺直叙，偶尔还要抑扬顿挫孩提时对学习就有浓厚的兴趣，不是要做老师眼中的好学生，而是本身发现未知的美妙，和在你探索它成为已知时的美好；到了中学，对我来说那是打基础的好时期，习惯了按照自己的方向，描摹未来，制胜出一种男孩子难以言表的自信；早于同龄人就隐隐觉得，这辈子我应该是个设计师了吧。就是这样简单，没有一点犹豫和世故，而且，一旦找准了靶心就倾其所有地投入其中。在异国他乡留学时，每天与梦想拥抱在清晨与黄昏，沉醉于创意的光怪陆离世界中，一点一滴兴奋，一点一滴成长，不那么铭心，却意义深刻；学成归来，按照既定的规划，我很顺利地进入了国际广告公司；直至回到上海，和合伙人创办了自己的企业，还担任起大学的客座讲授。这一路而来的可谓被“幸运”推着跌跌撞撞前行，这一切看似异常丰富的经历，都得益于每个时段的自我决断。可以说我是一个很了解自己的人，能够清楚明了地知道自己想要什么，有些事回想起来，依旧记忆犹新。

大学毕业后，首先进入了一家设计公司工作。这是我第一份工作面试，当时老板指着一台苹果电脑，问我会不会开机。我说会，于是就被录用了。当时，电脑对中国人来说是个“稀罕物”。别说用，许多人连见都没见过。而我是知道苹果机的开机键在键盘上的，但是系统进去后具体怎么操作就一窍不通了，实为庆幸老板当时只是问了如何开机。

那个年代我们是见证了中国的平面设计从顶峰慢慢坠入“凡间”的过程。上世纪90十年代中计算机图形设计大举涌入国内设计行业，传统的字体、海报、排版设计在电脑作为辅助工具下方便快捷了很多，这也导致了行业门槛的降低，同时期大学开始扩招，行业竞争也趋于白热化。此时，我也开始认真地思考一个问题——我是否还有向上的空间？这个问题牵绕着我挥之不去，开始筹办出国深造事宜。这期间，一位朋友为我介绍了一笔业务，由此机缘巧合，天助我也，我赚得了自己的学费，也算是创业的“第一桶金”。

1999年，怀着那个年代的学生都有的“留学梦”，我出国了，前往英国伯明翰攻读设计传播专业。异国的学习生活十分单调、艰苦，但我却把它变成了一件很“兴奋”的事。每周，我都会跑到学校图书馆借阅十本书，借助字典“啃”掉它们。可以说那段时期的学习是让我真正了解我自己，如何去主动发现问题，并开展研究解决问题，同时塑造独立研究能力最重要的一段时间。

毕业后，我在伯明翰找到了一份互联网创意的工作。每天朝九晚五，两杯咖啡，生活十分安逸，然而我却觉得如此“慢生活”并不舒服。当时，我几乎每天和国内的同学、同事在网上联系，我发现他们的工作节奏很快，且都在成长进步。

之后某天，我像往常一样乘公交上班，坐着坐着便睡着了。眼睛睁开时，我看到车窗外是一片桃树林。我恍然——自己坐过站了。上班肯定迟到了，可我当时一点也不紧张。我心有所思，自己这辈子可能就这样了，在英国连续工作五年可以拿到绿卡，现在已经工作了一年，再待一年，放弃的可能性就更小了。回到办公室，我开始疯狂地往国内的公司发简历，很快一家国际广告上海公司给了我回应。不久，我怀揣着证明自己的决心回国了。也是因此才有了我创业的转折点。

创业不是敞开了创意创新的大门，而是打开了一扇窗，这风景因人独特我坦言，我喜欢尝试新的东西，喜欢挑战自己，更喜欢勇往直前。回国一年多，我再次站到了人生的十字路口。我看到了广告公司那种蓬勃向上的生命力，同时也看到了其中的不足。2003年，不想躺在功劳簿上的我，毅然离开正在处于最佳势头的企业，开始了对我人生目标的新挑战。

在好友的邀请下，我和他共同创办了圆周率广告有限公司。创业初期，伴随的是许许多多困难。没有资金、没有客户，那靠什么在众多同类广告公司中脱颖而出，赢得商家青睐呢？想来想去，只有靠两个字，创意。一定要有别于传统的广告，找出不同点来。

经过一年的蛰伏，2004年，我和我的公司终于迎来了契机。当时，总部位于美国，致力于推广铜应用的全球性组织——国际铜业协会（简称ICA）找到我，希望我为ICA包装品牌形象。ICA的受众广泛，包括政府部门、学术研究机构及社会大众。当时盖洛普曾对中国市场做过调研，受众听到铜联想到的前三个形容词都不够正面和积极。如何改变大众对铜的印象？我和团队通过数据分析，策划了“铜丝上的芭蕾“的独特形象，用创意活化和统一了ICA，并赋予其一个崭新的、强化用户体验的贴切形象。此举不仅改变，甚至是扭转了广大受众对铜的一贯认知，同时更使ICA在中国梳理改善了品牌形象，协会影响力逐步扩大到全球。ICA原定在中国区使用的品牌识别系统成为了第一套国内广告公

司设计在全球范围应用的品牌识别系统。

此后，飞利浦、友邦保险、LG、联合利华、杜邦、葛兰素史克等世界500强企业纷至沓来，我也借此将公司越做越大。2011年，我带领的团队迎来了“圆周率“成立迄今最精彩的一场广告战役——德国安联保险全球战略的中国“本土化”传播。

世界级龙头企业与全球最大市场——中国间，一直有着一场角力战。坚持品牌一致性，还是进行适应本土市场的调整才能真正拥有自己的空间，一直都没有一个确切的答案。安联保险进入中国亦遇到同样的问题。当时安联德国总部提出了新的全球化营销主题：One Campaign。从内涵挖掘，One Campaign是以客户为导向的服务理念。在规划这个Campaign进入中国时，安联却发现此概念无法直接导入本土市场。有许多挑战需要攻克，譬如品牌的英文口号译成中文，如何保持品牌一致性；在不成熟的行业市场里，消费者对服务需求还停留在初级阶段，领先的保险理念需要较长时间的教育过程；还有最重要的是，如何在企业内外确实拓展Campaign的精准传播。

我和团队以传播中的“说什么”和“对谁说”，给到最贴合的保险解决方案，即以Campaign为核心，以真实案例和最贴近生活的呈现方式量身策划及拍摄了网络短片“知你心，合你意”系列，寻找到了能让消费者直接感受到安联最新品牌价值的方式。该片不仅为德国安联成为保险行业第一家进入第三段为目标受众度身定做的保险业品牌专家赢得满誉，而且荣获了中国广告长城奖。

如今，“圆周率”已被认为是上海本土成长最快、规模最大的品牌包装、设计公司之一。有人问我：“成功的秘诀是什么？”

专注于一点，及时地补充“养分”，然后有分析和数据支持的“不按常理出牌”，加上拼命干，以致机会和成功的青睐。我很努力，是为将来不费力，虽然我相信人命天定，但我相信命运是可以改变的，凡事推给命，则是弱者的借口；凡事说成运，将是强者的谦逊。

“益“心向往的创业路潜移默化地成就了夙愿

衡量人生价值的不仅只有高度，还有广度。很多人喜欢用赚钱的方式获得成功，我却觉得意义过于缺失。创业的同时，我开始在北京师范大学珠海分校、上海视觉艺术学院等高校当起了“教书匠”。

每学期，我都会抽出1-2月时间“泡”在校园里，教授学生们创意设计。2008、2009年，也曾带领学生去到西部支教。

对我而言，教育是最大的创意和设计。现在的大学生，对于那种照本宣科讲理论的课都不太喜欢，需要用新事例来补充理论。而做企业养成的心态、过往的经历，让我能更从容地面对每一个学生。自己学到的东西教给别人，已经成为我生活的意义之一。

之后，我又将课堂搬至社会，搭建起了更大的“讲坛”——“创意发声”。坦白说，创意产业作为未来新兴产业，一直以来都受到政府的高度关注，但创意人却无法找到一个合适的平台将自己无限的创意思维和创意产品向大众展示。为此，我萌发了建立一个免费的、能够让学生和草根人士同著名专家、学者进行面对面交流平台的想法。

第一季“创意发声”，我就利用自己的人脉，邀请了华语广告四大“教父”之一的著名广告人苏秋萍、第一个登上TED论坛演讲的中国广告人乐剑峰等数字媒体、多媒体设计领域的16位大牌，与听众一起就业界动态、前沿科技、创新观念等内容探讨交流，分享我们的独到观点。

原本以为会冷场，但出乎意料，首场事先准备的150张靠背椅全部坐满，不得已后来的观众只能站着听讲。之后，我又购置了50张圆椅作为加座，但随着活动影响力的加大，现在每一期讲座，可预约的180个座位时常额满，还有不少观众特地坐动车从南京、杭州等上海周边城市来听讲座。

“创意发声”至今已开办第四季，我期望一直延续下去，办成一个有影响力的创意公益品牌。

渐渐地，我的身份开始多元化，广告人、公益人、教师，身兼多职，我仍旧朝着自己心的方向继续前行。我每天都在创新创业，不管是帮客户做还是自己做，从为客户打造品牌、互联网传播到现在做独立互联网产品和活动，创新成了我的一种习惯。最近在筹备的O2O在线教育平台和亚洲刺青极限的互联网平台、展览及衍生品的项目都是我们转型的开始。一段时间把自己逼到筋疲力尽，然后就知道什么是自己可以做的，哪些是自己不擅长的，最后慢慢把自己精力集中到1-2个项目或专题上。这就是所谓的成熟吧，我不是一个聪明的人但是一个幸运加努力的人。所以40以后，我并没有懈怠或安逸，我更知道我自己要什么，我相信，心有所想，事有所成，自己所期待的一定会实现。

人们总爱关注你飞得多高多远，鲜有人在意你飞得究竟多累

很多时候，一件事能做成功在于“坚持”，但有时候却不太想谈“坚持”一词，因为一件你喜欢做的事，必然是一种自然而然的习惯，一旦成为“坚持”，也就意味着你有不得不继续将它保持常态的烦恼，以及无时无刻面临突破的现实压力，而事实上，无论是在企业的管理运营，和“创意发声”平台的未来发展上，或多或少，我都有类似的担忧。

“创意发声”的发起是因为，相比于世界之大，上海是一个非常小的弹丸之地，提升上海的创意产业的影响力，就一定要突破上海的局限走向国际。2012年“创意发声”成立，它是一个民间组织，是一个相互交流的平台，这个平台将上海顶尖的设计师聚集在一起，通过举办各种活动提高上海创意产业的影响力。

在成立的最初两年里，“创意发声”只是每周举行一次针对实习生的课堂讲座。此后，市场反馈极好，我本人曾在2014年6月写道：“一整年除了出差，几乎周六就没在家待过，”“不知不觉就这么做了20多场。”

但是让创意真正发声，生存压力不容小觑。创意发声是得到上海市政府支持的非盈利项目，公司虽然有盈利，但生存压力很大，必须思考创意发声的可持续性以及该项目为实现未来更好发展所需要的变革。

我觉得创意发声可持续的模式是依靠赞助商支持，对观众不收门票钱；另外，培训也可以成为收入来源的一部分，未来的目标是走向世界。

其次探讨新型合伙人制度是必不可少的，我期望创意发声将来要独立成为一家公司，探讨新型的合伙人制度是个突破，比如律师事务所合伙人、会计师事务所合伙人制度，目前在设计领域，合伙人制度还鲜为人知。中国大陆市场还是很浮躁的，每个设计师均有个性，人才流动性很大，设计一个好的制度有利于提高生产力。我们尝试的合伙人制度，要让每个员工都参与公司的管理。

对于人才管理，很多人说创意产业是一个轻资产的产业，但我认为，在设计领域，设计师是重资产，因为设计师的人工费用非常昂贵，如何设计一个好的机制，是我们要去研究的。

一位长者曾经说过“现代人把工作简单化为‘做事’，而传统意义上的‘做对事’和‘做事情’的‘对’和‘情’字都被略去了。所以许多人的工作是没有责任感的，是被动不情愿的。”这也是作为管理者的一种辛酸，但却要积极改善，尤其是创意高压行业，它的存在有其合理性。

而且我承认上海的文化创意产业既饱和又竞争激烈，上海目前有四万多家注册的创意类公司，又有来自世界各地的劲敌，不过，一个文化创意产业从业者只要能够在上海生存，那么我也就能在中国其他地方生存。

倪海郡简介

倪海郡，上海圆周率文化传播机构创始人兼创意总监，浦东创益生活文化艺术中心/社会公益联合创办人兼副理事，德国汉堡应用科技大学品牌学院（Hamburg Brand Academy, University of Applied Sciences）、上海视觉艺术学院客座教授，上海市广告协会年度优秀作品评审委员会专家，海峡两岸大学生设计艺术节评委，上海创意工作者协会会员，上海市黄浦区人才协会理事。

倪海郡于上世纪末留学英国，获Birmingham Institute of Art & Design硕士，具有多年海外设计公司、国际4A公司与本土广告工作经验；曾获得国际青年设计企业家大奖等，并获得“中国百强青年设计师”称号，是中组部“千人计划”创业人才。

倪海郡涉猎广泛、身份多元，在不断地教学、工作与旅行中汲取创意养分。2012年，他发起非盈利性上海创益活动、创意人互动交流平台——创意发声，为沪上创意人士搭建了一个良性的交流互动平台。

倪海郡创立的上海圆周率文化传播机构，是一家以创意策略为主、设计为辅的综合创意机构。公司秉承“创意无限不循环”的理念，为客户提供最好的创意产品和服务，曾参加多个国际设计项目，并获得第十九届中国国际广告节影视类优秀奖、第二十届优秀广告作品展评赛商业类平面广告优秀奖、上海市广告协会贡献奖、上海设计之都活动周优秀创意奖、中国国际广告节优秀奖等多个奖项。

做创业者后面的创业者

文 / 沈南鹏

书名叫做《体验创业》，对我而言，职员、企业家、投资人，无论是哪一种身份，每个阶段的体验都是重要的、相辅相成的。至今，我仍是一个创业者，是创业者背后的创业者。红杉中国就是一个创业企业，十年前从三四个人开始，现在有一百多人，六七十个投资团队成员，实现多行业覆盖，也从天使投资一直做到PE投资。我喜欢创业的这种从无到有、把企业从小做大的感受。

在很多人眼里，现在似乎是个全民创业的时代，跟20年前相比，好像创业变得很容易，因为有BAT的成功榜样，还有像小米、京东这样已经近几年产生的新巨人，国内资本市场的发展迅猛。可创业，真的有那么容易吗？容易，也不容易。

说创业容易，是因为，我们正处在一个可以梦想成真的年代。如果你有一个好的创业想法，你就有可能通过自己的努力来实现它，每个人几乎都有平等参与创造的机会。说创业不容易，是因为，在实现梦想的过程中，大部分人都会碰到挫折，可能遭遇失败。人都会犯错，但并不是所有人都可以从错误当中学习并改进。除去人为因素，天时、地利、人和，缺一不可。而这些经验的累计、洞悉未来的敏锐直觉，如果你想要获得，是没有捷径可寻的。

有人担心，现在的创业热潮存在着很多陷阱，我觉得陷阱并不可怕，优胜劣汰是自然规律，那么最终留下的，一定是站在高点的、优秀的创业者和企业。

创业是个取舍的过程

从刚开始自己创业，到现在帮助别人创业，一个人的职业生涯，一路走来，一定是个各种取舍的过程：我们为了某些追求做出选择，相对的，必然会放弃另外一些利益，同时，还要承担巨大的风险。如果当初，我选择继续投资银行的高薪工作，没有加入早期互联网创业，那么也不会有携程创业成功的宝贵经验，更不用说，在携程之后，帮助其他有潜质的企业发掘价值的能力了。我所看重的，是长期的职业发展，不期待短期利益。那个时候，离开投行去创业，刚开始不应该考虑有多少经济回报。最重要的，是做自己喜欢的事情。

对我而言，每个选择都是大经济环境给的一道命题，对中国经济，我做出了一直“看多”的选择。20年前离开华尔街回国，做出这样的选择，并不容易。在这种情况下，关键就是看长期的职业发展。如果你创业，就一定要把它看成你的梦想，如果你太看重金钱的话，就很难走得更远，因为在这个取舍的创业过程中，你会很难抵御诱惑。面对取舍，你有平常心和敢于冒险的精神，再加上乐观积极的心态，那么，最终的结果一定不会太差。

有了好心态以后，创业者还要有能力改变。要不断地去尝试，根据市场反馈调整自己的想法，顺应市场的需求。

创业，人是最重要的

一个人最幸运的就是职业生涯具有连续性，你前面的工作为后面的发展做了铺垫、打好了基础，有些人很努力，但可能不是做他从事的那个工作最合适的人。

携程初创团队，一共是四个人，梁建章、季琦、范敏和我，我们各有所长，各司其职。我们这批创始人没有丰富的商业经验，做携程一开始是抱着对互联网的热情，后来发现不管互联网创业还是别的，归根到底都是生意。生意都有门道和诀窍。长期在投行做的，不见得掌握在中国做生意的门道。一个初创企业，除了分行业发展规模和商业模式以外，能不能把企业做大，要看创业者本身，有没有执行力，靠不靠谱。团队很重要，人脉和圈子也很重要。当然，人脉并不是一蹴而就的，随着你对行业的认知和深入，“朋友圈”自然形成了。

优秀的创业者，都有一些相似的品质。这些优秀的品质包括对细节的关注，对产品的热情，对行业的理解，对竞争对手的了解和客观评价，对创业初心的坚持…… ，创业者本身和其团队的文化，是企业的真正核心竞争力。

与国际知识接轨，整合全球资源

这里要说到两个点，一个是对于创业者而言，一个是对于投资者而言。但其实，这两点又是相互衔接的。

从TMT到消费服务，从医疗健康到新能源技术，中国有很多优秀公司的技术，已经到了可以引领全球的水平，而这些创业公司的创始人，不少是年轻的80、90后。比起先前的创业者，他们有更好的条件和机会，比较早就接触最新的科技。只要你想学，在现在的科技环境里， 对于知识的摄取，在中国，你在起跑线上，不会输给全球任何一个国家。

确实在某些技术领域，我们跟美国、德国、日本这些国家，还存在着相当的距离，以至于不得不在开始的时候，借鉴、模仿他们的技术或是商业模式。但是中国的市场环境和全球任何一个国家都不一样，我们所要面对的情况可能比其他国家复杂得多，学习而后优化，到最后实现超越，也未尝是痴人说梦。新一代的年轻创业者，都有着很强的学习能力，可以做到与国际接轨，用全球化的眼光看待问题。

再来说整合全球资源，我觉得这是投资人可以为创业者带去的“福利”。投资机构要给予企业各种“出海”后的支持，好的投资者不是仅仅所谓的金融从业人员，而应该是被投企业的深度参与者。好的投资人要花时间帮助企业成长，帮他寻找合作伙伴，讨论战略。这其中，很多时候，还要考虑东西方的差异，并不是所有西方的模式都是适用的。整合，也包括了融合。

综上所述，对于一个创业企业而言，我一直认为：企业家能力与企业家精神是最重要的两点。如果要在这两点中，再选出一个，我认为企业家精神更为重要，其次才是企业家能力。只有企业家精神才能保证创业方向的正确性和正能量的传递；只有企业家精神才能让企业家能力得到正确发挥，否则，才能就有可能会被滥用。

“正能量”这个词似乎听上去有些空洞，并不是要传递什么鸡汤，简单来说就是两点：一是要走正道，做一件对社会长期有价值的事情。一个长期有抱负的企业，在具体执行上会反映出来。二是创业的动机，是基于什么样的原动力选择了创业。有些“创业者”仅仅为了盼着上市、套利而创业，但我更欣赏的创业动机，是希望创造一种产品和服务，来满足社会需求，解决某个问题，其动力源自好奇心和使命感。

对于企业家而言，在多变的环境中如何保持企业的健康发展，是一个值得恒久探讨的话题。在高度变化和充满竞争的环境中，市场的参与者需要把心态放得更加长远；需要保持清醒的头脑，关注自身发展过程中资本效率的最大化；需要静下心来做一个长远的规划，根据自己对市场独特的理解和解读，利用自身优势创造一个适合市场的独特产品，不要因为竞争，乱了自己的阵脚。同时，企业家要时时提防：今天的产品很成功，但明天这一商业模式就可能会消亡。比如PC互联网时代的很多优秀商业模式，到了移动互联网时代，不转型就落后或被淘汰的例子也不少，这是优胜劣汰的自然法则，也是敦促企业家不断创新进步的警钟。

失败并不可怕，也希望有更多年轻优秀的人，加入到创业的大潮中来。不仅仅为了赚钱，也为了圆自己一个纯真的梦。梦想，一定是成功创业家背后的根本动因，它可以推动一个伟大公司的诞生。我相信，今后，中国创业者的舞台将不仅在中国，更是在全世界。中国一定会诞生比美国更为优秀的创新企业，中国的创业模式也将出现超越硅谷的模式。而一如既往的，红杉资本作为创业者背后的创业者，也将为此贡献一臂之力。

沈南鹏简介

沈南鹏，1967年出生于浙江海宁，上海交通大学学士，耶鲁大学硕士，红杉资本中国基金创始及执行合伙人，也是携程旅行网和如家连锁酒店的创始人。现任中国企业家论坛轮值主席和理事、耶鲁中国中心理事会主席、天津股权投资协会会长、北京股权投资协会副会长、上海浙江商会常务副会长。

沈南鹏是“福布斯2012-2014年度全球最佳投资人”榜单中排名前列的华人投资者，并自2010年起连续四年蝉联福布斯中国最佳创投人，亚洲风险投资杂志评价他是“2010年度风险投资家”、“2004年度亚洲年度企业家”。

2007年，被评为“CCTV 2006年度中国十大经济人物”，2010年12月1日，被评为“2010年十大华人经济领袖”。

2014年12月29日，在福布斯中文版推出“中国最佳创投人榜单”中，沈南鹏获得第三。

从教书匠到风险投资人

文 / 宋安澜

光阴似箭，从我加入软银到今天，转眼15年了。再算得远些，我从学校辞去教职加入创业公司竟然已经20年。这20年，风风雨雨，起起伏伏，一路走来并非总是一帆风顺，但却是一番颇有收获的经历。仔细回想总结，居然发现还干了不少有意思的事……

第一次转型

20多年前，我在清华苦读十年拿到博士学位后，出国继续深造，在美国康涅狄格大学（UConn）做了几年博士后又留校任教。学校生活，平淡无奇，生活平静而有规律：课堂，实验室，寓所，三点一线；老婆，孩子，工作，忙忙碌碌。

直到有一天，老朋友吴鹰的一个电话，在我平静的生活中，激起了浪花。吴鹰说是他从贝尔通信研究院辞职，和人合伙成立了斯达康公司（Starcom Network Systems），急需技术人才，问我是否愿意加入创始团队。工资不会高，但有若干百分点股票。吴鹰又不急不慢地说，若公司做成功，这些股票大概能值三十万美元。要知道，这在当时并不是小数目，当年康涅狄格大学附近一套独立别墅也就只要十二三万，而UConn的教授，一辈子不过就挣一套别墅。但这数字并不是打动我的主因，真正打动我的是他后面的话。他说，他们正在和中国做生意，而且就在我的故乡杭州。吴鹰的电话，令我辗转思考，夜不能眠。学校平静的生活和初创公司未卜的前途以及可能的潜力是截然不同的两条生活道路。是选择平稳，还是博一把，to be or not be…… 经过三天思考，我一跺脚一咬牙，辞掉了教职，加入还只有4个人的斯达康（Starcom Network Systems），成为第五号正式员工。

初创企业的生活是艰苦而又快乐的，我们全公司的技术团队也就是两个半人：一个是精通数据库的小伙子，所有数据库相关程序由他负责；另一个是在我们这里兼职编程的通讯专家，通讯协议栈由他负责；而我则是产品经理兼项目经理兼系统集成师又兼UI程序员。摆在我们面前的任务也是艰巨的：吴鹰及其国内销售团队卖了一套7号信令智能通讯平台给中国电信，售价超过百万美元，但该平台实际还是Paperware，只有纸上的总体概念设计，还没有实物。我们的任务，就是在五个月内，将该平台做出来，并在杭州的中国电信机房开通。于是，我们立即投入了夜以继日的工作。编程，集成，调试……我们花了不到3个月时间，做好了平台。由于我在学期中间辞职，在UConn所教的课程还必须教完。所以每周还必须从新泽西开车到UConn授一次课，来回500公里。加上每天16小时的工作时间，说不辛苦是假的。但看着一个个模块被做出来，一项项功能被实现，心中的快乐又是难以形容的。平台开发完成后，我又带着设备从美国回到了阔别7年的家乡，杭州，安装调试。其过程中甜酸苦辣，一言难尽。但我们终于顺利开通了，而且一次对接成功，提前完成了工程。当年杭州的第一套800号服务以及 第一套200号电话卡服务，就是我们的系统提供的。

回想加入斯达康的过程，我的体会是，要创业，首先要打好基础，做好准备，机会只会给有准备的人。我在UConn工作的七年多中，并没有只限于教书，写论文，而是做了大量实际项目，从UNIX，C，X Window，到TCP/IP，Socket，写过几万行程序，项目范围覆盖自然科学基金、美国海军、Sikorsky直升机公司等等。我研发了一套分布式决策系统，多计算机TCP/IP联网运行，这在上世纪90年代初还是很先进的。而这些本领，对于后来在斯达康开发产品是至关重要的。只有掌握了真本实力，机会到来时才能及时出手，做成事业。

另外，创业其实是一条不归路，我刚离开学校时，还想着做完项目什么时候再回去教书，但是，自从跳入商海，再从创业圈转入投资圈，从早期投资到早中期投资，再到早中晚期全阶段投资，干得不亦乐乎，而回去教书则变成了遥遥无期的梦想。只是在清华或中国财大兼了若干金融硕士校外导师、创业导师等，过把干瘾。记不得在哪本书上读到的段子，讲一个男孩在森林里行走，碰到了一个岔路，他选择了其中一条，想着明天再来探索另一条路，但是，岔路之外又有岔路，又有新的选择……而那另一条路，是没有可能再去探索了。人生，充满了选择，各种选择加起来，形成了每个人特有的一条人生道路。没有后悔药，没有回头路。选定了一条路，坚持下去，就有成功的可能。

当然，准备好了只是有了可能，当机会来临时，还是要选准合作伙伴，找准切入方向。当时我选择加入斯达康，除了中国因素外，另一个主要考量是看好吴鹰和薛村禾的组合，吴鹰是个people person，亲和力强，有超强的销售本事，而薛村禾则善于幕后策划，执行力强，看人极准。我当时的想法，和他们一起定能折腾个什么出来，不是斯达康也有可能是伍达康。

我的判断果然没错，在我们开发成功第一个产品后，斯达康和另一拨朋友开办的公司Unitech合并了，而且顺利地拿到了孙正义的一千万美元A轮投资，UTStarcom（UT斯达康）就这样诞生了。软银后来一共投资了三轮总计3000多万美元。而UTStarcom也没有令投资者失望，在中国电信领域作出了巨大影响，成功开发了小灵通（无线市话）系统，占据中国市场的半壁江山，并成功在NASDAQ上市。在高峰时，我们有五千多员工，市值高达90亿美元。我那若干百分点的创始人股份，虽然经过多次稀释，还是给我带来了可观的第一桶金，是吴鹰当时承诺的30万美元的很多很多倍，如果那时愿意的话，我可以退休了。

第二次转型

在UTStarcom的峰值期，1999年底，我又有了一个新的机会，软银孙正义在UTStarcom的投资给他带来了数十亿美元的丰厚回报，遂决定加大对中国投资，创立软银中国投资基金。而我们在UTStarcom的多轮被投资经历中，也学到了资本市场的方方面面的知识，因此我有幸被邀请加入软银中国创始团队。这对我自己的生涯来讲，无疑又是一重大变化。在UTStarcom多年，有稳定的工作环境，又管着一支成熟的团队，研发与管理均游刃有余，而风投在当时还是新鲜事，没几个人知道，行业前景是未知数。但是，干技术多年后，我的内心也在想换换工作环境，学点新的。而VC这新鲜东西需要不断学习大量的新知识和新技能，正中我的下怀。深思熟虑之后，决定跳出UTStarcom，和薛村禾、一起加入了软银中国创始团队，当时加入的还有从麦肯锡过来的华平博士。后来薛村禾，华平和我成了软银中国的三剑客，这是后话。

初入VC这行，开头并不顺利，我们几个都没真正干过VC，没经验，少背景，没感觉（lack of sense），我们开始投项目相当一部分不怎么样。但是，作为学习能力很强的我们，恶补VC知识，很快进入了角色。首期基金创造出阿里巴巴、淘宝、分众传媒等成功投资案例，也奠定了软银中国在中国风投界的地位。我们投资的基本理念，是既要赌赛道，更要赌选手。

找准赛道是极为重要的，要找准符合中国国情的有巨大潜力的领域，然后找出该领域的领先企业。

除了阿里、淘宝、分众这三大投资案，我们投资的另一个得意之

作是普丽盛。该公司现在已经顺利在创业板上市，而且上市后连续涨停板。2007年，我第一次去普丽盛时，这家公司还蜗居在上海市金山区张堰镇上一个毫不起眼的小工厂里。不过，他们的产品引起了我的特别兴趣。作为无菌包装解决方案供应商，普丽盛团队苦干十年，在中国第一个自主研发了自动无菌灌装生产线，突破了国外巨头的壁垒。他们开发的高度自动化的生产线，将乳品及饮料行业的技术水平提高了一个数量级，乳品饮料可以在常温下放置半年，无须冷藏。伊利和蒙牛就是靠这种包装将其产品从大草原运到沿海的消费市场，而迅速做大的。而该种技术原来一直被瑞典利乐公司垄断。谁突破了这个壁垒，谁就打开了一个金矿。更重要的是，普丽盛具有典型的“剃须刀和刀片”的商业模式，设备赚钱，而耗材更带来持续的收入。我们迅速拍板，成了普丽盛最大和最早的投资者。团队也没令我们失望。我们投资以来，公司业绩年年上涨，其在创业板的成功上市，更是给我们带来了巨大回报。

投资即投人，这是我们的另一个投资要素。VC都是小股东，主要还是由创业家来把企业做大。事实证明，失败的投资大都是因为创业团队不灵。在早期项目的投资中，我们的评估体系更是将团队放50%的权重，并且最看重的是其integrity（操守）。另外，团队的vision（远见），passion（激情），execution（执行）也缺一不可。在这方面，当年阿里巴巴团队显然是其中翘楚。软银当初投阿里巴巴一个重要因素就是看好马云以及18人的创始人团队。看团队有没有成功的经验很重要，但经过波折也是特别重要的经历。比如阿里巴巴在接受了我们投资后，第二年互联网泡沫就破裂了，大家都很狼狈地挣扎，但阿里团队经过艰苦奋斗，挺了过去，最后取得巨大成功。

十几年来，软银中国基金越做越大，到今天，我们已经在运营第五期基金，总共管理着约十五亿美元的资金。投资方向也从早先的互联网拓展到了TMT、医疗健康、新材料、新能源、消费等等。

天使投资经历

在主业之外，我还做过天使投资。我在IT领域多年，当过程序员、系统管理员、产品经理等等，在该领域有相当深的背景。两千年回国年后，认识了黄伟，大家一拍即合，决定共同创立一家信息技术公司。但当时软银基金无法投资这么小的初创项目，在征得其他合伙人同意后，我拿出在UTStarcom上市后赚的钱出资，成了万国数据（GDS）的创始人和天使投资人。

作为初创公司，真是什么都缺，缺技术，缺市场，缺人才。我们几个拳打脚踢，浑身解数都使上了。黄伟是CEO兼销售总监又兼运营总监，我是兼职技术总监加兼职猎头。

我专门从华尔街拉来了资深IT专家入伙，还逐个面试新员工。后来我们又收购了国内一个IT系统团队。万国数据从做财务软件开始，拓展到了灾难备份、数据中心、云计算等领域。看到现在万国数据的规模，想到当年初创时的艰难，不禁感慨万分。

我想，要成为一个成功的天使投资人，以下几点极为关键：

首先是看人要准。作为天使项目，人是最关键的。一个好的团队，只要方向不错，一定能干出点名堂来。UTStarcom、万国数据、阿里巴巴都是这样的例子。

其次是看项目要准。方向要对、市场要大、切入点要准、技术门槛要高。万国数据从做软件切入，进入了当时门槛很高的灾难备份领域，后来又领先进入了云计算领域。

第三，天使投资者带来的不是普通的资金，而是“聪明的钱”。除了投入资金，更重要的是，天使投资者一定要有激情和奉献，投入自己的经验、知识和网络资源，全力帮助公司成长。

最后，天使投资者一定要具备帮助企业融到后一轮投资的能力。要培养一个成功的企业，通常要经历3-4轮的融资，而现有投资者的网络则是融资的重要通路。

结　语

作为一个深知创业艰辛的投资人，我想对准备创业的朋友说的是：夯实基础，做好准备，抓住机会。一定要在正确的时间，找到正确的伙伴，去做干正确的事，而且要坚持下去。成功在远处向你招手。

宋安澜简介

在创业和投资两方面都经验丰富，在高科技领域里知识渊博，尤其注重对高科技领域的早中期企业的扶植。于2000年1月加盟软银中国，主要负责投资及管理，目前担任多个高科技公司的董事。

在软银中国之前，宋安澜博士是UTStarcom创始团队成员，任信息技术总监；他还担任过MDC Telecom首席技术官，并且是万国数据等公司的董事及创始人。在此之前，曾任美国康涅迪格大学电机系助理教授，从事计算机网络和信息系统领域的科研教学。

拥有清华大学自动化系的学士学位和硕士学位，以及清华大学经济管理学院的博士学位。目前还担任中国中小企业协会特约金融顾问、中国国际投资促进会投融资工作委员会副理事长、APEC电子商务工商联盟专家委员会主任委员、千人计划创业大赛创业导师、上海天使投资俱乐部执行委员等职务。

一个跨界创业者与互联网的情缘

文/陶　闯

认真的学者教授

我的第一份工作是大学老师。从助理教授起步，做到副教授、教授和终身教授。1998年我在非常竞争的环境下获得了加拿大卡尔加里大学的教职聘用。 这是我们那个时代最令人羡慕的工作，不仅是高薪、铁饭碗而且是最受人尊敬的职业。 说起来能顺利获得这个工作，是和我攻读博士的努力有关。 博士期间，我就基本天天熬夜，有时还熬通宵。我的研究成果荣获了全球的七项论文奖和个人奖学金。进到学校做老师，我更加拼命了，那时我的英文凑合但要做到给学生们上课、对答如流还需要很多努力。在研究和学术论文方面，基本一遍文章要改十次以上，反复琢磨，这也是我现在养成的对每件事要求非常完美的习惯。在我33岁时，我升级到了正教授和终身教授，并且在34岁的时候，拿到了加拿大国家首席研究教授（Canada Research Chair Professor）的荣誉。这在加拿大，是最高的学界荣誉了。

我和我的研究小组发表了论文200多篇，获得20多项国际学术大奖。同时我担任了多个国际组织的主席或者理事职位，应该是地图界的国际级权威专家了。目前我仍然是五所大学的客座教授。

在学校期间，我还有一段很特殊的经历，2000年被加拿大派往联合国核能源署做技术专家顾问，作为联合国顾问，参与了在核能全球控制的多次会议和技术认定工作。这让我打开了一个完全的新世界！这是当时我考虑开始创立自己公司的一个主要导火索。我希望我能给联合国提供一套技术系统：全球网络化的三维地图，让大家在不同的地方可以看到地球上每个角落发生了什么。

海外第一次创业

2002年在我加拿大多伦多创办了我的第一家公司，GeoTango网络地图公司。创立公司的启蒙想法就是在联合国工作中获得的。我希望做一个在互联网上的三维地图，让联合国工作人员能通过卫星图像和地理数据观察跟踪到全球每个角落的变化。这个三维地图技术（GlobeView）比谷歌地球要早近三年。从教授到创业，是一个很大的跨越。我领悟到技术到商用化产品是一条非常漫长之路。企业的第一步是生存，是销售能力。那个时候见风险投资人很难，而且融资也非常不容易。我见过一些投资人，都说技术不错但不认为有市场机会。创业的第一年是非常艰难的，我们必须将仅有的存蓄和房产抵押给银行来给员工们发工资。不过我们的技术还是最终被客户认可，有来自18个国家和地区的订单包括联合国成为了我们的第一批客户。2004年有一件事令我非常兴奋，我们的系统GlobeView被加拿大CBC国家电视台看中，用我们的系统作为加拿大总理全国大选时的视频展示。华人科技界一片哗然！

2005年初谷歌地球问世。这时GeoTango的价值被行业尤其是资本

▲ 第一次海外创业：GeoTango公司成立

界认可。在谷歌地球发布的两个月后，我被微软邀请去总部谈合作。这个合作就是谈收购GeoTango。我有幸拿到了我人生中的第一桶金。我有幸使全球首富比尔·盖茨成了我的第一个贵人。我几乎没有犹豫将公司卖给微软，因为我希望能跟比尔·盖茨这样的巨人好好学习。GeoTango的收购成为了比尔·盖茨收购的第一位华人创办的企业。这一阶段，我实现了从学者到创业者的转变！

微软金领职业经理人

2005年之后我开始了微软的职业经理人的生涯。在微软的工作让我受益终生，因为我才领悟到经营一个大型企业，需要全方位的视野高度，经营能力和管理能力。自认为技术很牛的我，发现自己在企业经营方面还是一个小学生。在微软的5年，让我真正学到了一个大企业的战略眼光、企业管理和全球视野。当时微软地图是比尔·盖茨最为关注的项目之一，我们每两周就要给他汇报一次。在微软，我参与了多家公司的收并购工作，学习了高人的过人之处，也完成了自己内功的极大提升。

▲ 2011 年PPTV获得孙正义2.5亿美金投资 创中国互联网单笔投资最高纪录

我体会到商场不是简单的战场。你既要有战略布局的能力，又要有高效执行、对杀绞杀的破局能力，也开始理解为什么企业管理是管事理人，企业的发展是有周期性的，企业最大的成本是时间和机会！我们微软地图部一直被认为是微软互联网业务中最具创新能力的。在微软，我主持了产品研发、全球商务谈判、收购并购、亚太区运营管理等多方面职能，这次我实现了从一个“草根”创业者到企业经理人的转变。

中国互联网江湖掌门人

2009年我决定回国第二次创业。作为创始合伙人进入PPTV做CEO。当时做互联网视频的创业公司有200家，大大小小竞争十分惨烈。在掌管PPTV的时间里，我们每九个月就要进行一次融资。2010底我幸运地遇到了我人生中的第二个贵人：孙正义（软银集团董事长）。经过10分钟的交谈和后来1.5小时的谈判， 孙正义给我开了一张2.5亿美元的投资支票，创下了中国互联网单笔融资最高纪录。这笔投资对PPTV非常重要，奠定了PPTV在网络视频领军的地位，开拓了近三亿的用户。2013年，我接受了苏宁和联想弘毅共计4.2亿美金的战略投资，这可能是中国互联网与传统企业的最大一次资本嫁接。自豪的是，PPTV已发展成为每月近3亿活跃用户的网络电视领军企业，建立了全国300多数据处理中心，PPTV每日播放视频的长度为约4500年。PPTV的五年，三次融资，用户从百万发展到过亿，销售规模从二千万不到，做到近十亿销售额，员工规模从百人到过千人的高速发展。在PPTV，我参与投资的影视剧有十几部，可能最出彩的是电视剧《步步惊心》，我是制片人之一。作为一家互联网公司的CEO，我完成了一次从职业经理人到创业企业家的转变。

做投资创业家

2014年，我从PPTV CEO退出二线，开启了我人生的第三次创业。这一次我想做的是投资创业家。我成立了知卓资本与网络公司，取义于“见微知著（卓）”，以小搏大之义，希望借力移动互联网的发展机会，借力资本和企业运作经验， 打造一个有价值影响力的企业群。我希望借助我多年的经验，去打造一群具有协同效应的公司群，而不是一家公司。什么是投资创业家？我也不知道这是什么。 这是我又一次的跨界，看看我能否成功地完成这一次的角色转变。

“二八法则”

我一路的跨界，虽然和我自己对新事物有好奇之心有关，但一直让我记得的是社会的“二八法则”。

我在留学博士时，我的博士导师跟我说过一句话，我一直记着：“成功的人只有20%。所以你要学习优秀的20%的人，而不要学习周边80%的人，人云亦云。” 大家都知道社会的“二八法则”。 能给社会带来价值的是20%的具有冒险精神的领导者和创新者，而不是80%的跟谁者。当然财富和荣耀也都自然集中在20%人手中。这是我们社会的丛林法则！

我在海外读博期间，发现大学里有这么多好课，而且不用钱就能做到教室里听。 我很多留学生不一样，大家就是努力拿文凭，和文凭无关的课程都不回去听。我那时有时间就去听各类课程，从经济到项目管理，我也不拿学分，就是混进教室里听课，学东西。对于学习我一直保持一种小学生心态，世界有太多的东西要学习领悟，这给我后来的职业发展打下了很好的知识面基础。

在我职业生涯中，我一直记着二八原则，不断挑战自己去做一些自己认为是对的东西，但有时你的坚持不一定被大部分人认同。 这里很需要坚持和毅力， 你需要付出更多的努力。我们看到20%的成功的故事，却没有看到他们背后的故事和他们敢于承担的各种风险。我们在海外多年，海外教育的一个特点就是鼓励创新，追求卓越。无论工作也好，创业也好，衡量成功不是看谁的钱多，而是看你给社会是否带来你的价值，大家最欣赏的就是“创新”之人，报纸媒体宣传的也是那些不落俗套、不走寻常路的创新创业者。

做0到1的事

好奇心是人的天性。回顾我跨界的旅程，可能就是这个好奇心让我可以不断挑战自己，追求一些新东西。最近有本书很火，是硅谷创投教父Peter Thiel写的《从0到1》。这本书介绍的就是社会的发展都是一些0到1的突破。世界是不可能有第二个微软、谷歌、FACEBOOK。如果你要创造一个伟大的公司，你必须走一条不同寻常之路。

我在学校做教授时，非常关注我们学科之外的领域发展，应该说是自己对新技术型概念非常敏感。早在1999年的时候，我在大学的一项研究就是穿戴计算系统，现在很多人都说到谷歌眼镜，我开玩笑地说，我可以是智能眼镜研究的前辈了。

2001年我在加拿大最早参与并提出了Sensor Web概念，并参与全球传感器网络化的标准工作。最近大家都在谈物联网， Internet of Things. 这个概念最早就是从sensor web诞生出来的。目前我最为关注的就是物联网的行业发展，我目前的投资基金也是重点关注这个领域的发展。我

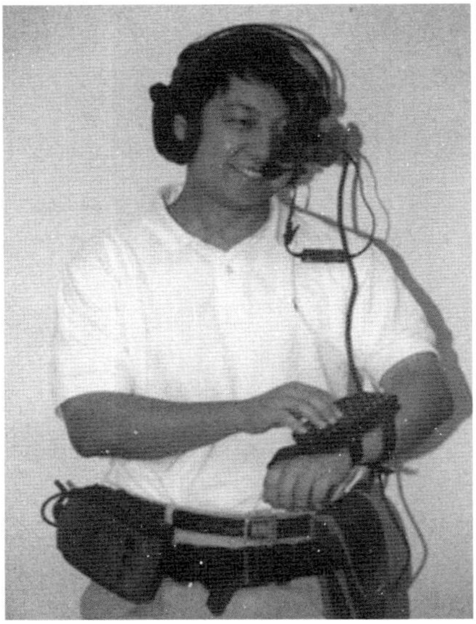

▲ 1999年在大学研究的穿戴式智能计算系统

在物联网投资领域很有感觉，因为这是我多年前从事研究和关注的领域。

2002年我创立了自己的第一家公司，做了一件我至今还是引以为豪的事。我们开发了全球第一套商用化的网络三维地球系统，这个技术比谷歌地球要早近三年。当时，我们系统用在了CBC在加拿大总理全国选举的当夜，用我们的三维地球展示各地的选取结果。作为一个中国人，我们的技术在加拿大全国播出，你的幸福感是不用说的。

0到1不容易，因为没有先例，而且做0到1的事很容易成为先烈。 但如果你想想，即使成为先烈又有什么关系。中国社会开始鼓励创新创业，就是想鼓励那些敢为人先、敢于面对失败的人。

创业不是“投机”

现在是一个最好的创新和创业的时代。但我看到，太多人不是去创业，而且去投机。这类创业者估计不用二年都会成为先驱，而且浪费了宝贵的时间生命。

一个合格的创业者应该具备什么素质？我认为需要这三商：胆商、情商和智商。创业不是“投机”，而是一种献身的情怀！需要全身心地投入。一般来说，初创公司需要5~8年的煎熬才能到达到一定的规模，或者说能活下来。 这5~8 年是你生命的黄金期。你没有退路，还必须坚持如一。可以肯定地说，大部分人都做不到。而且不得不直白地说，即便你能坚持几年，但“成功”的可能性还是与出车祸的概率差不多，也就是1%。这里看来强大的胆商是创业者成功的第一要素。

另外，投资人很现实，并不爱听创业者的梦想，而更关注创业者是否接地气。 创业者需要将你的梦想变成阶段能执行的商业计划书。投资人比较喜欢有创业经验的人。投资人可能听不懂你的项目，但能听懂你的做事方式。一步一脚印，小步快跑，具有强大的内功和攻城作战能力的团队才是投资人青睐的。当然创业团队组合非常重要，互补组合比同质组合更佳，但创始人的领导力与控制力是必须的，创业团队没有大锅饭。责权利也必须是统一的。

创业追求的是一个过程。大家不应该以创业者是否成为了下一个亿万富翁来评价其创业成功与否。创业的真谛是挑战自己，给社会带来个人的价值。我享受创业的过程，也希望可以帮助更多创业者实现梦想。

结语：我的第三次创业

知卓是我第三次创业。我选择的“创+投”的投资创业模式，成为所投公司的“创业合伙人”，既投资本又投资源和我多年的经验。很多早期投资者一般都比较看重短期财务回报，只做锦上添花，不做雪中送炭。这使得创业者与投资人之间往往容易产生隔阂，创业者遇到困难也不敢透明地和投资人协商，投资与创业之间没有形成完全一致的利益共同体。在我看来，创业投资人与创业者之间应该成为一个合伙人制度。我希望自己能成为“投资创业家”，是与创业者并肩创业，较为深度的参与创业的全过程。实际上任何成功的创始人都需要学会如何借力资源、资本和团队的集体能量来完成一个共同的目标，因为企业的成功率很低，创业过程也是非常艰辛的。

对于创业者来说，读万卷书不如行万里路，行万里路不如阅人无数，阅人无数不如名师指路。我有幸获得软银孙正义的投资，他还担当了我的公司董事，我从孙正义身上学到了我在任何地方都学不到的东西。我们取“知卓”之名，也是希望去发现更多卓越的创始人与他们同行奋斗并成为彼此的知音。这就是我目前主打的“创+投”2.0的模式。

陶闯简介

知卓资本与网络创始人、董事长，是中国互联网界一位“跨界型”传奇人物。具有丰富的互联网本土和国际企业操盘经验，连续成功创办多家互联网企业。是PPTV 网络电视创始合伙人和前CEO，建立了拥有3亿活跃用户的PPTV网络电视互联网企业，是日本软银孙正义直接在华投资的三家企业之一（其中一家是阿里巴巴）。

2001年在加拿大创办了GeoTango网络地图公司，第一家推出互联网三维地图，比Google Earth 早三年。2005年公司被微软公司收购，成为微软并购史上第一位华人创业家，被行业称之为“微软地图之父”。2005-2009年，负责微软亚太区移动互联网，直接参与多家公司收并购和亚太区移动互联网业务。

创业前是国际地图界权威专家，32岁即成为终身教授，33岁被授予加拿大国家首席研究教授；发表论文200多篇，拥有多项技术发明，获得20多项国际大奖；曾任联合国顾问，担任多个国际协会理事，并兼任国内外五所大学的客座教授。

入选为2014中国经济人物，2014年上海市政府授予的白玉兰大奖，2014年最佳互联网科技投资人。2013年获得被称为中国营销界奥斯卡奖的南都中国十大营销人物，以及安永2012企业家大奖和2011年中国企业家杂志21世纪未来之星。

在加拿大约克大学捐资建立“陶氏”工程奖学金，是第一位在加拿大大学建立个人奖学金的华人。目前担任中国企业家正和岛上海常务主席、中国创投天使海天会创始发起人和会长、上海欧美同学会创业协会副理事长。

跑得越远，离自己越近

文/王　闽

冬日清晨，明媚的阳光照耀在清冷的黄浦江上。我的晨跑就是从黄浦江畔繁华处起步，一路慢跑至儿时最为熟悉的市井街道。黄浦江畔的景致摩登摄人，但弄堂里飘出的大饼油条的香味，对于生于斯长于斯，之后远渡重洋，而今归国效力的赤子，有着更为特殊的“魔力”。作家村上春树著有《当我谈跑步时我谈些什么》，我常说，自己一路小跑，一路在思考：“当我跑步时我看到了什么，悟到了什么，人生到底该写就哪样的篇章。”

回顾创业历程，正是一直信奉并贯彻的价值观为自己赢得了商道的天时地利人和。在生活中，我始终怀着一颗“回馈社会、报效祖国”的感恩之心；在商场上，我一贯坚持“舍得”的价值观。作为新一代儒商的代表之一，我继承了“修身、齐家、治国、平天下”的儒商理念，并进一步演绎为讲文化、有道德、善理财、会管理、创效率的新时代儒商标准。

我人生的“六本书”

假如去一个荒岛，你会带什么“书”？这是我天天的自省，也是我常与朋友们不断探索的话题。我的答案便是我成长过程中最重要的“六本书”。

1. 做个“三好”学生；

2. 为社会留下点足迹；

3. 领导才能、学术水平、沟通能力、社区服务水平的提升；

4. 享受人生、享受爱情；

5. 家庭、社会、事业间的平衡；

6. 大爱之情、与人分享。

我的第一本“书”便是——“三好”学生，即青少年时期打下的扎实基础。我毕业于复旦大学中文系，之后在上海人民广播电台担任记者、编辑。后赴美国俄亥俄大学（Ohio University）留学并获得大众传播以及国际关系硕士学位。求学过程一直都是“三好”学生。

我还是在美国最早下海的来自中国大陆的留学生之一，从1992年开始先后创办了美国W & M国际咨询有限公司、美国东西方贸易有限公司和美国一品国际化工有限公司，我的名字曾入选《世界名人录》并在美国获得过包括联合国协会“杰出国际志愿者奖”（1992年）、美国红十字会“弗吉尼亚·斯坦克全球服务奖”（1993年）等在内的众多奖项及表彰。

我曾经是美国中西部地区主要的侨领之一，1992年至1994年当选为美国中西部华人联合会（CAACO）的理事，1994年被推选为美国红十字会（ARC）大哥伦布地区董事局董事。

我也是最早的“海归派”的代表之一，从1993年开始回国创业。1993年1月，创办了苏州太宝工艺品有限公司并担任董事长。1996年10

月，我第一个从美国引进了“装饰混凝土”的技术及概念，使这个当今世界最优秀的地面材料技术在中国得以迅速发展，1997年我在家乡上海宝山创办了上海宝恩建筑材料有限公司并担任董事长。

我在上海及国内其他地区还先后投资目前并担任上海宝恩科技实业有限公司董事长、上海黛尔薇尔化妆用具有限公司董事长、上海安瑟投资咨询有限公司董事长、上海三变数文化传播有限公司董事长、海南红色娘子军文化旅游产业有限公司总裁、绨亚希西纺织橡胶与化工（连云港）有限公司副董事长、欧地管道系统（苏州）有限公司副董事长、美国纺织橡胶与化工（香港）有限公司董事、美国欧地（亚洲）有限公司董事和美国Koi Learning教育集团董事长等。

不做错误方向的兔子

我的商业理念是：宁做正确方向的乌龟，不做错误方向的兔子。谁能够在正确的时间，抓住了正确的行业，谁就能够在这段时间内崛起为商业英雄。

1995年，我感受到中国建筑材料行业的发展具有潜力，准备将美国一系列的新型建材引进到中国。一天，我到合作伙伴的公司谈合约，对陈列室偶然发现的“装饰混凝土”这种新型的材料，产生了极大的兴趣。装饰混凝土是在普通的混凝土上做出天然石材、大理石的效果，在当时的中国市场尚属空白。我当即决定，取消所有其他正在进行的项目，重点开拓装饰混凝土市场。

这个决定是正确的。在中国经济快速发展期，各地的城市建设突飞猛进，我的公司也因此在几年内完成了上千个大型项目。通过“优质、正面、人性化的宝恩地石丽品牌，遍布全国的分公司、渠道商等30多个销售服务网络，科技含量高的系列化产品，高质量的成型模、纸模、墙面模和施工工具，专业的施工培训队伍，完善的技术服务体系和诚信为本的经营理念”，我的公司在地面装饰工程中为中国建筑事业做出了积极有益的贡献。2001年，宝恩地石丽被中国建筑业协会等单位授予“绿色环保推荐产品”。

本着“精益求精，进取创新”的精神，2007年我创建的“宝恩特种混凝土研发中心”开始走上了民族化、本土化的创新发展之路。2008年，公司成功研制出集生态环保和景观装饰为一体的“宝恩景观钢渣透水路面砖”，将“防滑、耐磨、景观、透水、透气、吸音、抗压强度高和抗折荷载大”等八大功能特点综合到这种新型地面材料上来，使该项技术达到国际先进水平，并已经申报了两项技术专利，开发的景观透水混凝土被2010年上海世博会工程等采用。

2009年公司又把“植生混凝土”、“可回收混凝土”作为新的研究目标，植生混凝土主要用于农村河道护坡的建设。随着中国政府不断加大新农村建设的力度和资金投入，植生混凝土的前景也随之一片广阔。可回收混凝土，这个方向恰恰符合了世界各国推动可持续发展城市的潮流。

努力赢得了回报，上海宝恩科技实业有限公司2001年被宝山区人民政府授予“先进私营企业”称号。2006年，上海宝恩建筑材料有限公司被上海市人民政府侨务办公室授予“上海市明星侨资企业”。我也先后获得了欧美同学会、中国留学人员联谊会联合颁发的“中国首届优秀留学人员工作者”和上海市人民政府侨务办公室颁发的首届“上海市华侨华人专业人士杰出创业奖”。

成功的企业家难免会面对各种各样的诱惑和干扰，因此，我坚持“企业家要学会说不”，企业家必须关注自身能够把控风险的项目。如果在投资方向上出现了失误，损失再大也要果断地砍掉。我的上海黛尔薇尔化妆用具有限公司专门生产女性化妆用具“粉扑”，产品单一规模却很大。20年来，不停地有人劝我合作生产其他化妆行业的产品，我都婉言拒绝。一家企业要想取得长足发展，应该专注在自己最强项的产品，做能够控制质量的专业供应商。

更重要的是学会妥协

现代社会，“儒商”的概念被进一步扩展。我觉得，现代“儒商”特指有文化、讲道德、善理财、会管理、创效益，并且能发现问题、解决问题，具有综合创新能力的商人或企业家。

从小的文化熏陶，使我具有很浓的儒商气质，善于思考的习惯推动事业版图不断扩大。企业是否要多元化经营？这个问题人们谈论最多却始终各执己见。

我走的是企业多元化的道路。现代商业社会，企业面临的环境在不断变化，对企业家来说，最大的挑战是如何满足市场需求、创造新的爆发点。只有不断创新，才能保持活力。我常常这样来形容自己的任务：“如果把企业看作一个浴缸的话，我的任务就是天天观测浴缸的水。水量在哪个位置？进水、出水是否顺畅？也许将来，这个浴缸会变成一个游泳池，变成一条河，甚至是汪洋大海。”

企业家的视野是生活的积累，我的很多商业决策都来自日常的感悟和感觉。在下决心的时候，自信让我从来没有想过自己会失败。我是做销售出身，公司业务跨越很多领域，只要我负责谈判，一般都能成功，因为我懂得妥协。无论是生活还是事业，一个人必须学会沟通，学会谈判，但更重要的是，学会妥协。

我每天都让自己处于兴奋的状态，就像巴菲特的名言：“每天都跳着踢踏舞去上班！”即使是在金融危机爆发的时候，我的思考方向依然乐观：“寒冬中，我们是冬眠还是冬泳？”

如果说有“成功”秘诀的话，我的分享是：

一、优秀的领导者首先要确定自己的价值观：支撑自己的精神层面的东西是传统文化价值观；最重要的还是靠自己的文化、靠自己的大智慧；要以身作则，要有所奉献，要懂得“舍”。

二、优秀的领导者要拥有和谐的内心。“宽容”与“无心”。当一个领导者摆准内心的砝码，领导者的“宽容”与“无心”就能积极地帮助团队建立信任感和归属感，提升团队的士气，需求与愿景，增加团队的正能量。这种“变革型的领导行为”既是使领导工作变得“很简单”的正确方式，也是让领导者成为优秀领导者的必然途径。

三、优秀的领导者要善于沟通，懂得分享：任何东西都需要分享，如果不能分享，它就不能体现它的价值。同样你与别人分享，别人也与你分享，如果说懂得爱，珍惜情是人生最重要的事，那么懂得分享、善于聆听是人生最快乐的事。

四、优秀的领导者要学会坚强、坚持：有些事情要经得起时间考验，往往你再坚持一下就可以到达成功的彼岸。

五、优秀的领导者要富有想象力：要开拓前进，领导者必须树立远大理想，进行创造性地想象。

六、优秀的领导者要懂得充分授权：做正确的决策、善于授权、制定有效的绩效指标体系。

经营的最终目的是分享

“人一旦习惯了安逸，便会渐渐失去‘平衡感’。甚至，无法清醒地认识到经营的最终目的其实应该是‘分享’。”

记得大学毕业时，导师送我一句话：“人生总是要给社会留下一点足迹。”这句话对我迄今影响至深。尽管事业忙碌，我仍旧热心投入社会活动，在上海市欧美同学会、上海市侨商会等近20个社会组织担任要职。

我的理想是今生不留白，在享受爱与情的同时，倾力分享自己的所有。我的时间，1/3花在企业，1/3陪伴家人，另外1/3服务社会。

1995年我创办了上海行知中学与美国贝瑟尔中学的姐妹学校交流项目，20年来，近千名两国的中学生通过成为笔友、互访、家庭居住、文化学习等方式，不仅增进了中美之间的教育文化交流和对外交往，同时也为中美关系搭建了民间的桥梁。

中国的经济在快速发展，但是文化、教育的进程却不可能和经济保持同样的发展速度。教育需要环境，需要沉淀，也需要氛围。我觉得如果把教育产业化，会为将来的社会造成隐患。正是在这方面的思考，我2013年创办了美国Koi Learning教育集团，专业从事中美夏令营、国际学校、升学指导、网上教育等工作。

2005年我在百忙之中翻译并出版了《直面艾滋病——媒体传播策略和安全套总动员》（上海科学技术出版社）一书，通过文化习俗、行为方式等方面剖析了当今世界和中国正面临着的严峻的艾滋病疫情，并提供了从大众传播和人际交流等视角的解决策略。

2008年6月，本着中华民族扶贫济困的美德，我率领上海市侨商会“赴云南支教团”在上海市侨商会捐资兴建的云南文山州富宁县谷拉乡那标小学支教，对口帮扶，沪滇情深，不仅为山区的孩子们打开一扇“心灵的窗户”，同时也在云南树立了上海人的形象，留学生的形象。

2008年11月15日，在我的出资和倡导下，“留学生林”在宝山炮台湾湿地公园举行了揭碑仪式。本着“回报社会、服务社会”的宗旨，我还先后倡议并领导组织了“走向社会——为老年人医疗咨询、慈善义诊”、“走向农村——宝山区罗泾镇洋桥村新农村建设框架”、“走向学校——海归人士与中小学生谈人生”、“我为宝山建言献策”等具有广泛社会影响力的系列活动。

继2010年资助并成功举办“千名困难老人看世博”活动之后，2011年我又发起并全程资助了“迎七一话发展——千名老人看宝山”活动。2012年我又发起并资助了“喜看新发展、共享夕阳红”活动，组织宝山区中老年侨界人士和癌症患者喜看宝山新发展。1400名中老年侨界人士和癌症患者分批前往长江河口科技馆、吴淞口国际邮轮港、炮台湾湿地森林公园、美兰湖、国际民间艺术博览馆等一批反映宝山近年来社会、民生、旅游、文化发展的特色景点进行参观。

一个人和一座城的“神”

2006年3月15日至17日，我被选为中国青年企业家的代表，参加了联合国世界贸易论坛在巴西圣保罗举行的2006年世界青年企业家峰会（WSYE）。2009年5月21日，应新加坡中华总商会的邀请，我作为主讲嘉宾在第十一届中小型企业大会上作“重新定位、驾驭挑战”的主题演讲，并引起了强烈的反响。

我们这代人非常幸运，在中国的历史上，从来没有像我们这么幸运的一代。小的时候是三好学生，青年时代忧国忧民，经过人生的历练，开始学会享受人生。”对“爱情”两个字，我有自己的诠释：“人需要爱和情，爱家人、爱朋友、爱世界。”

一路“跑”来一路“爱”。对于这个城市，我有着深深的爱意。我愿意为把上海建设成为一个优雅的城市继续“奔跑”。优雅，在我看来，是这个城市的精气神。追求科技含量的“真”、诚信文明的“善”、人文艺术的“美”，该是这个城市长远的追求。

这是我对这座城市的感怀，更是我对自身以及这一代人的不懈追求。

跑得越远，离自己越近。

王闽简介

1963年1月3日生于上海，1984年毕业于复旦大学中文系。1987年底赴美国俄亥俄大学（Ohio University）留学并获得大众传播以及国际关系学硕士学位。2006年7月，毕业于中共中央党校“首届侨资企业研修班”。2009年3月，毕业于中共上海市委党校“留学回国人员研修班”。2010年9月，王闽毕业于中国浦东干部学院“归国留学人员理论研究班”。

是在美国最早下海的来自中国大陆留学生之一，从1992年开始创业。他也是最早的中国“海归派”的代表之一，从1993年开始回中国投资发展。目前是上海宝恩科技实业有限公司董事长、上海黛尔薇尔化妆用具有限公司董事长、上海安瑟投资咨询有限公司董事长、上海三变数文化传播有限公司董事长、海南红色娘子军文化旅游产业有限公司总裁、绨亚希西纺织橡胶与化工（连云港）有限公司副董事长、欧地管道系统（苏州）有限公司副董事长、美国纺织橡胶与化工（香港）有限公司董事、美国欧地（亚洲）有限公司董事和美国Koi Learning教育集团董事长等。

目前还担任中国侨商投资企业协会常务理事、上海市侨商会副会长、上海市欧美同学会、上海市留学人员联合会副会长、上海市欧美同学会宝山分会、上海宝山留学人员联合会会长、上海市欧美同学会创业分会副会长、合肥之友上海理事会理事长、淮北市人民政府顾问、临沂市人民政府顾问等并在近20个民间组织兼任职务。

他还应邀担任着上海大学特邀导师和海南大学客座教授。

用情怀来创业

文/王　影

我出生于1981年，是一个典型的80后。外界给80后定下的标签在我身上或多或少都有体现——敢冲，敢闯，脑子里会有比较多新的想法和主见。走到今天，有很多人问我，为什么会选择创业这条路，笼统的原因有很多，机遇、时代的变化等等，但我想最根本的可能是由于从小家庭对我的影响。

家庭对我性格的塑造

我的爷爷是“钟山风雨起苍黄，百万雄师过大江”时期的军人，追随革命队伍南下，到达江西省九江市，这也是后来我的出生地。我的外公是中国人民解放军第四野战军干部，也是老红军。我的家庭是典型的军人家庭。军人家庭的熏陶，使我在童年时期就养成了果敢、刚毅、坚强不屈的性格，从不退惧，不断挑战和超越自我；我的父亲是医生，自己开过诊所，教过我很多人生的智慧，诸如中国商人的基本特质，诚信至上，合作共赢等等，对我的影响很大。随着年龄和阅历的增长，我对商业的悟性不断提高，对商机的洞察力也越来越敏感。从小在商人世家长大的我骨子里就不是一个肯在格子间按部就班做事的人，所以当大家都觉得如此一个少年才俊型的海归可以很轻松地找到一份高薪工作时，我反倒觉得“自己很年轻，刚好可以闯一闯”。也正是因为军人家庭出身，家长对我近乎苛刻的要求使得我从小学习成绩就很好，而在我本科从北航毕业之后，为了寻求一个不太一样的学习和生活环境，我毅然决然地准备出国留学。

不安分的留学生

准备留学的过程是孤独而漫长的，尤其是面对信息的不对称，我表示无力吐槽。“那会儿连一个留学资讯类网站都没有，想找留学信息都不知道去哪儿！”后来我想了一个点子，不妨自己搭建一个留学媒介平台，陪所有英国准留学生一起吐槽、一起解决问题。愣是靠着自己那点三脚猫功夫，我自学了简单的编程，借助网络上BBS的开源代码，硬生生倒腾出来一个面向英国留学生的论坛——UKER。

令我没想到的是UKER的人气出乎意料地高，很多英国准留学生慕名前来取经，当时平均一天就有1万多条帖子，想要到英国留学的学生可以在这里找到任何想要的信息，已经到达英国的学生可以在这里找到自己的校友和老乡，信息不对称的问题在UKER这里得到了有效解决。

在那个流行“泡坛子”的年代，每天都有很多热心的留学生到UKER上解答各种问题，规模大到什么程度呢？我说我们总版主、版主、管理员加起来有几十个人，有时还得在QQ上开会讨论论坛的相关工作，尽管大家都不拿一分钱，但却靠着一股留学海外的热情，把这个很小众的论坛经营得异常火热。

伴随着小试牛刀的成功喜悦，我也拿到了杜伦大学的offer。令我没想到的是，出国后的住宿、保险、社交等问题没法在国内提前解决，除非那边有亲戚和朋友帮忙张罗。可是，我在英国谁都不认识。飞机落在英国的那一刻，我必须找到一个落脚的地方。我拖着一只大箱子，满大街寻找当天晚上睡觉的地方，躺在宾馆里还得想着接下来住哪儿，去哪儿找房子。我感叹，初到英国的那个阶段，都可以拍一部煽情的青春片。

也正是留学这段喜忧参半的经历，在一定程度上决定了我后来的职业方向。天生不安分的我觉得，留学不该是一种繁琐而痛苦的经历，这一切都是可以改变的。

不甘平庸的创业者

2004年，从英国杜伦大学学成归来的我放弃了在英国金融圈发展的机会，决定回国创业。拿着7000块钱来到上海，站在徐家汇车水马龙的路边，满腔雄心壮志的我准备在这座充满魔性的城市大干一场。当时我就决定我要闯留学圈。作为一名曾经的留学生，因为痛过所以懂得，我知道留学生需要什么样的服务，我要去改变留学行业，建立新的规则。

那个时候我记得很清楚，硬仗都还没开始打，自己却很不幸地染上了支气管炎，创业基金的一大半变成了医药费。即使这样，大病一好，我想要创业的心却丝毫没有衰退半分。2004年秋天，上海徐家汇一栋办公楼里的一间小房间，我成立了自己的公司，仅有10平方米的小屋子承担起办公和住宿的双重重任。那一年，我23岁。

没有资源没有人脉没有经验，我琢磨着如何开始创业的第一步。我在原来留学论坛的基础上建立了一家英国留学线上媒体，开始了创这个不是人干的事业。

我的团队就我一个人，运营、市场、招聘、BD等工作全是自己干，累得分身乏术，恨不得把自己劈开来用。没钱的时候，每一分钱都得掰成两半花；没有资源，就出去找资源；没有经验，就不断地试错和改进。压力、困难、困惑，别人的不理解、看不起，我一路披荆斩棘，用情怀支撑着每天高强度的工作。

慢慢地我发现在创业的过程中最难的就是找人。我深知情怀不是万能的，决定商业成败的关键，最终仍然要落到产品本身以及商业模式上。而这些环节的背后，都需要找到牛人，难题也就迎刃而解。现实总是骨感的，想要把一堆牛人聚集在一起，形成一个真正有战斗力的团队是需要时间打磨的。在我最困难的时候，做内容出身的好朋友加入进来，成为我风雨共济的合伙人，现51offer COO徐蒙蒙。

除此之外，我那里列了一连串牛人名单，而这些人都是业内大咖级别。初创公司在大的人才市场上毫无竞争力可言，我就只能靠自己的韧劲儿去“碰”和“磨”牛人，这就考验我的人格魅力和项目的吸引力了。

很长一段时间，我不是去找人就是在找人的路上。按照牛人名单，我一个一个去见。听说谁去参加行业活动，我会想办法搞到入场券，去牛人要去的地方，跟牛人交朋友。我成了混迹于互联网人圈子的常客，我相信只要想要，是没有借口找不到最合适的人。

为了请首席技术官，我花了5年的时间。在一次行业沙龙，我找到了Chain，经过交流非常震撼，这就是我要找的人。然而，Chain并没有跳槽的念头，我依然不死心。我想找的人，即便他不想换工作也没关系。我会一直等，等到他有一天对现在的工作不满意，那么我就去逮住他。Chain半开玩笑说：“王老板太粘人了，粘了我5年，赶紧答应下来，不是那时多激动，而是我扛不住了。”

就这样，我完成了一件看似不可能的“空手套白狼”的事情。好的项目具有最大的说服力和吸引力，我找他谈了5年的项目价值，如果他再不扑过来，那我就要检讨一下自己贩卖情怀的能力！同样的软磨硬泡加三顾茅庐的执着，最终我大批引进流量、技术、产品、人力资源等大咖，给公司扩张积蓄新鲜血液。

人在江湖漂，哪能不挨刀。前方有坑，跳或不跳，坑都摆在那里。职场人士可以选择不跳，但是CEO的屁股决定了我必须得跳。然而，我并没有过多地描述创业路上的各种暗坑。

对我而言，创业不苦，没有梦想才辛苦。曾经的酸涩，我都沉淀在心，如今早已固化成一种坚韧的力量，让未来走得更远。

有了团队，下一步我要做的就是为了扩大知名度，我和队友们一年要参加一百多场的校园推广，为此我几乎跑遍了中国的每一所高校。我们将网站做得风生水起，有一半以上的英国留学生都在使用中英网。中英网的知名度越来越响，已经慢慢地成了公认的中国留英的第一门户网站，让我最没有想到，英国首相戈登·布朗先生来访上海，英国领事馆特意点名要首相见见这个中英网的创办人。“在外滩18号，领事馆的人说到时候会封路，让我早点去。”尽管已经时隔多年，回忆起当天接到电话的情形，我依然很兴奋：“UKER在英国留学生群体的影响力还是非常大的，我们也希望通过这样一个平台把英国欢迎中国学生去留学的态度传播出去。”

挑战与改变

创业不可能一帆风顺，即使中英网对于我来说已经获得空前的成功，但我内心依然有隐约的预感。果不其然，2007年，我面临创业路上最大的挑战，中英网受限于内容瓶颈、受众面局限、广告量及购买力有限，这些问题集中大爆发，纯线上媒体的路子开始行不通。为了挣脱难关，我绞尽脑汁地想办法使中英网更强大，而线上+线下成为走出瓶颈的最佳路径。做活动，拓渠道，一年100多场，3年累计下来的用户无法估量。

后来，很多留学公司找我合作，借助平台沉淀的用户及流量资源进行导流。我感叹："我对这个行业的理解是，这个行业太容易活下来了，可是对于很多人来说不是这样，问题出在哪里呢？在于这个行业变化得太快。创业就是不断试错的过程，所谓的坚持都会有所改变，唯有积极拥抱变化，摸索方向。"

随着互联网在中国的普及，环境变了，规则变了。中国学生了解国外学校信息已没有困难可言，相反，因为了解到的信息太多，学生在留学院校和专业的选择上产生了新的困难。

"留学的门槛本该越来越低，可是高昂的中介费用却让一些学生望而却步。看到用户在申请过程中遇到困难，我们为什么不自己去直面用户、解决问题呢？"2009年，我开始想要直接为用户服务，用互联网思维的方式降低留学门槛，这个方向想起来都令人振奋，我终于从摸索的状态中解脱出来了，我庆幸自己找到了方向！

与其等待机会，不如提前长远规划。先下定决心一定要干成这件事，预估目标和风险，倒推布局，把现有资源进行排序。优先级的筛选过程，也是清晰了解自己应该怎么做的过程。我清楚我能领导公司开创怎样的未来。

和免费留学死磕到底

2011年，在对留学市场有了较为成熟的经验后，我开始搭建51offer团队，算是二次创业的我想要搭建一个面向中国留学生的免费留学申请平台，而想要做这件事，我们需要撬动整个留学市场的奶酪，对于向来以收取中介费用为利润来源的留学市场来说，打出免费旗号的51offer无异于在向整个行业宣战，发起一场时代变革。

"留学行业的兴盛就是由于信息不对称而产生的，但是互联网时代这种信息不对称的机会会越来越少，我做了12年半的互联网留学，我很清楚学生们的痛点在哪。"坐在51offer的会议室里，我有些义正辞严地阐述着我的创业初衷，我说自己要做的绝非传统的中介，而是通过数据

计算实现更好的信息匹配，用互联网思维来做留学，校方支付的佣金是我们最主要的利润来源，也正因为这一点才可以做到对学生们免费。

51offer公司的书报架上有成册的学生感言，都是通过这个平台成功获得留学机会的学生写的，采访的当下，我还颇有些得意地说，我们不久前又一次拿到了剑桥大学的offer，这在中国的留学市场是十分罕见的事情。今天的51offer成绩斐然，但做到这一步却并没有看起来那么美丽，毕竟对于99%的人来说，留学都是人生中的第一次，而对于大家习惯并默认了的留学中介费用来说，一家可以免费提供留学机会的平台极有可能是图谋不轨的“骗子”。

我至今清楚地记得平台上的第一个用户，对方见到我时第一句话便是“你们肯定是个骗子”，尽管到2014年我们已经成功为超过20000名学生拿到留学offer，“骗子”的质疑声依然会从四面八方飘来。“很郁闷。”我说。有时候也会遇到同行的恶意诋毁，每当此时，性格有些耿直的我会采取用事实和实例反驳的方式来证明自己的清白：“我做得不对你可以说我，但我不允许你污蔑我，碰到这种事情，我们绝对会应战！”

相比于做中英网时的贪玩，我说现在的自己更有责任感，团队和服务人群的扩大带给我与以往完全不同的压力。我最佩服的是顺丰公司，能在承诺的时间内将海量包裹如期准确地送达，而如何通过技术提升帮助更多的人准确快速地到达留学目的地也成为我当下的发力点，希望能借此深耕、分羹中国留学市场。

王影简介

生于1981年7月9日，江西九江人，籍贯山东省滨州市博兴县。毕业于英国杜伦大学金融专业，担任51offer首席执行官、中英网UKER.net 首席执行官、汇紫商务咨询有限公司总经理、上海市欧美同学会留英分会理事。

从小的学习成绩就很好，以年级第一名的成绩考进当地最好的高中里最好的班级。特别是理科成绩非常优异，从那时起就养成了对数据非常敏感的习惯。

1998年—2002年，北航读本科，热衷社会活动。2003年，赴英国留学，就读于杜伦大学。在家备考的半年中，搭建了人生中第一个留学咨询的论坛uker。当时uker平均一天就有1万多条帖子，uker的大获成功让很多准备去英国留学的学生慕名而来。2004年回国创办中英网，积攒了大量留学资讯的资源。2012年，开始筹备全新的免费互联网留学申请智能平台，也就是后来的51offer。51offer目前开放英国、澳洲、新西兰、日本、新加坡等国家免费留学申请，服务人数超过2万人，并在2014年成功举办中国首届互联网留学行业高端峰会。在帮助学生免费留学申请的同时，新平台学生公寓和社交平台better也低调上线，为留学生解决住宿和在国外交友问题，真正实现了一站式服务。2015年王影带领下的51offer宣布获得了5000万美金融资，这也是国内互联网留学领域的最大一笔融资。

成功，往往就在比别人多一秒的坚持

文/王　喆

绿树透过玉门关，黄河奔到马蹄前。
甘肃学子觅国策，倒纬横经二十年。
红叶染尽新州路，清风引来旧时欢。
八荒五洋一杯酒，飞起长桥至陇原。

——2008年作于甘肃北美同乡同学会年会

2008年春节前夕，当我作为甘肃北美同乡同学会会长，在年会上洋洋洒洒即兴吟诗助兴时，并没有很清晰地想到，两年后的春节，我会回到阔别22年的祖国，在天津这样一个陌生的城市独自度过。

即使有再华丽、大胆的想象力，我也不会料想到，如今一年的绝大部分时间不是待在美国波士顿城郊宽敞明亮的别墅中，而是蜗居在上海的租赁公寓里，同时打理分布在天津、上海和昆明三处的事业。与公司初出茅庐的大学生们一样，吃着最简单的快餐，穿着最普通的POLO衫，没日没夜地打拼。

时间倒退几十年，苦熬在甘肃黄土高坡上插队落户、为了讨一口饭吃而苦苦挣扎的我，空有一腔热血和一身抱负，更加无法清晰地想象到，有朝一日，我会成为入选国家“千人计划”的科学家，在研制新药这一造福人类的伟大事业中，尽到自己的一份绵薄之力，实现个人的梦想与价值。

人生，由许多偶然的际遇组成，在这偶然中，又蕴含着许多必然。成功的人从不轻信运气，因为，他们知道，运气比钻石更稀有而珍贵，它总是稍纵即逝，从不青睐没有做好准备的莽夫与懒汉。

高考1977

黄土坡哦，黄土地我们祖祖辈辈生息在这里。
虽然只有矮小的窑，迷蒙的沙，心儿却紧紧地热恋着你！
老人们为你累弯了腰，婆娘们为你熬尽了力，
就在这贫瘠的土地上，也要把希望的种子来培育黄土坡。
黄土地，我们世世代代繁衍在这里。
虽然春风刚从坡上吹过，山沟里已是花开树梢绿！
风风雨雨多少年，富裕的道路才开辟。
就在这茫茫的热土上，要把家乡的明天变得更美丽……

时隔多年，这些荡气回肠的民歌，伴着老乡们在树梢转绿前头顶棉帽、身披大袄、腰扎麻带的模样，还会偶尔出现在我的脑海里。在科研攻关的紧张关头，在创业遇挫的深谷低潮，在思念家乡亲人的深沉情愫中，这样熟悉的旋律和场景，常能给我的心灵带来一股暖流。

家，是根。儿时的成长环境，往往决定着人生的轨迹。

1959年，我出生在甘肃兰州，那一年，正是国家开始滑向多事之秋的年代，许多家庭或多或少都受到了一些影响，我们家自然也不例外。

我的父亲，青年时从南开大学肄业，去解放区闹革命，后来随军来到兰州。在几次运动中，父亲的命运变化极大。1977年我考上大学回到兰州，父亲的问题刚刚得到解决。

伴随着父亲受到冲击，我们家的生活状况一落千丈，父亲和母亲时常被关进干校、监狱，有一段时间，连少得可怜的工资都停发了，母亲独自养活我们五个儿女，在没有户口本也没有粮本的日子里，不得不把家里的物件纷纷变卖，买来高价粮勉强糊口。

父亲，常突然消失在我们的生活中，有时，要隔上几个月才能见一面。此时的他，身后往往还跟着两个严肃的陌生面孔，让久别重逢的父子难以随意亲近。然而，父亲和母亲，依然是那么坚忍，即使是父亲，也尽量抽出时间，带我们几个孩子四处走走看看，让我们能够看到与别人相同的蓝天白云。正是因为有这样一对父母，时光荏苒，童年留给我的记忆，并不艰辛晦涩，相反，大部分是热烈美好的。无人过分监管，无拘无束，自由自在的生长环境，也造就了我们这代人成人后对环境-顺境或逆境的较好的适应能力。

中学毕业那年，父母都在干校无从联系，16岁的我自己作出了一个决定：去插队！在那样一种热烈的氛围中，年少的我对“插队”并没有特别清晰的概念，只想着“滚一身泥巴，炼一颗红心”。直到真正来到黄土高坡后，它才从抽象的名词具化成了干不完的农活、吃不饱的三餐。

我至今清晰记得，黄土高坡缺水，只能靠水窖收集雨水，人和牲口吃同一窖水，抄起一瓢水，里面游弋着大片大片的红线虫，看着恶心也只能硬着头皮喝下去，知青们互相开玩笑打气：“那不都是蛋白质嘛！”

蛋白质，是当年最匮乏的东西。别说吃肉了，就是小麦、面粉也金贵着呢。那时候，干一年只能分到千斤土豆、百斤麦子，用脚趾头计算也知道，这怎么能够一个年轻人的口粮！一天三顿饭，只有三个馒头，肚子里没油水，吃什么都感觉吃不饱，一顿早饭就能把三个馒头全吃进肚里，可也只能忍着不吃，否则，到了下午干农活的时候，两只脚绝对要打飘。

相比物资的匮乏和身体的疲惫，最让我感到迷惘的，是抱负的不可企及。有时，甚至因此夜不能寐。

几年前，一部电影《高考1977》感动过许多人。作为高考1977的亲历者，我的记忆也在开场音乐第一个音符响起的那一刹那，瞬间被激活。没有经历过那个年代的人，可能永远无法理解，那时的高考对于一代人的命运，是一种怎样翻天覆地的存在。

从知道恢复高考到参加高考，只有短短两个多月。一听说消息，我毫不犹豫地放弃了被大队重点培养的“前途”，立即赶回兰州家里，找出从小学一年级到中学的所有教科书，开始突击复习。

两个多月的时间里，要想系统复习，是一项不可能完成的任务，幸好，我始终保留着良好读书的习惯。只要是手头能找到的书，无论是《毛泽东选集》《列宁全集》这样的大部头，还是《知识青年自学全书》这样的实用知识，我都爱不释手地反反复复读了一遍又一遍。农活枯燥乏味，有不少知青把书本卷成卷烟抽着提神，我可舍不得。每晚出工回到知青点，灯光相伴，晃动的铅字熨贴着我疲惫的身躯和干涸的心灵，成为陪伴我走过两年多插队时光的最好伴侣。

尽管连三角函数都没来得及背完就走进了考场，但在那样一个特殊的年代，命运还是青睐了我这个比别人多那么一点点准备的幸运儿，我以高分如愿被第一志愿的兰州大学化学系录取，终于可以做一点自己真正喜爱也真正适合的事。

尽管我们这些知识青年在农村种地不如农民，烧砖不如工人，然而，来到大学里，一个个都脱胎换骨了，有的吟诗作赋，有的曲不离手，每一个人都如饥似渴地读书，想补上之前荒废的岁月。

深夜，校园的路灯下，总是围着一圈人读书，逼得学校不得不把灯关掉。然而，即使这样，在皎洁的月色中，依然能听到琅琅读书声。教学楼底楼的大门每晚11时锁门，然而，同学们却舍不得“早早”回去休息，宁愿复习到深夜，然后手拉手一起从二楼窗口跳到楼下。回想起来，这可能是一个无法复制的炽热年代。

在那样热火朝天的氛围里，我也没有例外。逆水行舟，不进则退，汗水从来就是渡舟的最好河流。年轻的我，尚无资格奢谈什么人生哲学，但已经懂得了一个朴素的道理：所谓成功，没有秘诀，无非就是做什么事情都比别人多花30分钟的功夫。

几十年后的今天，我唯一爱炫耀的一件事，是手机里女儿发来的照片，记录着她在康奈尔大学获得的全A+成绩。很多人理所当然地认为，我和太太是哈佛生，儿子从耶鲁毕业后进入华尔街工作，女儿则是康奈尔的佼佼者，这样一个“常青藤”之家的奥秘在于优秀基因的遗传。我却从不这么认为，因为，孩子们甚至比他们的父母还要努力，有了百分之一百的拼搏，即使在以严苛著称、被戏称为“学术高压锅”康奈尔，全A+也是水到渠成的了。

留学美国

我很幸运，无论是在兰州大学，还是1986年被公派到美国田纳西州立大学，以及后来在哈佛深造博士后课程，我遇到了许多在国内和全球都处于金字塔顶端的泰斗。特别是在哈佛的那几年，我的导师是诺贝尔化学奖得主E.J.Corey教授， 在Corey教授的指导下，及在这个大家庭学术氛围里，我受益极多。Corey教授对前沿科学孜孜探索，对学问精益求精的追求，对我们几近严苛的要求，也造就了我们面对挑战绝不退缩的素质。

田纳西大学是个二流学校，毕业生想申请全美顶尖的组里做博士后很不容易。不过，我当时却将目标定在了全球TOP 10研究组， 且收获颇丰，在毕业生中小小地出了一次风头，给中国留学生争了一口气。要说为什么能“指哪打哪”，靠的也是厚积薄发。

自从抵达美国的第二个星期开始，我就订了好几本学术杂志，国家给的津贴和学校发的奖学金数额不多，但是，这些杂志还是用掉了1/4的生活费。日积月累，后来搬家的时候，这些杂志整整装了一车，连我自己也大吃一惊。正是因为日常的大量阅读，掌握全球最新的研究动态和每所大学、每个顶尖研究组的研究方向，所以，在给这些研究组写申请信的时候，我都能“对症下药”，除申请信外，我都同时写一份导师研究领域里的开题报告，这样也就有了较高的成功率。

一方面不断更新知识库，另一方面，我对课题研究抓得很紧。

从抵达美国留学的第二天开始，我就进入了实验室，因为在兰州大学基础打得扎实，专业课可以免修，所有的时间都扑在了研究课题上。1980年代的留学生，家境都甚为清苦，除自己生存外，尚需为国内的家庭、父母、兄弟姐妹们生活条件的改善尽心尽力。早期留学生几乎没有不端盘子不洗碗的，看过《北京人在纽约》电视剧的国内观众应该都知道。为了尽快把老婆孩子接来美国，我也动过心思，不过，只打了不到一周的工，就意识到了对于有奖学金的留学生来说，打工是得不偿失的。我就又回到了实验室，重新过上了一睁眼就进去，出来就闭眼的苦行僧生活，因为，课题要搞出名堂，一分钟掰成两分钟都嫌不够，哪里还有时间挥霍在蓄满泡沫的洗碗槽里。

在田纳西，“30分钟”理论依然是我的座右铭。每天，我都是最后一个离开实验楼的人，有一个至今回想起来仍让我自己哑然失笑的“秘密”是：每逢深夜，全楼空无一人，我总是舍远求近，溜进就在实验室门外的女厕，而不愿多花一分钟走到走廊尽头的男厕。那也算是年轻时的一个笑话吧，呵呵。

正是因为勤学苦干，在田纳西大学拿到博士学位前，我已经发表了十几篇论文，也顺利地投入E. J. Corey教授门下。这位诺奖得主名不虚传，门下集合了全球最顶尖的人才，称得上是全球有机化学领域最好的研究组。然而，压力大得也不是普通人能够承受的，我在那里待了没多久，就有一名来自中科大少年班的同学因为面临被导师开除的危机对生活失去了信心。我请他住到了我家，不断和他聊我们那个时代的生活成长环境、曲折经历，整整开导了一周，才让这个从来没有在学业上受过挫折的天才想开了，不再钻牛角尖，而是转入哈佛医学院，后来一样做得风生水起。这种情况在当时的哈佛大学化学系不是个例。也有几个极具才华的学生由于学术压力，令人唏嘘地放弃了自己的生命。这也是我不得不感叹，有时青少年时期的成长环境太一帆风顺的话，年轻学子就像没有淬过火的钢材，刚强有余，韧性不足。只有经历过低谷、挫折，人生才更丰满，也更能经得起风浪。

离开哈佛后，我先后在宝洁制药、杜邦制药和波士顿的Enanta制药公司担任资深科学家、资深研发总监、项目领导人等职位，申请到100余项新药研发创新专利，参与上市药物抗艾滋病新药Sustiva的开发。我主持研究开发的抗丙肝病毒药物EDP/ABT-450（NS3抑制剂）以3.07亿美元天价转让给美国雅培制药公司，去年，这款药物已经在美国上市，临床结果达到100%的丙肝治愈率，上一季度，全球销量已超过7亿美元。此外，我领导的研究团队还开发了两个临床二期药物、两个临床一期药物，在抗病毒药物、抗生素的研究开发领域，特别是在抗肝炎病毒药物的研发方面取得了一些成绩。

归国创业

我出生在一个革命家庭，父亲母亲为了国家和民族的自由进步，不惜抛头颅洒热血，我从小从父母那里接受的就是爱祖国、爱人民的红色教育。在1986年我出国留学前不久，父亲得到平反，就做出一个令所有人吃惊， 但又并不意外的的决定，将补发的全部工资上交党费。

正是因为这样的家庭背景，在父母的谆谆叮咛下，在不断来访的国内代表团极富诱惑力的劝说下，在Enanta制药公司担任高管的我，带着一颗已不再年轻却仍然躁动不安的心，于2010年回到国内，先后落户天津和上海，开始了在国内创业的新挑战。

从1986年到2010年，我在美国生活了24年，对于国内的生活已然陌生，很多欧美同学会的学长们可能与我也有同感，回到家乡，需要一个重新适应的过程。最简单的例子是，刚回国的时候，我不断被路上的陌生人骗倒。最夸张的一次是在机场给了一个所谓丢掉皮包的同路人1000余元，让他能买张机票返回北京。然而，这个声称自己迫切需要赶回北京的年轻人拿到钱后，并没有去买机票，反而流连在候机厅中，又寻找

其他人搭讪去了。匆忙赶路的我无心计较，内心却是几多唏嘘，不得不对于自己的入乡随俗开始有了新的评估。

不过无论怎样，回国创业、为祖国贡献自己一份力量的初心，始终不曾动摇。而且，我始终坚信，既然要回来，就要百分之一百地回来，三心二意地只迈出一只脚，是绝计不能成事的。前不久，我回美国探亲了十余天，这是我今年第一次回去与家人团聚。当飞机呼啸着飞入美国的海岸线，当波士顿极富辨识度的新英格兰风格别墅群在舷窗中越来越清晰可见，我的内心略有些惆怅。孤身一人回国创业，对于家庭来说，这或许并不公平。这几年，我每年回美国探亲的时间累计不超过一个月，然而，这也是一个留学生对祖国应尽的责任吧。

科学家创新，企业家创业，都需要一种闯劲，但又有不同。前者只要找对方向，付出十二分的努力，几乎总能成功，区别只在于早晚；后者同样需要找准方向，然而，制衡的因素更复杂一些，往往并不是埋头蛮干就一定能成功的。虽然我在美国的制药公司里，基本上已经走过了制药的整个流程，然而，从首席科学家转到董事长、总裁的岗位上，同样面临着转型的新挑战。虽然公司这几年有了一定起色，但我也不敢妄言转型已经成功，准确的描述应该是依然“在路上”。

因为在美国有着良好的研究基础和一定的经济基础，来到国内后，我首先定位于开展一类新药的研究开发，也就是要从无到有地开发出完全自主知识产权的新药，而不是在已有成熟药物的基础上进行改良、改造，走捷径，生产仿制药。

坦率地说，离乡多年，我对国内的创业环境并不熟悉，因此，在最初的一段时间里，我的投入远远大于产出，换句话说，如果不创业，生活状态反而比如今会好很多。不过，创业怎会没有坎坷？开弓没有回头箭，既然已经走上了这条道路，既没什么可动摇的，更没什么可抱怨的。这么多年的生活经历造就了我宠辱不惊的性格，我早就明白，事情是干出来的，不是说出来的，目标高一些也无妨，只要一步步前进，总有一天能得到一个对得起自己这一生的结果。

最近，我们公司也开始做仿制药的开发，一年一千多万的销售额让公司先能运转起来，这也是市场教给我的一个朴素的道理：先吃饱肚皮，才能养活情怀。目前，长森医药公司的实验室规模不断扩大，正在进行十余个仿制药项目，已有产品开始申报，同时，也在进行五个一类新药的研发，其中两个已经进入临床前研究阶段。我们还计划在英国注册公司，将完成研究药物率先出口。

总体来说，祖国的发展为海归的归国创业提供了良好的环境和巨大的机遇。回到国内的当年，我就被特聘为国家“千人计划”专家，获得京津冀领军人才、天津市“千人计划”人才等荣誉称号。同时，获聘南开大学药学院教授、兰州大学国家重点实验室客座教授、浙江大学生物学院客座教授等，又应云南省科技厅邀请，担任云南现代民族药工程技术中心主任，参与编写《云南民族药志》，担任中国民族医药普查的科学指导专家和顾问，担任国家重点实验室及药物研发重点项目评审委员会委员。

制药并不是简单的化学工业，它其实是一项造福人类的伟大事业。据新闻报道，我国每6分钟就有一人被确诊为癌症，每天新增8550名癌症患者，每7至8人中就有1人死于癌症。未来10年，我国的癌症发病率和死亡率仍将继续攀升。拿我们正在进行的新药为例，它们主要针对的是丙肝和胰腺癌、肠癌、血癌等疾病，其中，胰腺癌目前是无药可医的绝症。倘若我们的研究能取得突破，这将给人类带来巨大福祉。从很大程度上说，这也是支撑我和我的团队们坚持初心的动力。我坚信，只要坚定走市场化道路，坚持依靠市场的力量，再加上每个人的全情投入和坚持不懈的努力，我的归国创业梦必将实现。

王喆简介

于1982年毕业于兰州大学化学系，1985年获兰州大学硕士学位，同年攻读博士学位。1986年公派赴美国田纳西大学，获有机化学专业博士学位，1992年进入哈佛大学诺贝尔化学奖获得者E. J. Corey教授实验室进行博士后的研究工作。于2010年获得国家（创新）、天津市“千人计划”，京津冀领军人才。

从事新药的发现、设计、研究、开发工作达20余年，先后在宝洁制药、杜邦制药及波士顿Enanta制药公司担任资深高管，并于2007年创建了美国Longwood Biopharmaceuticals药物研究实验室，担任总裁及首席科学家。

在抗病毒药物、抗生素药物的研究与开发领域有一定的成果，在美国拥有超过100个发明专利，其主持研发的抗病毒药物NS3抑制剂以3.07亿美元转让给美国雅培制药共同开发，并于2014年成功在美国上市（Paritaprevir）。在美领导的研究项目尚有2个药物处于II期临床阶段，两个药物在I期临床阶段。作为项目领导参与了抗艾滋病药物Sustiva的开发（年销售额17亿美元/年）。

归国后于2010年创建了长森药业（上海，天津）有限公司，上海长林化学科技有限公司，目标为直接与世界一流制药公司进行竞争并走向世界，打造一流制药企业。公司目前研究开发方向主要集中在抗丙、乙型肝炎、抗肿瘤药物领域。 公司在研项目新药四个，仿制药十个。

创业18年

文／魏正康

回国创业——我爱祖国的蓝天

近200多年的工业化进程，造就了人类的空前辉煌，人类为自我发展开发利用自然资源已达到登峰造极的程度。但随着各类资源逐步枯竭，以及人类环保意识薄弱，巨大消费使地球传统资源的保有量急剧锐减，甚至到了难以为继的程度。如何加强生产与环境保护技术体系的融合，把经济活动组织成物质资源的循环使用，通过垃圾无害化处理，实现环境友好生产，从根本上使有限的资源得以充分有效的利用，是我们现在要考虑的问题。

垃圾是放错地方的宝藏。资源过度使用与地球环境灾难这两大难题休戚相关。人类对资源的渴望，激发了开创崭新资源模式的智慧和创造力。人类世世代代通过技术革新、社会文明进步、科学研究及其他手段为子孙留下了大量财富——时至今日，我们同样传承着祖先文明的智慧结晶。在保护环境的同时，我们需要不断利用废旧资源以积累明日的财富，如若成功，将铸就人类千秋伟业之典范。

1997年6月我从新西兰留学归国，携6万美元在张江高科技园区创办上海绿环机械有限公司，专业从事城市固体废弃物减量化、资源化、无害化综合治理设备的研发与制造。18年来，绿环机械从一开始的技术咨询，到借鸡生蛋，再到租借厂房，直至今天拥有占地2万平方米的现代化厂房；从1998年2月成功研发了第一台垃圾压缩收集机，到如今成功承建全国各地近千套项目；从单一设备的生产制造，到为客户提供固体废弃物处理成套项目整体解决方案和交钥匙工程，如今的“绿环机械”成功分享和见证了我国环保装备产业迅速壮大的时代，已从当年步履蹒跚的“丑小鸭”成长为振翅欲飞的白天鹅。公司产品先后获得了多项国家发明专利、二项上海市高新技术成果转化认定证书、上海市优秀新产品二等奖、科技进步三等奖和科技成果奖，并连续五年被列入上海市政府十大实事工程。2001年上海绿环机械有限公司成为第一批上海市高新技术企业，还先后被授予诚信体系（AAA）企业、张江高科技创业优秀企业、上海明星侨资企业、服务世博先进集体和上海市侨帮侨创业基地等多项荣誉称号。

我的中国心——心系灾区，携手奥运、世博

2008年北京奥运会是世界对中国的肯定，但同时也是中国向世界证明自己的机会。“用优质绿环机械，创优美城市环境”是我们企业的产品宗旨，从2005年起我公司就开始向北京奥运会陆续供应配套垃圾压缩转运设备。我针对北京垃圾现状和北京奥运会的需求，成立了专门的技术队伍，为北京奥运量身订做了近20套垃圾压缩设备，承担起奥运会期间北京奥运场馆的垃圾处理任务。为保证这批设备在奥运期间的正常运行，公司还特制定了奥运设备保障方案，从人员配置到配件管理，组建了一支售后服务小分队，提供24小时贴身服务，从区域划分到应急措施都做了周密的考虑和详细的安排，从而百分百保证设备的正常运行，受到了北京使用方一致好评。

2008年5·12汶川大地震后，我除了带领绿环公司全体员工捐钱捐物支援灾区外，还从自身的行业角度考虑到：地震后很多居民住在帐篷和简易过渡房里，政府提供了居民大量的救灾物资和食品，但垃圾处理的问题怎么办？如果实行垃圾简单堆放，会造成暴露时间长，极易产生二次污染，引起水和土壤环境的严重破坏，从而危害到灾区人民的身体健康。于是我积极联系赴灾区支援的上海市环卫系统的带队领导，表达了我愿支助灾区一批垃圾处理设备的愿望。在得知壹基金与利乐公司也有此想法后，经过协商，三方一拍即合，确定联合在灾区彭州市建造垃圾分拣分类压缩转运中心项目，这不仅满足了灾后居民的实际生活需求，也发挥了当地重建家园维持可持续发展的长久作用。

项目实施前，我亲自带领该援建项目组，考察、收集大量信息，多次实地核实灾区人民当地生活与生产需要，根据当地垃圾成分及特点，比较了国内外各种先进工艺技术，全公司员工付出了大量的智慧和辛勤劳动，凭着雄厚的技术力量、精湛的制造工艺、严格的检测手段、周到的服务态度，承担整个垃圾分拣分类压缩转运中心项目的设备设计、制造、装运、安装、测试及土建设计施工的配套技术支持服务工作等。该项目整套设备净重达120吨，大型的12米加长平板运输车辆整整装载了十余车，市场实际总价值达500多万人民币，而绿环公司仅收取了设备造价60%的费用，相当于向灾区捐赠近200万元的设备物资。整个项目不仅能减少垃圾总量，降低运载成本，又使垃圾中有用物资循环再利用，得到了参建各方的高度认同和赞赏。项目已于2009年12月18日投入使用，至今运行一切正常。

2010年，世博盛会，举国同辉。为了努力配合建设与资源节约型、环境友好型社会相协调的废弃物处置系统，针对2010年世博会垃圾的特殊性，我不仅积极参与世博园区环境卫生设施标准的制定、参加世博论坛，同时还组织人力物力为世博园区项目启动提供各种设计方案，以充分展示“科技世博”、“生态世博”的理念，以及上海现代化国际大都市的新形象。

为了赶制世博配套项目，公司全体人员加班加点，确保在世博组委会规定的安装调试日完成生产任务，这些设备于2009年年底全部建成并投入使用，总体效果得到了浦东新区市容环保局的高度认同和赞赏。同时，为配合此次世博会的顺利召开，我还特地组织售后服务人员定期对这些设备进行全面的维护与清洁，以保证设备的正常运行。世博会举行期间，我公司组织世博突击售后服务小组，专人、专车、专项对世博园区的设备提供全天候专业的售后技术服务、技术咨询及日常维护，确保全天24小时待命，报修后30分钟内到现场解决故障，真正做到参与世博、服务世博、奉献世博。

展现“城市，让生活更美好”为主题的世博博览会历时184天，期间公司接待了全国200多批客户，同行近千人，带领他们参观世博园区及了解新型的垃圾收运工艺模式，以促进该收运系统在全国范围的推广。市容环境是一个城市的“脸面”，反映着一座城市的经济实力和精神面貌，“绿环机械”用实际行动，与世博同行，为“成功、精彩、难忘”的世博添彩，贡献智慧和力量！因此，上海绿环机械有限公司获得了上海市浦东新区人民政府颁发的服务世博“先进集体”的荣誉称号。

企业腾飞——科技创新是第一生产力

我公司始终贯彻“生产一代，试制一代，设计一代，预研一代”的开发创新战略，运用新技术、新工艺不断研发新产品。2010年，公司利用产学研一体化优势研制了大型城市垃圾中转站中央集控系统，2014年成功研制废旧硒鼓、含汞灯管资源化处理流水线，未来我们还将借鉴、引进、吸收各项固废处理工艺技术，向废旧家电资源化、餐厨垃圾资源化、废旧汽车资源化以及建筑垃圾资源化的工艺技术装备进行攻关，以期引领和推进我国固体废弃物领域资源化装备和服务的产业化发展，使绿环机械向更高、更宽的领域推进。

为了加强企业的科技创新能力，我自2006年后开始不断加强与中科院、交通大学、同济大学、上海第二工业大学、上海大学、上海环境

院、上海市政院等高等院校的产学研合作交流，希望发挥科研院校的人才技术优势和教育资源优势，结合利用企业的设施设备和实践条件，推动产学研结合与科技成果转化。2007年我担任“国家863计划——废旧电子产品处理与资源化新技术”项目负责人，还在公司内成立了“863计划”项目联合研发设计中心，对近年来全球环境污染防治的难点与热点之一的电子废弃物的资源化管理进行研究。2008年起，我受聘为第二工业大学客座教授兼硕士研究生导师，落实“服务国家特殊需求人才培养项目”对全日制工程硕士专业学位研究生的培养要求，提高研究生的综合素质和工作实践能力。近期我公司正在组建院士专家工作站，旨在加快建立以企业为主体的技术创新和以学校为主体的知识创新相融合的合作体系。

无形资产——员工是企业最大的财富

与打工相比，自己创业的责任感和使命感更强。在薪金体制下，一个员工可以对老板或者公司进行抱怨，工作的质和量可以受自己的喜怒哀乐的影响，甚至可以在特定情况下适当偷一点懒，而自己的收入不受太多影响。而一个当老板的，则完全没有这些自由，任何一方面的事情做得有点不到位，都会在自己的发展和业绩上很快体现出来。事情干多干少，干好干坏，完全都是自己的。

员工的归属感和忠诚度问题，是企业最大的问题。如果不能满足员工的合理需求，那企业是没有任何发展的内在动力的。“绿环”的企业文化的核心部分是“尊重员工、共同发展”。我尊重每一个人才，倡导每一个员工都是平等的，并且我尊重每一个智慧的点子，注重员工情感和人际交往的需求，了解员工的发展思路，力争给员工提供一个积极向上的工作环境，使他们感觉到自己是“绿环”这个特定群体的一员，对企业有一定忠诚感。积极培养和满足员工对公司的责任感、归属感，使组织目标同个人需求达到平衡，上下团结，共同进步。

员工是企业的第一生产力，劳动报酬是劳动者的第一需要，是赖以生存的唯一途径。在企业利润和员工收益之间，两者是常有诟病但又是不可须臾分离的连体生命，是矛盾的双方更是利益共同体。为配合员工所有权意识、成就感、利润分享的合理诉求，在原有的30%可分配利润作为全体员工年度奖金分配的基础上，公司正在思考建立模拟股份制的分配模式，以更加公开、公正、公平的分配方式，提高员工的主人翁精神，让员工时刻与公司血肉相连、心灵相通、命运相系，用当家人的心态和信念去做好每一件事情，去面对每一个客户，真心诚意用优质绿环机械，创优美城市环境，从而为企业创造更大的经济价值和为员工创造更好的成长空间。

深度创业——引领企业转型发展

我一直保持着每天阅读的良好习惯，努力经营个人的“无形资产”，提升个人价值和个人竞争力。因为我认为机会总是给有准备的人，作为一名技术出生的企业家，要管理好一个企业，必须不断地学习现代企业管理知识，适应经济全球化和信息化的发展趋势，及时了解行业技术创新发展，确保跟上时代节拍。为此，我先后参加了各级政府举办的留学生企业家理论研究班和参加了浦东新区企业家创新领导力高级研修班，学习各类管理知识，考察国外先进的管理体系，希望把自己的企业朝着发展的至高点引领，赢得更加有利的竞争优势，获得更好的更快的发展。

等一个企业发展到一定阶段以后，都会面临一个非常困惑的问题，就是如何寻求新的利润增长点，以满足公司生存或持续成长的需要。著名管理学大师彼得·德鲁克说："当今企业之间的竞争，不是产品之间的竞争，而是商业模式之间的竞争。"长久以来的制造生产模式使企业的发展出现的瓶颈，使我一直在思考怎样的商业模式才适合当下的企业发展。作为一家专业从事固体废弃物综合处理与利用装备的制造型企业，单纯的制造过程已不再产生出更多的附加价值，随着服务与制造相互渗透和融合，服务环节在制造业价值链中的作用越来越大，并促进制造业加速服务化。所以我们的销售目标已不是单一出售一台设备，而是从单一设备的制造到为客户提供成套设备的配套供应服务转型。通过工艺技术创新、设备整合创新来完成成套设备供应商的转型。我们的服务也从单一设备的承接到项目总承包一条龙服务转型，为客户提供省心工程、放心工程、交钥匙工程的总承包项目。比如我公司总承包的大庆市生活垃圾大型中转站项目，就是很好的一个转型的典型项目。

同时我还发现城市固体废物处置企业任何设备的停工所造成的损失都是巨大的，这其中有经济的，更有民生的。为设备持续有效运行提供的售后服务也是企业市场营销核心竞争力的重要体现。我们要顺应这一要求，通过融合产业链与服务资源，构建面向客户的全面解决方案的产品供应模式——产品和服务的捆绑销售，在以满足客户需求的同时获取价值链多环节的利润。同时我们还利用自身产品的售后服务优势，为其他厂商的产品进行安装、调试、大修、改造服务，向客户提供多元化的解决方案。比如我公司为上海环境集团实施的杨浦大型中转站的大修改造项目，为上海环境实业实施的徐浦码头、虎林路码头、田度基地大型中转站大修改造项目等等。

发展循环经济就是人类在经过经济发展的阵痛而找到的可行之路，但随着城市发展步伐的加快，人们对市容环境的要求越来越高，在传统的环保管理机制下，环保工作成本高、效率低的弊病也日益凸显，环保工作常常受到市民诟病。在中国目前政府财力不足、支付有困难的情况下，PPP模式作为一种公私协作模式，向民间资本打开了一扇门，顺理成章地得到了更多的关注。

随着国家力推的PPP模式在环保行业的加速渗透，再度支撑起环保行业的快速发展，把握机遇、抓住机遇，是我现在正努力的方向。作为全国首家固废设备生产企业和行业领先的工艺技术装备的开拓者，我们拥有近20年的项目实施经验，是提供北京奥运、上海世博和汶川地震援建环卫装备的供应商，拥有稳定、专业、高素质、高效率的项目管理与建设团队。PPP 模式的合作多样化，可以给我们的发展带来了契机。

我正积极与相关部门联系，希望通过PPP模式迈入企业新一轮发展高潮，我还考虑通过上“新三板”募集资金，分别设立项目投资公司、项目建设公司、项目运营公司，意愿在保持产品经营的同时，兼顾项目经营和资本经营的拓展，寻找合作伙伴，以PPP模式开展生活垃圾压滤转运、生活垃圾分拣分类、有机垃圾资源利用、废旧家电资源回收、废旧汽车资源回收、建筑垃圾资源回收等项目合作，来共同促进我国环保事业的进步。

创业感悟——将自己的坚持继续坚持下去

1997年是我回国创业、创造个人价值的开始，2007年我成功举行了以“十年创业路、绿环感恩情”为主题的新品研讨会暨十周年庆典活动。我的创业事迹在CCTV-2、上海电视台、东方电视台、上海人民广播电台作了多次专题采访和播报。转眼又将10年，近20年的创业历程，每每看到身边一同打拼、竞争的公司一个个倒闭，而自己的公司依然存在，就不禁有一种释然与自豪的感觉。在这个市场竞争无处不在的社会里，生存是第一位的，尤其像我们这些没有任何社会背景、只能靠自己打拼的中小企业，能够生存下去，已属不易。每一个人只有真正走上了创业之路，之前的许多困惑和抱怨才会变得少了很多，才会真正体会到权衡的难处和价值所在，和我同期的事业有成的海归创业者有着共同的特征：

1、在国内受过高等教育，在国内长期工作过，随后又在国外长期学习、工作过；

2、有一定的人脉基础，与人沟通能力强，自我推销能力强；

3、不赶时髦，找准切入点，做自己最熟悉、国内最短缺的事情；

4、注重团队建设与团队合作，时刻牢记员工是企业最重要的资产；

5、保持现金流，企业家要与金融家做好朋友；

6、既要不侵犯别人的知识产权，又要做好自身的知识产权保护。

我认为一个成功的创业者其实没有什么高深的道理和学问，最为关键的还是将自己的坚持继续坚持下去。在相当大程度上来讲，创业者需要一种“狼”的精神，敢于冒险、敢于接受压力和挑战、具有坚忍不拔的品格，是企业家精神的内涵。同时，做一名成功的创业者还要注意以下几点：

A. 能量的积累：要有吃苦的心理准备。当今创业面对的不是温饱的折磨，而是高强度、高频率的精神折磨，无数困难和琐碎问题。创业前的积累，包括专业知识、工作经验，身体健康、资金充沛、人脉宽厚。同时，在创业中及时调整心态，胜不骄，败不馁。调整“消沉”时的心态，要比调整“亢奋”时的心态艰难得多，也重要得多。

B. 最佳切入点：做自己最擅长的事、有把握的事。要充分了解市场和客户的需求，寻找市场开放度不够且短时间内会开放的产品，决不赶时髦，一哄而上做一大堆人在做的事，特别要关注央企、国企和外资等大企业的短板、忽视领域及产品。但创业过程中最忌讳新想法太多，必须坚持一个方向不断拓展。

C. 社会责任：社会责任是个人价值到社会价值的质变，我们在合法经营、合法纳税、善待员工的同时，还要扩大就业、回报社会，促进行业发展。以实现个人价值最大化来报效祖国，以企业经济效益来带动社会效益和环境效益。

D. 角色转换：任何人不是一开始就是一名成功的企业家，所以我们要做好从专业人员到管理人员，从技术到艺术，从领工资者到发工资者，从员工到老板的角色转换。

E. 团队建设：专业人做专业事，合适人做合适事，一个人的能力毕竟是有限的，因此建立一个坚强的核心团队是成功的后盾。德者领导团队，能者攻克难关，智者出谋划策，劳者执行有力。

F. 市场定位： 创业前必须充分了解市场需求，做好企业定位、产品定位、竞争定位和客户定位，方能立于不败之地。

G. 社会资源： 在创业的道路上有着各种社会资源，我们要依靠“行业资源”掌握整个行业的各种关系网，梳理“人脉资源”建立丰厚的人脉网络，借力“政府资源”，减少自己创业时摸索的时间及金钱的耗费。整合“团队资源”，使企业绩效及产出最大化。

H. 资金运作： 现金流是创业者的血液，我一直牢记“现金为王”的古训，严格控制现金流，并备有充足的备用金，以防不测。同时利用独到的眼光和市场的洞察力，谨慎投资。

未来梦想——垃圾革命，地球卫士

记得一位名人曾经预言：继农业革命、工业革命、计算机革命之后，将在本世纪初出现垃圾革命。当前“节能减排”、“控制气候变暖”等环境保护概念的词语不仅在哥本哈根、坎昆等会议上出之政治家之口，而且也成为人们的基本理念和行动准则。大家终于明白了一个道理，原来商品生产和垃圾处理对人类的生存是同样地重要。构建环境友好型、资源节约型社会，生态文明、美丽中国的口号不仅仅是执政理念，也是行动纲领，事实上，垃圾革命的号角已经吹响。

环保是我学习的专业，也是我工作的行业，城市环保产业更是当今世界的朝阳产业。在地球上，垃圾是唯一增长的资源，如果说大城市现代化的生活模式是人类最重大的工程成就之一，那么在我们享用现代生活便利之际，是否意识到高质量生活所消耗的地球资源同样是一个密切相关的封闭循环体系？要改变以此带来的环境恶化问题，就必须创造一种能够供全人类循环使用的新型可持续资源模式。因此，在这个闭合的体系中，资源的循环使用解决方案将成为人类发展史上的重要里程碑。然而，实现这一目标任重而道远。

我国由于人口庞大，资源紧缺，随着矿产资源的日渐减少，可利用资源越发捉襟见肘。那么，还有没有别的可再生资源？答案是肯定的--“城市矿藏”。目前，中国成为全球制造业和消费大国，每年产生大量的城市固体废弃物并占用了大量的土地。这些令人头疼的城市垃圾，却蕴含着丰富的再生资源，其利用价值丝毫不亚于原生矿产资源。据有关资料统计，如果我国再生资源回收利用量每年增加10%，就相当于二氧化碳排放减少3800万吨。因此，再生资源行业的发展已经成为全球范围内破解资源短缺矛盾、实现资源可持续利用、参与资源大循环的重要途径，成为发展绿色经济的重要举措，这个产业在未来蕴藏着巨大的商机。

我的企业愿景是成为提供城市垃圾整体解决方案的专家，承担环境保护与社会责任的标兵，并实现客户、员工、企业共赢的典范。我作为一个留学归国的企业家，我希望通过贡献自己的知识，热心公益事业，为祖国的蓬勃发展贡献自己的一份力量；作为一个企业家，我勇于承担社会责任，提供优质的固体废弃物综合治理设备，来推动环境保护事业的进步，为员工提供良好的工作待遇，从而为构建和谐社会而努力奉献，协同我们的所有合作伙伴，为共同构建环境友好型、资源节约型社会，实现“生态文明、美丽中国”的宏伟蓝图而努力创新和拼搏！

魏正康简介

固废资源化处理领军人物，现任上海绿环机械有限公司董事长兼总经理。

原上海有色金属加工企业机械工程师，1990年8月赴新西兰、澳大利亚留学，攻读环境工程和工商管理硕士学位，先后在几家国际著名环境工程公司担任工程师和总工程师职务，1997年6月归国创办上海绿环机械有限公司，专业提供城市固体废弃物综合处理与利用成套项目规划与建设的一条龙服务。至今由公司承接完成的各类项目在全国已近千个，包括上海市政府实事工程、北京2008年奥运会、2010年上海世博会、四川汶川地震援建工程等重点配套项目。

作为主讲人多次参与国际技术研讨和世博主题论坛、院士专家峰会等高端会议上，展示最新的固体废弃物处理科研技术创新成果。受聘为上海第二工业大学客座教授兼硕士研究生指导老师，每年负责带教二名硕士专业研究生和数十名本科毕业生的课程设计与毕业设计工作。

担任中国城市环境卫生协会常务理事、上海市市容环境卫生行业协会常务理事、浦东新区市容环境卫生行业协会副理事长，有广泛的行业人际资源。

担任上海市欧美同学会常务理事、上海市海外交流协会海外理事、浦东新区留学生联合会副会长等职务，是90年代最早回国创业的留学生企业家之一。

归来的天空

文/武　平

回国创业的那一年

记得在美国硅谷斯坦福大学书店里看过一本书，讲的是如果你要开始创业，其实考虑没有那么多，就是要做还是不要做的问题。回国创业也是这样一回事。

当心底的涟漪被搅动时，作为一个有创业冲动的人，会想到许多创业起始要考虑的问题：团队、资金、市场、商业模式、技术（对技术创业者）、差异化及竞争优势等等。但其实决定要创业那个决定才是最关键的。

我回国创业的决定下在了千禧那一年。

怀着对新世纪的期待以及对千禧虫（电脑）忐忑不安的心情进入千

禧年，从来也没预备在这一年要特别做什么。但一切似乎注定要发生。

这一年，突然感到硅谷长达十年的互联网泡沫要终结，于是找到好友范仁勇（他当时正参与创办一个半导体芯片公司），着了魔似的开始研究起后硅谷的半导体机会，试图找出一种新的创业模式， 包括公司结构、团队组成、产品形态、公司运作等等（当时对商业模式理解不深）。一口气写了三个创业计划书。一个是移动通信芯片，一个是数字电视芯片，一个是数模混合电路芯片。后来的历史证明了我们当时选择的正确性。

1999年，中国信息产业部发出第一批手机牌照，预示着中国终端品牌、设计与生产的全面开始。一个新的产业在中国诞生（当时谁也不会预料这个行业会像互联网产业一样是中国最波澜壮阔的高科技产业）。当时我工作的Mobilink就接待了包括夏新李晓忠、康佳陈伟荣、中兴通讯宫正军等后来的业界翘楚。

2000年底，我在夏威夷会议上邂逅了TCL万明坚等一大批业界精英。加上在信息产业部产品司张琪司长主持的移动通讯讲习班上作讲座时认识的第一批手机产业链专业人员，我在极短的时间内，接触到中国移动通讯的核心力量。

2000年的回国活动对我们这些在国外从事半导体行业者，尤其激动人心。华虹-NEC在上海引进当时国际领先的8英寸生产线，我们在上海的第一站就实地参观。中芯国际在上海开始打桩动工，预示着半导体生态体系的市场化运作。尤其是在工信部讲座时，张琪司长提前宣读国务院发展软件与集成电路的18号文件，绝对预示着这个行业的春天来临。

2000年夏天，我坐上从北京返回旧金山的班机时，我绝对相信一个千载难逢的产业机遇就在前面，而且这样的机会在人生中难能拥有。

当2000年圣诞节我们把愿意参加创业的九个家庭聚在加州南部圣地亚哥时，妻子才发现，我不仅决定开始创业，而且决定回国创业。这在当时是何等巨大的决定。

妻子与我硕士、博士均为同班同学，对我的优缺点了如指掌，特别是缺点。妻子当时的学业成绩比我优秀得多，但做了很多牺牲与妥协。

她在大型公司的稳定工作，也使得我在国外的经历就是不断参与创业公司。2000年，我们原以为是个收获的季节——前几年买的房子，刚好完成里外翻新，格外舒适漂亮；我参与的创业公司Mobilink Telecom经过四年的培育，全球第二大Fabless半导体公司Broadcom已决定收购，应该有相当可观的回报；家里刚出生的老二，与老大一样聪明可爱。但我决定回国创业了。

这个决定对家庭绝对会造成重大影响。妻大概知道事已至此，只对我说了两句话——想好了吗？这是条不归路。这番话，后来我体会至深。但我们都没想到，这次创业，对我们家庭，乃至一大批人家庭的影响如此巨大。回国一起创业的三十多位海外留学人员，踏上了一条艰辛但无悔的路。

真刀真枪干时，才发现这与过去跟着别人干是大大不一样。虽然上一个公司也是初始就参与，但轮到自己操作油盐酱醋时是如此不同。难度远超想象，困难一个接着一个，而且似乎越来越不妙。

首先是团队组建。当机会来临，远景诱人，群情高涨。2000年圣诞节前，得到硅谷两个VC的意向投资，加上CEC（中国电子信息产业集团公司）愿意出资3亿来做这个项目，九个人在北京向CEC报告完项目后，晚上一起去体验了一下与出国前不同的北京。在三里屯酒吧大口地喝着久违的燕京啤酒，听着新的流行歌谣，回国创业的豪情悠然而至。大家觉得作为改革开放后的第一批留学生，能学有所用，回国创造一个属于华人的世界级企业，是最大的人生价值实现。

但互联网泡沫刚过2001年新年就开始破裂，股票大跌、企业纷纷大幅度裁人、许多互联网公司接二连三倒闭，新闻时时会报道那些当年意气风发的初创公司CEO、CTO、COO们，昨日还豪车呼啸，今日已破产到在教堂寄宿，甚或婚姻破裂等等。于是新年伊始，已有意向的两个VC提出要重新谈条件，也不算太让人意外。

意外的是太平洋彼岸的消息。国内当时工商规定，以知识产权入股，最多不超过公司10%。这对于需要大量从国内外吸收优秀人才的高端项目，无疑失去了激励与吸引力。与熟悉的硅谷创业文化也相差甚远。

▲ 海创学堂一期全体学员及部分工作人员

接着的消息是，国内3亿的投资不是一次性到位。第一次入资仅为1000万到3000万，以后视情况逐步到位。这给团队带来很大的打击。当后来得到薪资也可能比照国内水平、只在第一年可能有适当补贴时，队伍里开始出现动摇。因为大家都参加过初创公司，如正常的家庭生活都不能支持，难谈其他。其他的机会开始分化这个优秀的团队。

于是产生三个不得已的决定：一是不用国内的资金了（为了内部的激励机制），二是让有好机会的人去发展，三是加强项目的专注性（去掉了射频与多模基带）。当然这些决定是在几个核心人员的长谈再长谈的基础上，都是痛苦的选择。最后九个人留下五个人。

融资的确大不易。硅谷的融资环境在2001年进入冬天，在硅谷拿到的两个Term Sheet（投资条款清单）都有让团队为难之处。而2001年初中国还没有一只真正意义的本土VC。国内的VC都是外资进入中国，其本地合伙人也大多是财务背景，看不懂或被总部操控都使得决策悠长，姿态也很高。香港的一个VC就曾提出一个在硅谷不大见的问题，认为我们有太多高手成为创始人，很容易失败。

进入2001年3月，一次关键的会面，出现了转机。当时正好有去台湾出差的机会，与联发科董事长蔡明介在新竹喝了半小时咖啡，请教他一些问题。但出乎我的意料，他看到我的商业计划书的摘要，就爽快答应支持。行动效率之快，让我记忆犹新。第二天他就把台湾富鑫创投找来，决定一起投600万美金。我们团队投入50万美金。虽然团队股权稀释不少，但蔡董事长的亲自背书，是更重要的价值。

蔡明介的投资，我相信有他对这个产业志在必得的决心与布局（其时他们内部团队已在开发通信芯片达一年多了，还没有较好的结果），也有他对团队的敏感，以及支持新生力量的慧眼。他看了我计划书上列出的15位名单，开玩笑说：把这十几个博士供养出来也要花不少钱的。虽然后来联发科与展讯在市场上成了竞争对手，但我对蔡明介的感激与敬佩一直没有减少。

融资及以后的生活，让我开始体会到全球化生活的考验。美国加州与亚洲有16个小时时差，所以亚洲VC来电话时就可能是美国夜里，甚至是深夜。而在美国还要面对美国的问题。所以白天晚上都高度警觉，为了不错过关键电话，就把手机放在枕头下，震动状态。以免影响家人睡觉。当时我还有责任晚上照看小儿子，所以晚上让他睡在身边。有几次晚上实在累了，电话来了没感觉到，后半夜几次被一岁多的儿子把我脑袋拍醒，从枕头下取出手机递到我眼前。当梦中醒来，接起电话就要很清晰地讲技术、团队、市场、公司运作等等，个中感觉多年后仍难忘记。

2001年4月，我们注册了Spreadtrum Communication（展讯通信），2001年6月28日，第一轮资金到账，我们心中都明白，这时展讯的历程才刚刚开始。

创业者可能都有过万一不成功会怎样的思考，虽然投资者希望创业者有对成功的饥饿感，这不仅只是对钱的追逐。2001年初，当我们几个创始人与VC谈融资时，他们那句话至今我仍历历在目："请先辞了职再来谈投资。"虽然当时觉得错愕，但换位思考一下，就会理解个中的意义。创业不能有后路，用句老话：开弓没有回头箭。

创业十谏

展讯通信从2001年创办，到2007年在纳斯达克7亿多美金上市，到2013年被清华紫光以18亿美金收购，完成了中国半导体设计产业的许多零的突破，改变了国际产业结构。一个留学生企业，二次获得国家科技进步一等奖，完成诸多业界第一，是中国移动通信和半导体产业的一段激情岁月。

这段历程太丰富、精彩、曲折，我无法用很短的文字来描述。仅仅在期间就发生三次全球性危机，就可以想像展讯的同事们所经非凡。

基于这段经历，我对创业者有十个谏言。

◎ 看准机会抓住机会

1999年，中国开始颁发手机牌照，虽然初始几年，中国的手机厂商都是来件组装，没有任何技术含量，但由于中国手机市场的迅速发展，中国仅用了五年时间，就成为全球第一大手机用户市场，所以也促使许多手机芯片厂商关注中国。

2000年我被工信部邀请回国讲学，给全国近100多位手机从业者讲述移动通信的技术与发展。由此发现国内创业的契机，与几个小伙伴萌发了回国填补产业空白的创业想法（其实国内当时，在集成电路芯片高端领域，几乎所有领域都是完全空白）。于是带领30多位海外留学人员回国创办展讯通信。

谏言1：创业中，机会是最重要的，尤其是市场机会。机会不对，不能创业。如何看准机会，把握住机会，是创业者的最重要的眼界与决策。

◎ 创业首先保证生存

虽然在2000年前后，回国创业做手机芯片的海归团队有4个（包括展讯），加上国内当时的中兴、华为、大唐、北京后来的T3G、上海的凯明等，为何后来只有展讯最早获得成功，也最早上市，其他3个海归团队都在二年左右倒掉了？这个就是竞争中的生存意识。

展讯的发展史就是从弱到强、越挫越勇的创业过程，里面涌现了许多无畏的科技英雄与市场探险者。但更重要的是，团队有高度的生存意识。无论是创始团队在资金困难时集体减薪或无薪，无一人离开；还是哪里有困难，哪里就有人顶上来；在产品的定位上不跟风，先做市场成熟的2G，后做3G（其他3个海归团队开始就做3G，但市场8年后才开始），踏踏实实前进，短期与长期方向明确，一步一个脚印地迈向今天全球手机芯片市场的第三位。

谏言2：创业初始，首先解决的是生存问题。理念一致的团队、管理好现金流、准确的市场定位、坚定而不摇摆的发展方向，都是保证生存能力的要素。

◎ 竞争中要保持独特性

手机芯片市场是全球半导体市场竞争最激烈、最惨烈的地方。但同时，这又是充满希望与想象的天堂，移动通讯本来就是全球最大的手持电子器件，这几年迅速发展的移动互联网，更是成为全球所有创业者的理想乐园。进入这个市场创业，就要有自己的独特地方，或者说是制胜的法宝。

过去手机设计都是手机厂商自己做，欧美芯片厂商只是提供芯片与设计文档即可。但展讯与联发科一起，推出交钥匙方案（Turnkey Solution），把手机推向市场的时间从一年多，减少到三个月，甚至一个月。这两个厂商也把MP3、MPEG4、USB等功能不断设计进芯片，展讯更是把双卡双待、多卡多待等形成自己专利，第一个推到市场，受到中国、印度等市场的青睐。展讯发布中国第一个电子产业国际标准TD-SCDMA的芯片，成就了中国手机产业的机遇，改变了世界的产业格局。

谏言3：在竞争的环境中，要有自己的独特性。这个独特性要领先于对手，成本最优，同时极具市场的竞争力。

◎ 找到合适的合伙人

2000年我从国内回到硅谷后，就积极与几个朋友筹划回国创业，而面临的第一个问题就是创始团队。由于理念新、机会大，一下子就汇聚了10多位创始人，并在加州圣地亚哥开了一个包括家属的启动会议。但后续融资的几经反复，团队开始出现不同的思路与动摇，这便促使了后来创始团队的整合。这是个艰难的过程。自此，我对创业过程有了新的认识，即人的问题是企业的第一问题，这个问题贯穿了我创业的始终，当然有得有失。

2001年在公司实质性运营前，创始团队整合了理念、信念、文化、能力等，调整为5人。这5个人在之后不到一年时间迅速扩大到国内外的近100人，我认为这是奠定后来成功的关键一步。创始团队既要来源不同，又要理念一致；既要互相信任，又要有能力独当一面；既要在关键时刻挺身而出不计较，又要有一起成事的品德。这个其实是最难的。

谏言4：创业起始，找到最合适的合作伙伴是关键。记住，是最合适的，而不是最有名的。没有好的合伙人，就难言成功。

◎ 现金是创业的命脉

创业的过程中，几乎每个创业者都有过精打细算、举步维艰的经历。由于创业总是面对短期生存与长期布局的矛盾，这也使得资金总成为企业家面对的另一个问题。成功企业家会用不同的词汇来描述这个感觉，如“现金为大”“钱是企业家的胆”“资金是企业的血”等等。展讯在2002年面临过最困难的时期，现金几乎断流，核心员工减薪，创始人无薪……其中曲折，难以言表；虽然后来化险为夷，但也让我从此把充足的资金当成公司运作的头号考虑因素。

记得雷军最近说过一句话：成功的创业最好融到花不完的钱。虽然这个经验对大多数初创者来说太理想化，但也说明了一个道理。当我今天投资了几十家创业企业之后，更感觉到创业者与企业的融资能力无疑是核心竞争力。

谏言5：创业就是不断提高企业的价值，利用资本或让资金充足，企业的发展才能进入健康良性的轨道。

◎ 寻找新的商业模式

虽然在此之前，中国的半导体设计企业难以打入主流市场，但依靠具有竞争力的商业模式，这个时代一定会来临。展讯发展初始，凭借无线模块业务（过去的半导体设计厂商很少自己做模块出售）开创出前所未有的无线固话市场、手机市场的Turnkey Solution，双卡双待、业界性价比最高的2G功能手机方案，TD-SCDMA；还依靠并购拥有射频技术打入三星，进入国际市场……这些都是持续不断地进行商业模式创新与市场定位调整的成果。

谏言6：商业模式的创新，有时也可以称作打破旧格局、破坏性创新，对后来的创业者而言，是关键性的竞争手段之一。

◎ 市场决定成败

早期很多出国的留学生，大都是学理工的，所以也造就了一批顶级的技术人才。唯技术论是许多海归创业者内心没讲出来的自信。在展讯后来的实践中，尤其是在经历一些挫折的过程中，更加深了我对此的理解。

2004年，展讯把集成MP3的手机芯片推上市，这时联发科也在推出类似芯片。展讯的思路是：MP3是需要空中下载的，因而必须把无线数据2.5G GPRS功能调整得更加稳定成熟，所以我们派出了大量的工程师到实地调试。但之后不到三个月的时间，市场反馈，联发科音乐功能手机方案大卖，销量供不应求。了解才知，其没有花工夫在无线数据下载，而是在芯片里直接集成USB下载；通过PC下载音乐，既方便又不花一分钱。当我们用软件的方式解决USB的下载之后，已到了2005年，联发科已在中国市场占据领先地位。

谏言7：市场决定成败，而非技术。无论是对市场的快速反应，仰或对市场的前瞻，甚至创造市场，都是创业者从易到难、极为可贵的素质。

◎ 融资必须会讲故事

几乎每一个创业者，都需直面融资问题。虽然不是每个创业者都需要去拿VC的钱，但找VC融资却是许多公司的必经之路。融资必须会讲故事，这个故事是“眼界+信念+实力”的综合体。想要融资就要想好如何组织这个故事，并且把投资者讲得热血沸腾，让他生怕失去这么一个机会。

我还是建议每个创业者好好组织一页纸的投资简述，准备一个详细的商业计划书；这个准备过程就是理清思路的过程，这样才有可能创造5分钟在电梯间（或洗手间门口）说动投资大佬的奇迹。

谏言8：融资要求创业者有非常好的讲故事的能力。故事如何组织，其实也是创业者如何组织公司与业务的镜子。创业者就是最有激情的、把自己的故事讲得最清楚、最打动人的那个人。

◎ 开弓没有回头箭

许多人一生中都有创业的冲动，除了创业机会的把握，创业的决心也非常重要。记得2001年初，我在硅谷苹果总部门口的酒吧与当时的A轮投资者交谈，其中有一句“你们先辞职，我们再来谈投资”的话让我记忆犹新。这句话其实也让我看到初始团队中，谁是坚定的成员。

创业与战争有点像，如果选择太多，只想后退的路，大抵是在打一场无望的战争。置之死地而后生，“破釜沉舟，百二秦关终属楚”。我曾看到许多著名教授创业，同时拿着学校很好的职位、稳定的高薪，创业技术与思路都不错，但大多数是以失败告终，就是因为缺少这种破釜沉舟的决心。

谏言9：开弓没有回头箭。创业的冲动与无畏，都会受到现实无情地冲击。但有清晰的思路、义无反顾、一路坚持的创业者，即使失败了，也是令人尊重的英雄。

◎ 创业是个多情的产物

我一直觉得我是一个有激情的创业者，对许多事的理解也非常理想化。但在创业过程中，我却每每发现，情商是我的短板。在2006年给清华、上海交大学生做演讲时，我提出创业者的EQ比IQ重要，这个的确是我的肺腑之言。

海归往往是一个矛盾综合体，有国际的眼界，但首先必须本土化，才可能创好业；有规范的培养，但创业路上的应变往往又需要不按牌理出牌；有点才能通常会比较孤傲，但为人处世需要谦和……总之，

"情"不能少。创业一路走来要有激情；对待客户、员工、股东要有感情；对待每天干不完的工作要有热情；回到家不能忘记亲情，更不能没有爱情；还有最重要的商情（情商）。

谏言10：创业是个多情的产物。创业者首先必须要有激情。成功者大抵情商很高，而很多失败也恰恰缘于情商。

另类创业

为何说2011年开始的这次创业是另类创业，是因为其多样化的形式，也是这次创业，让自己的人生更加丰富起来。

1．选择

人的一生会面临许多选择，无论是康庄大路，还是崎岖荆棘路；无论是喜欢的，还是情非得已；都要走下去。聪明的人总会及时发现新的途径，像我这样迟钝的人，每条路都走得欢欢乐乐，直到新的选择。

2010年末就是这样的一个时间，在要辞去自己创办的展讯通信（Spreadtrum Communications）的董事长时，就处在新的选择中。

有上市公司来找我做CEO， 有跨国公司来聘。但回想过往，参加过4个初创公司的历程，创业似乎已是自己走不出的轨道。闪入头脑的第一个念头，竟然仍是再创办一家公司。周边的朋友以及投资界的朋友都来鼓动我办公司，最突出的理由是，会有更多能干的朋友加入以及许多风险基金的积极投资。

那一年，一方面花更多时间与家人一起，补偿自己的亏欠，一方面重新思考。与家人从太平洋经加勒比海到大西洋，看苍茫大海上的日起日落；从意大利南部小岛驱车北至瑞士，感受文艺复兴；在上海世博会，体验新元素。一路走，一路思考。也爱找老友聊天。几乎是走一段，思考一段，然后继续走。聊得最多的是老朋友潘建岳。聊的过程中，爬了19座大大小小的山，也去了遥远的青海湖。下一个选择应该是什么？渐有眉目，也有困扰。一日建岳电话来说，合作伙伴就在眼前。大喜中相约杭州西子湖畔，三天三夜之后，一致决定创办专注产业投资

▲ 武岳峰资本合伙人

的武岳峰资本。“武岳峰”这个名字提炼了三个合作的伙伴：武平，潘建岳，李峰（以年龄为序，李峰的杰作）以及共同的情怀，更是缘分。

做任何一件事，选择的依据也许不应该缺少三个因素：机会，资源，未来。但一切的基础就是合作者。好的合作者是天作之合。

当中国社会的发展，产业与技术提升走到2010年时，开始面临更大的、更深层次的挑战。高精科技代替低效的资源消耗，智慧跨越代替原始的积累，创新代替落后的产业形态，资本与产业的整合提到了空前高度，但也需要探索者。一个新的时代的开始。

2.专业成就产业

武岳峰投资伊始，就做了与一般投资人不同的自我定位。也许三人都是从产业里走出来的，与创业者有种天然的感情，用李峰的话讲：“我们希望创业者把我们作为创业伙伴看待。”基金最重要的自我期许是“专业成就产业”。由于对新产业、新技术的热衷，使得几乎所有投资案例，都是与技术相关联的。

一个畏惧的投资者，很容易走到随大流，或者只敢投资后期项目。前者是当业界热炒什么就投什么；后者是研究已成熟公司的市场、报表，算PE值，与被投公司对赌来取得投资安全性。

风险投资是个貌似要有无所畏惧的情怀（其实内心担心打水漂），但必须尽可能听懂创业者要做什么（或者要被创业者说服，然后相信其要做什么）才能作为的行为。当这二者都不能有时，就是凭感觉与运气。这当然是玩笑话，高科技创业投资有特定的规律，又有非常理的尝试。风险投资，越前期的项目失败的几率越大，风险越大，成功的项目回报也越大；越到后期的项目越容易控制风险，成功率越高，但回报率也小。

从武岳峰资本投资的近50个项目中，最大的成功经验就是投对创始人，也即领军人物。人对了，事就容易成功。人不对，就容易出现恶性事件。

作为投资者，不是什么都看得懂的。但投资理念必须明确，基金必须有专注的产业定位。每个有专注的基金，都必须由该领域的专家主导，武岳峰三位合伙人对文化创意不熟，就与许亮（原博纳影业CFO）和宋柯（阿里音乐董事长，原太禾麦田董事长，恒大音乐董事长）合作成立合一资本，完全由他们主导运作。

以下的投资案例也许能说明武岳峰资本的投资方向与理念。

（1）填补国内产业空白领域。武岳峰资本投资的兆易科技目前已成为该产业的国内龙头，并在特定领域进入全球前三位。而半导体硅材料里的SOI硅片，一直是国际高端产品，武岳峰资本投资的新敖科技在国内一枝独秀，已为国际一流厂商提供服务。

（2）国际前沿技术。磁宇科技致力研发下一代半导体磁存储器，深捷科技（Cetrillion）研发下一代基因测序技术均为武岳峰资本在未来技术上的投资。采用资本的力量，把研究性的成果迅速推进到产业，虽然有风险，也是值得做的。尤其是深捷科技，已经在该领域走到世界前列。

（3）跨行业跨技术。ACTON是新一代个人电动智能交通工具的公司，具备可穿戴、个性化、环保、智能等特点，多次在美国电子消费大展获得赞誉，被包括中央电视台、美国ABC广播公司等报道，极具未来发展空间。工业机器人是未来工业4.0 的支柱性的产业之一，我们分别投资了常州快客锡焊、北京清能德创。那个游戏公司（ThatGameCompany）是一家极具美感快乐意义的移动游戏公司，由于其在国际行业内的独特性，中央电视台特地作了一个专题来诠释这家公司与创始人。

（4）产业整合。整合是投资很重要的一个方面。基金积极推动了被投初创企业七游公司的资本整合，使得公司迅速走到规模化进程。也推进了ASR公司并购被投企业智多芯，极大地提前了产品进入市场。基金参与资本重组纽交所上市的安博教育，以及收购Nasdaq上市公司ISSI均成为业界经典案例。

3. 让梦想开花

每个创业者都在走一条孤独前行的路上，虽然充满梦想，但荆棘遍地。今天的中国进入最好的创业时代。能亲自参与推动并营造良好的创业生态，充满快乐。

2010年有感于海外华人，以及海外归国创业人员创业的不易，我与硅谷的朋友们一起成立美中高层次人才交流协会开始推动创业生态建设。从2011年开始举办海外最早的北美创业大赛，引起美国主流创业社区的广泛关注，更成为北美华人创业者的追梦发动机。每年超过500多个创业项目参加比赛，30多个国内园区的支持，100多个投资人的参与，大量项目在中美落地。这个最早开始的大赛，目前仍然是所有海外华人创业大赛中规模最大，项目最多的活动。6年坚持下来，今天已成为海外华人创业生态里必不可少的组成部分。

在上海市政府的支持下，我在主办在2012年上海英才周的创业大会后，于2013年开始，由上海千人计划专家联谊会和上海欧美同学会创业协会一起组织上海海归创业大会，每年举办一次。近千人的参会者，除了为创业者建立自己的合作、联谊、互助的平台外，成为国内少有的非政府机构组织的类似活动，上海市市长、副市长每年都出席了大会，促进了上海的创业环境。这个活动，也得到北京海归创业者的呼应，北京华侨创业协会也于2015年召开了第一次侨创大会，与上海、海外创业者，形成全面的互动，已成为海归创业者最主要的联谊展示平台。

在2015年，上海海归创业大会召开之际，硅谷中国天使会也在北美诞生；上海海归学堂一期圆满结业。创业的种子，终将撒满遍地；创业的梦想，一定会遍地开花。

武平简介

海归技术创业派代表性人物，武岳峰资本/展讯通信创始人，上海千人计划专家联谊会执行会长，上海欧美同学会创业协会会长，美中高层次交流协会会长，美国硅谷天使会共同创始人，上海天使会共同发起人。

2001年回国创办展讯通讯并出任CEO、董事长，2007年NASDAQ上市，2013年被清华紫光以18亿美元收购。2009年组建中晶天使基金，2011年共同创办武岳峰资本。

现为中央组织部“千人计划”特聘专家。曾荣获：国家科技进步一等奖、中国何梁何利基金创业奖、国务院首届华人华侨创业奖、上海科技进步一等奖以及美国硅谷HYSTA年度企业家奖、Zero2 IPO年度企业家奖、中国企业家年度企业家奖；还曾获评“中国手机产业十年风云人物”“中国半导体产业十年风云人物”“上海年度十大科技领军人物”等。

奏响生命的乐章

文/熊 健

中苏关系解冻后的留学生使者

翘首云天，往事如烟。

1986年，我被推选为国家公派赴前苏联留学生，成为中苏关系解冻后的第一批留苏研究生中的一员。

根据我所学专业——工业自动化与机器人，留苏的四年多时间里，我被分配到列宁格勒加里宁工学院（就是现在的圣彼得堡国立技术大学）学习。这个学院是当时在全前苏联范围内实力最强的综合性理工大学之一，它与莫斯科大学、莫斯科包曼技术大学和莫斯科动力学院一起被认为是前苏联最强的四所大学，在国际上享有崇高声誉。我的前苏联导师伊戈尔·鲍里斯耶维奇·契尔巴诺夫教授是全苏自动化研究领域的知名专家和学者，我刚到前苏联留学时他正主持着当时全苏唯一的一个从事柔性生产系统研究的国家级实验室的工作。这个实验室属加里宁工学院自动化教研室，是当时前苏联国家重点实验室，任何外国人进入学习或工作都须经校方研究并报请上级部门批准。由于当时的中苏关系尚未正常化，只是刚刚出现解冻的迹象，所以我进入这个实验室学习一开始并不顺利。后来，我通过热心的俄语教师直接认识了契尔巴诺夫教授。也许是出于人们常说的缘份之故，两次谈话之后，契尔巴诺夫教授决定收我为徒。在契尔巴诺夫教授的全力帮助下，我成为自动化教研室正式研究生一事终于得到了有关方面的批准。记得当时正值原苏共中央总书记戈尔巴乔夫刚刚视察该实验室不久，一位塔斯社记者专程来实验室采访了我和导师。很快，我和导师在实验室里一起工作的大幅合影照片整版面地刊登在《前苏联画报》上，其解说词中对重新恢复的中苏教育、科技合作给予了高度评价。

在导师的指导下，我先后完成并发表了《全自动小车机动灵活性分析》（1988.9）、《影响全自动化小车越绕障碍的几个基本参数》（1989.8）及《全自动小车动力学的几个问题》（1990.7）等几篇学术文章，得到了前苏联同行的一致好评，我最终获得了机器人专业博士（PH.D）学位。毕业时，导师握着我的手说："我们合作得很愉快，也像是一首美妙的弦乐二重奏。"我们会心地笑了。

在我博士论文答辩前后，正值东欧剧变、前苏联解体的重大历史变革时期。有几位同学放弃了在前苏联攻读学位而去了法国、德国等西欧国家。我的两位要好的同学也先后去了美国（当时获得前前苏联博士或副博士学位的中国留学生极易获得赴美签证）。他们到达美国后极力劝说我拿到学位后立即到美国去做博士后，并为我订好赴美机票。从我的专业来讲，美国是世界上工业化、自动化最发达的国家，去美国搞机器人研究毋庸置疑是十分有前途的；但从另一方面来说，祖国的发展蒸蒸日上，正需要大量的留学生回国服务，祖国需要我们。我最终谢绝了在美国好友的一再劝说和邀请，如期回到了祖国。

步入科技外交领域

风过无痕，人生有痕。

1991年10月，我学成归国。根据当时国家需要，我被分派到国家科委国际科技合作司，从事对原前苏联及东欧国家科技合作的组织与管理工作。

1992年初，由蒋新松院士（时任中科院沈阳自动化所所长）领衔的中俄科技合作项目——“6000米水下机器人”的研制在国家科委立项。这是我直接参与的第一个中俄重大科技合作项目，我随蒋所长直接参与了该项目的前期出国考察、可行性分析、对俄谈判、签订合同等重要工作，并在这些重要场合担任了蒋所长的翻译。由于当时前苏联解体导致的阵痛，俄罗斯经济社会动荡不安，我随蒋所长几次出访俄罗斯都遇到了意想不到的困难。在当时那种这种艰难的情况下，我们仍然顽强地、一丝不苟地做好各项海试准备工作。1995年春，具有当代世界领先水平的潜深6000米的无缆水下机器人经中俄两国科学家的共同努力研制成功。5月，国家海底测量队携带这台水下机器人赴夏威夷深海海域海试成功，拍摄了海底锰结核录像和照片以及其他大量有科学研究价值的资料照片，圆满地完成了预期任务。

在国家科委工作的那些年，作为一名国家机关公务员，我所在岗位是平凡的，但我所从事的事业却是不平凡的。我亲身经历的每一个国际科技合作项目都直接与我国国民经济建设和重大科技发展计划紧密相联。这些国际科技合作项目的实施不仅提高了我国在相关科研领域里的科研水平，而且还促进了我国国民经济的发展，增强了我国的国际竞争力。在参与实施这些重大项目的过程中，我结识了一批我国著名的科学家以及各行各业的专家学者，他们的优秀品质和人生态度深深地影响着我，我的思想境界得到了不断升华。

与任正非结缘

1994年3月，国家科技部的办公室一如既往地忙碌，来自深圳一家科技公司的老总前来汇报工作。那时，中国提出了实施科教兴国战略，科技产业发展迅猛，科技部作为国家科技发展职能部门，每天都要接待好几拨这样的科技公司老总。

几天后，工作任务从部里转到我所在的苏联东欧处，部领导指示迅速组织力量开展分管国别的通讯市场调研，并尽快组织安排一次陪同这家深圳公司老总赴俄罗斯东欧有关国家的实地考察访问。在一切准备工作就绪之后我才得知，这位深圳公司老总是华为公司总裁任正非。

那时，全球程控交换机行业被AT&T、阿尔卡特等国际巨无霸主宰，中国通讯领域面临“七国八制”的竞争压力，华为在成功研制C&C08程控交换机并大力拓展国内市场的过程中意识到，必须发挥所长实行差异化竞争，实施“跳出来、走出去”战略。

这次考察持续10天时间，我和任正非同吃同住，与他充分交流，帮助他深入了解这些国家的国别政策和市场情况，行程安排得非常紧密。我陪同任正非访问了俄罗斯、罗马尼亚、保加利亚等国家的政府办公厅、邮电部领导并与莫斯科、圣彼得堡、布加勒斯特等市政府领导举行会晤，还参加了莫斯科国际通讯展。此次访问促使任正非下决心瞄准俄罗斯这一暂时动荡、但市场前景广阔的国际市场。1994年成为华为发展史上具有战略转折意义的一年，这一年也堪称华为国际化扩张道路上的一个分水岭。此后华为从莫斯科边上的小城市乌法起步，只用了不到3年时间就占领了俄罗斯市场，开启了华为全球扩张之路。时隔20年之后的2014年，我与已被誉为“中国企业家教父”的任正非在深圳华为总部大厦再次见面，我们两人热情相拥，感慨万千。任正非感慨回忆道：“那年我们俩在圣彼得堡访问，气温骤降，你我都只穿着单薄的衬衣，硬扛着坚持到整个访问活动结束，顾不上添衣服当晚就赶回到莫斯科。那时候也正是华为最关键的时期。”

实现外交官到企业家的转身

1998年9月，我被派往中国驻俄罗斯联邦大使馆工作，担任一等秘书，开始了我的外交官生涯。一年半以后，我又被派往中国驻圣彼得堡总领事馆担任科技领事，负责科技、经贸、军技双边合作与交流工作。2001年，上海筹办上海合作组织国家领导人会晤以及APEC首脑高峰会议，我来到了上海这座美丽的城市，参与了这两次全球瞩目高峰会议的筹备以及对俄罗斯总统普京代表团的接待工作，并在一些重要场合承担了领导人的俄语翻译。此后，我留在了上海工作。

如今，我已经开始了自己的创业之路，在漕河泾这块留学人员聚集、新兴产业孕育之地，成立了从事新能源技术应用与开发的集团公司——宝莲华新能源集团。我是2010年“辞官下海”的，对于我毅然“辞官下海”，许多熟悉我的领导、同事都表示惋惜。但我对此很坦然，人生的价值也体现在尝试做更多的事，一路看更多的风景，更何况现在恰逢国家鼓励创新创业的大好时机。

我是属于那种说干就干的人。地质学家李四光曾说过一句话：“地球是个大热库，地下热能开发利用是件大事。就像人类发现煤炭、石油可燃烧一样，是人类开辟的新能源，对人类历史发展必将产生重大影响。”这是我从事地热新能源行业的动机。短短的几年时间，我们的技术团队研发出中国国内第一台地热响应测试仪并获得国家发明专利，绘制出中国国内第一张全国各地区地热响应程度分布图，在地埋管换热系统的热堆积和热平衡补偿技术方面取得20多项国际领先的专利技术成果，为浅层地热供能技术系统的推广应用提供科学依据和技术手段。

宝莲华公司现已获得“国家高新技术企业”、“上海市专精特新企业”资质证书并承担国家地热能技术研发科技攻关计划，公司科技创新主打产品——宝莲华地源热泵中央空调系统（BLH-10XT）通过国家级审查鉴定，被列入国家“十二五”计划绿色建筑产品目录，在中国城镇化建设进程中绿色节能建筑广泛推广应用。宝莲华浅层地热集中供能系统技术（BLH-20XT）针对寒冷国家和地区不平衡工况的集中供能和绿色采暖研发，荣获首批国家《十二五低碳经济科技创新成果》表彰。目前，公司成功案例涵盖医院、酒店、会所、体育中心、博物馆、科技馆、工厂车间、商办楼等众多各类建筑形式，受到国内建筑节能和分布式供能市场的广泛认可。

围绕“一带一路”国家战略，宝莲华公司现已走出国门，在我熟悉的国家与地区——如乌克兰、白俄罗斯、罗马尼亚等国进行浅层地热集中供能成套系统设备设计、施工安装和运营。宝莲华集团采用自身研发的国际领先的热泵技术和成套设备，大规模启动实施了针对这些国家的浅层地热集中供热节能改造项目。2014年11月，宝莲华集团还将宝莲华全球研发中心设立在乌克兰，并与乌克兰罗夫诺州、基辅市等城市的热力公司联合启动实施第一批浅层地热供暖改造计划的19个项目，合同金额达2.87亿美元。

奏响生命的乐章

岁月似虹，人生如歌。

我的兴趣爱好十分广泛，我喜爱读书、音乐、书法，喜欢茶道。我是中国音乐家协会非音乐专业毕业的会员，擅长演奏二胡、手风琴等多种乐器。我还藏有一把专业的、专门用于演奏《二泉映月》的“二泉二胡”，每次用这把琴演奏《二泉映月》这首脍炙人口的乐曲，都能感受到一种独到的意境。在我看来，《二泉映月》就是中国版的《命运交响曲》，代表着中国人在逆境中百折不挠的奋斗的精神。

我可能是最早把二胡艺术带到俄罗斯的中国留学生。我在留学时期的导师也爱好音乐，喜爱拉小提琴。他常说：“科学和艺术是一个整体，是一块金币的两个面。音乐艺术能启发科技工作者创造性的灵感。”在音乐方面我和导师找到了许多的共同语言。在一次家庭晚宴上，我为导师全家演奏了《二泉映月》、《良宵》、《梁祝》等中国名曲。导师听后惊叹不已，说：“想不到这件只有两根弦的中国民族乐器竟有如此丰富的表现力！”在导师的推荐下，我用二胡与圣彼得堡“阿贝尔特”俄罗斯民族乐队合作灌制了一张唱片，那首著名的中国江南乐曲“茉莉花”用中俄两国不同风格的民族乐器共同演奏，听起来别有一番韵味。后来，我还用二胡与俄罗斯联邦交响乐团合作，为日本著名作曲家加藤和彦创作的歌舞剧《新三国志》录制了全场音乐，灌制了CD。

那几年，每逢新年、圣诞等重要节日之夜，导师总是特意邀请我带上二胡去他家，我们一起演奏柴可夫斯基的第六交响曲中那段脍炙人口的《如歌的行板》，还有导师喜爱的几首格鲁吉亚民间乐曲。导师夫人盛赞我们这种中西合璧，为动人心弦的“弦乐二重奏”。

到上海工作后，我加入了上海欧美同学会留苏分会，大家推选我为留苏分会常务副会长兼秘书长。让我赞叹的是，欧美同学会常年活跃着一支高水准的合唱团——普希金合唱团，团长就是留苏分会会长、我国著名建筑设计大师蔡镇钰博士，指挥由上海音乐学院教授、莫斯科柴可夫斯基音乐学院指挥系合唱指挥博士曹通一学长担任。他们演唱的《红梅花儿开》、《纺织姑娘》、《太阳落山》、《共青团之歌》、《神圣的战争》等经典前苏联歌曲时而如清泉流淌，时而似和风拂面，时而又澎湃激昂，犹如阳春三月俏满枝头的迎春花，扑鼻的芬芳带来一缕缕春天的气息，让魅力无穷的音符在时空中绽放。

老歌如酒，浓烈香醇。听着普希金合唱团的演唱，我的心被这美轮美奂的合唱艺术所浸润，我开始从新的更高的角度品味和思考这些影响了整整一代人的苏联歌曲。比如著名前苏联作曲家谢多伊创作的《共青团员之歌》和《海港之夜》这两首歌，同样的艰苦卓绝的战争时代，同样的作曲家和诗人，既可以创作出如此热血沸腾的战歌，又能够创作出如此委婉动听的情歌，这是怎样一种坚不可摧的民族意志？还有，被誉为“苏联卫国战争第一歌”的《神圣的战争》，以那样一种排山倒海、所向披靡的震撼力，当之无愧地成为“反法西斯战争的音乐纪念碑”。其实，这些歌所表现出的蓬勃向上的朝气、挥洒自如的大气和气吞山河的豪气，也正是广大留苏学长在人生旅程中所展现出的精神风貌的真实写照。美的艺术总能震撼人心，鼓舞人心。合唱的魅力在于团结与统一，在于以众人的力量传递和谐与美感。留苏学子为国家、为社会做奉献的精髓也在于此。

桂子月中落，天香云外飘。仔细聆听和品味留苏学长的歌声，旋律是如此美丽，情感是如此深沉。站在祖国的大地上放声歌唱，理想会乘着歌声的翅膀，在时空中自由翱翔……。

熊健简介

1964年4月出生。博士、教授。

1984年毕业于武汉交通科技大学，随后攻读“搬运机械自动化”硕士学位。1986年由国家选派赴俄罗斯圣彼得堡国立技术大学攻读“机器人”专业博士学位。1991年10月学成归国后到国家科委国际科技合作司工作；1996—1998年从事国际科技合作战略与政策研究，先后受聘于北京理工大学、湖北工学院、武汉交通科技大学任兼职教授。1998—2001年被派往中国驻俄罗斯大使馆、中国驻圣彼得堡总领事馆担任一等秘书、科技经贸领事。2001—2006年担任上海市委办公厅处长、市委督查室副主任。2006-2010年担任上海市闸北区对外经济委员会主任、闸北区商务委员会主任。2010年起自主创业，现任宝莲华新能源集团董事长兼总裁。

在智慧教育软件产业中寻找人生辅助线

文/徐 雯

“我爸爸是数学老师，大概是遗传的关系吧，我从小理科成绩就很强。”我经常这样说。

中考时，我考进了30取1的上海“四大名校”之一——复旦附中。在我读书的时候，复旦附中就有许多与外国学校交流的机会，我也很早就织起了“世界这么大，我想去看看”的留学梦。在我们学校英语好的学生特别多，在这种强烈的学习氛围下，我也成为“英语角”的常客，早早准备起了托福考试。

进入大学后，有一次，我去上海外国语大学看望中学的同班同学，恰逢加拿大渥太华大学在上外招生。我本来就很想留学，就想去“凑个热闹”。一听下来，原来这所高校招理科生，特别是机械工程专业，我一听当即觉得“有戏！我本科读的就是机械工程，这不就是为我安排的嘛”！于是，我就毛遂自荐，和渥太华的老师谈了一通专业知识。没几天，我就收到了来自渥大的笔试通知，而考完笔试之后有没几天，录取通知书也迅速地寄来了。整个考试加录取的过程如此短暂，以至于我爸妈完全不知道。我拿着offer回家的时候和爸妈说我可以出国念书啦，他们都吓了一跳。经过一番紧张筹备之后，2004年4月，我终于踏上了异国留学之路。

到了渥太华大学后，我做的第一件事情就是去申请转系，其实我一直就想读计算机系的，系主任提醒我要转新的专业，我之前的许多学分就要“浪费”了，但是我还是义无反顾地投身CS的怀抱。

在渥太华大学我还创造过两个记录呢，我修过一门非常难的数学建模课，要求学生有很强的逻辑思考能力，我凭着认真学习的态度和优异的理科底子，在期末考试中拿到了计算机学院建院以来这门课的第一个满分。

由于加拿大的高校每年有三个学期，北美许多学生一般会上两个学期，利用4-8月的学期出去旅游、游玩等。但是我就是抓紧三个学期时间拼命学习，我不仅补上了因为转专业而损失的学分，还提前修完了学科所有的学分。最后一个学期，我一边在写申请、考GRE，为去美国读硕士做准备，一边想尽快修满学分而一口气选了7门课，一边还要做毕业设计，这是从来没有人尝试过的。那段日子回想起来真是太痛苦了，我的台历上每一天都被记录得密密麻麻，不是要交PAPER，就是要考试，没有一天是空闲的。不过功夫不负有心人，我不仅修满了所有学分，还顺利地毕了业，同事我也收到了波士顿大学的offer 和一个在加拿大工作的机会。不过为了能和大学里认识的先生一起生活，我还是选择了在加拿大工作，2005年我和先生两人一起回了国。

回国后不久，由于我的海外学习背景，我顺利地在陶氏化学亚太地区IT中心找到了工作，开始了稳定的生活。2008年的一次家庭聚会中，家人鼓励我趁年轻创一番事业。那时，已经退休的父亲吐露了埋藏在心底许多年的的心愿：他想把毕生心血——平面几何基本图形分析法这一20多年来被全国各地中学引用的教学方法借助现代科技，变成教育软件，让更多的孩子能够从中获益。虽然这些年来，互联网行业蓬勃发展，做互联网教育的企业越来越多，许多公司想购买他这套方法的版权。我父亲思前想后，觉得自己毕生的教学心血如同自己的孩子一样，别人未必能全心领会，并继续深挖发展，不如让学计算机的女儿来试试看，他也可以从旁把关，于是我就开始了白天上班，晚上回到家编程的日子。一开始只是为了圆我爸的一个梦，没想到在不断地编写过程中，我也越来越投入，也被父亲这套学习方法的有效性折服，隐隐在期待软件编成的那天。

第一版《几何王》单机版软件，有400多万字，2万多张图片，我一个人花了两年的时间才完成。我一直开玩笑跟别人说我儿子数学成绩那么好，就是怀孕时编程“胎教”的功劳。软件编成后，我对这套软件的未来也有了规划，于是2008年，我放弃了在陶氏化学里已经取得的优厚待遇，成立了上海莘越软件科技有限公司，从一间10平面左右的办公室开始了我的创业之路。

创业的初期，我也和其他创业者一样，事无巨细，大到软件的开发，资金的运作，客户的争取；小到公司的装修，人员的招聘，公司的管理，都亲力亲为。在这一过程的磨练中，也让我深深认识到，自己创业，哪怕是开再小的一家公司，也比在一家世界500强的企业做一个高级打工者要辛苦、操劳得多。因为这两者工作的内因也就是主观能动性是不一样的：后者的工作像是一个电动机，即使运转得再迅速，电停了，还是可以休息的；而前者的工作却像是一个发动机，只要开动就停不下来，不但要维持自身的良性运转，还要源源不断地输出能量。在这个过程中，也遇到过无数次的挫折和失败，我体会到，创业者需要常人所无法想象的毅力与坚持，即要有对宏观大局的掌控和认知，同时，也不能忽略在微观细节上的仔细和认真。

在经历了创业最初阶段的紧张、忙碌后，公司的日常工作开始慢慢走上正轨，有条不紊地开展起来。但是，我自己并没有像之前所想象的正儿八经地当起“老板”，我更感觉自己像是一个孤独的长跑者。只有当自己真正成为一个创业者的时候，我才深深体会到创业是一条没有终

点的不归路。在这条路上，大部分的时候，没有同伴，没有老师，没有朋友，甚至没有家人，只有我一个人，但是，即使是只有一个人，也要心中有信念，眼里有目标，脚下不停步，才有微乎其微的可能，最终跑向成功的目标。而创业成功的目标，就像是海里的地平线。它永远存在于海天一线的地方，但是，即使每天很努力地朝那个方向行驶，也未必能感觉到接近它一丝一毫。在这样只有付出而看不见结果的努力中，有时不可避免地会怀疑自己选择的方向，会有挫败感、无力感，也会伤心失落，甚至会想要放弃。

虽然，创业对我来说是一场没有终点的长跑，但是，同也让我感到无比的幸运。我一直说自己是“被创业”。因为有一位数学教授的爸爸，所以，误打误撞地进入了教育软件的行业。8年来，从一开始的教育门外汉，到现在把学科教育和信息技术深度融合，我经历了最早教育课件的没落，在线教育的风起云涌，微课慕课的兴起，智慧教育助力智慧城市的发展，最终迎来了“互联网+教育”时代的到来。

8年来，一开始我选择了杨浦区的5个学校作为试点，通过老师们对基本图形分析的感受，加上我所编写的软件程序与老师教学要点的契合，这套清晰、易懂的方法一下子可视化起来。各种几何图形变换、辅助线添减再也不需要用黑板擦和粉笔擦了画画了擦，对几何问题的讲解和领会便捷了许多。由于软件功能方便、图形清晰、操作性强、容易上手，逐渐形成了老师正向开设精品课的利器。使用下来，学生数学平均成绩提升了15-20分，看图和思维速度明显提升了许多。就这样，通过课堂展示、口口相传，这套有效的教学软件在没有市场推广、产品营销的情况下，在上海各个中学里慢慢流行了起来。

2011年，《几何王》在上海各个区县试点慢慢铺开的同时，我就瞄准了全国更大的市场。我向教育部中央电教馆成功申请到了教育部十二五全国重点课题，开始在教育欠发达的中西部地区推广自己的数学教学软件。贵州息烽二中用了3年软件，学生逻辑思维能力得到了很好的锻炼，成绩也得到大幅提高，学校在全省的排名从后30%跨越到了前30%，生源成了省重点高中的抢手货。不仅如此，在2009年我还加入了民盟中央发起的一项教育扶贫公益计划——“烛光行动”。每年到5个教育欠发达省市捐赠300套教学软件和后期教师培训。这项公益事业一做就是6年，云南、宁夏、河南、海南……

每到一个省，将自己的产品和服务送到那里，我就在地图上钉上一个图钉，一颗颗五颜六色的图钉在地图上就想开了花一样。今年，在民盟中央社会服务部的年会上，《几何王》教师培训和软件捐赠活动被评为民盟中央的品牌活动，而上海莘越软件科技有限公司也被授予爱心纪念碑。目前，上海市合作交流办已经和我们联系，准备将《几何王》软件的推广应用和教师培训工作，列入上海市智力支疆、智力支边和对口支援工作项目。

由于这些成果，教育部对我的项目也越来越关注了，推荐我参加了两届全国教育技术信息展，并成为第一批入驻教育部“国家教育资源公共服务平台”（www.eduyun.com）的智慧教育软件项目。2015年4月9日，教育部杜占元部长听取了《几何王》项目的情况汇报，并给予高度评价。2015年6月25日，教育部科技司雷朝滋副司长来杨浦区昆明学校，对《几何王》系统的应用工作进行了专题视察和调研，并给予充分肯定。2015年5月，《几何王》软件作为上海市的教育信息化应用成果，参加教育部和联合国教科文组织共同举办的国际中小学教育信息化应用展示。

2015年8月26日下午，中央政治局委员、上海市委书记韩正，上海市委副书记、上海市市长杨雄率领全市17个区县和市政府各委办局的党政领导，共计80多位领导前来参观考察上海莘越软件科技有限公司所在的城市概念园区。我向韩书记、杨市长汇报了公司的情况和我们自主研发的《几何王》智慧教学互动系统。韩书记饶有兴趣地观看了《几何王》智慧教学互动系统的演示，亲自动手操作了部分功能，并对《几何王》智慧教学互动系统给予了充分肯定："以前我们的孩子都用pad来玩游戏，现在可以用pad来做作业了。这个产品好！以后就可以老师用大屏幕，学生用小pad，好，非常好！" 上海市市长杨雄对我们所从事的智慧教育软件的研制工作非常重视，2013年7月12日，专门作出重要批示："所提意见和建议很好，请经信委研究，加大软件开发和应用的支持。"2015年8月，上海市副市长翁铁慧对《几何王》项目作出重要批示："请市教委研究。"

目前，我的公司已经不仅仅是一个单一的几何教学平台，而是逐渐朝融合K12教育各门学科信息知识，通过大数据构建新型教学模式的、互联网时代的革命性方向发展。

我的构想是：在未来的课堂里，老师可以从无止境地找题、出题、批卷中解脱出来，学生也可以从题海战术中解脱出来。通过大数据运算和处理，老师可以有针对性地培养和训练每一个孩子的思维，弥补他的短板，而孩子们也能学得更轻松、更有效，实现真正的"因材施教"。

徐雯简介

2005年从加拿大渥太华大学计算机科学专业学成归国。2008年创建上海莘越软件科技有限公司，任总经理。公司致力于为数千万教师和莘莘学子提供能全面提升教师的教学质量、学生的学习质量和学习效率的智慧教育软件。公司的产品全部源于自主研发，具有独立自主的知识产权。

还担任杨浦区政协委员、杨浦区知联会理事、上海市妇女联合会委员等社会职务。

自2009年起，公司每年参与民盟中央“烛光计划”，已先后为北京、上海、贵州、河南、江西、宁夏、重庆、湖北、湖南、广东、浙江、山东、安徽、海南等近二十个省市区的300多所学校捐赠了《几何王》系统15000套，并培训了将近8000名数学教师。

用全球化的眼光 为高端宠物食品注入中国基因

文/许　久

和很多人一样，我在最好的年华，留学海外；又在回国之后，选择了创业。对于我们留学生而言，海外求学的经历只是让我开拓了视野，而真正能作为我们立身之本的还是我们中国的文化。只有做到中西结合才能和我们昔日的西方老师一起竞争。

源　起

1990年，我被挪威奥斯陆大学录取继而成功转学进入挪威管理学院（BI-Norwegian School of Management）。在攻读完市场营销专业的经济管理硕士之后，进入世界最大的休闲钓具公司 MUSTAD 工作。1998年，我被公司派遣回国寻求战略合作伙伴，无奈当时难以找到符合公司要求的合作伙伴，备受打击的同时，却也成为我事业与人生的转折契机：既然找不到代理商，不如将危机转化为机会，自己做国内独家代理。

国外深造与工作的经验，对国内市场有了初步了解和商圈资源的交流沉淀，让我很快适应了中国市场的风云变幻，我在代理行业中的小类产品及延伸产品的同时开始自主研发钓鱼饵料。偶然间，我发现合作的一家台湾饲料工厂，除了生产鱼饵外，还兼做少量猫粮狗粮，这让正在寻求突破的我看到了一条崭新的大道。

回想在挪威度过的一个圣诞节，我和房东特夫勒（Tefre）一家围坐在餐桌前大快朵颐。当我把剩下的食物拿给主人家的雪纳瑞分享时，特夫勒先生立即阻止了我，并说：“人的食物中有很多调味料，对小狗的健康不利。你愿意给自己孩子吃剩饭吗？小狗应该吃自己的食物，那些科学定制的健康狗粮……”联想到平日特夫勒一家待小狗如家人的情形，再想到中国的宠物都在吃些什么，一个念头在我脑海中诞生了：何不把北欧人“爱宠如亲”的态度带到中国，为中国宠物提供北欧理念的健康食品！

创造我们共同的大品牌

作为一个地道的上海人，留学之后又回到了外商云集商业发达的上海；多年的专业学习和海外工作经历，培育了我敏锐的国际市场触觉。宠物食品在欧美发达国家的超市里占据了大排货架，是一个与糖果差不多大的行业；而在当时的中国，这一行业才刚刚起步，零碎散乱、毫无秩序，随着经济发展存在着大量的市场空白。而且，宠物食品是行业主干，占据1/3的市场销售份额，这让我更加清晰地确定这其中蕴含的巨大机会。于是，我把想法跟现在的合作伙伴说起，邀请他们回国，与我一起投身这个新兴的行业——于是核心团队初步形成，而这个稳定的团队对品牌长期的发展起到了决定性的作用。

遵循国外工作的经验，我们于2000年上半年开始对宠物食品行业做详尽的市场调查。通过调研，愈发看到这个行业光明的前景，同时也清醒地认识到：代理商始终受制于制造商，对于产品质量、价格无法把握。最终，我们决定不再做中间商，而要自己研发、生产和销售，创造属于自己的大品牌！

经过两年的调研及筹备，2002年，中挪合资上海诺瑞宠物用品有限公司正式成立了。取名“诺瑞”，不仅取意“承诺祥瑞”，也是挪威的谐音。

不断发展　快速成长

确定目标，产生计划；下定决心，推动结果。2001年下半年，我们开始组建团队，购买设备，研发产品，成为国内最早一批进入宠物食品行业的企业。

历经一年多的反复试验，诺瑞终于在2002年生产出第一包产品并获得市场的认同。我们进而租赁厂房，从实验室手工生产进入工业型半自动化流水线生产；2008年通过ISO22000国际食品安全体系认证（HACCP），从原材料到成品，全程实施HACCP关键点控制，保证标准化生产；2009年公司扩大规模迁移至上海金山工业区，新厂占地2万多平方米，并完成了从半自动化到全自动化生产的成功转型。

我坚持认为：企业的核心竞争力必须是那些无法被竞争对手抄袭、模仿的“情怀”。比瑞吉公司的核心竞争力就是满足消费者的需求，在传承中创新，为全世界的宠物提供独特价值的宠物食品。

比瑞吉创建10余年来，我们一直关注研发技术人员成长，并和专家一起潜心提高创新能力、夯实研发平台基础。至今，公司已具备全系列的猫粮狗粮的研发、生产能力，拥有全部核心技术，以及与之匹配的动物营养与科学、食品科学工程学、兽医临床医学、应用与分析化学监测等技术；公司拥有国际先进水平的生产线、质量管理体系认证，以及食品安全管理体系认证，拥有自主知识产权的专利技术13项；2013年，起草全国首份天然粮标准（比瑞吉犬猫天然粮）Q/TNSY 7-23，通过政府

部门审核并于当年9月23日发布实施。

公司的创新能力也在激烈的市场竞争环境下逐渐增强。在我们的核心团队谋划和带领下，公司投入重金用于研发平台的建设，由独立的研发中心挂牌成立了“宠物营养研究与开发中心”和“宠物食品质量安全检测中心”，将技术开发置于核心地位，形成研究、开发、生产、销售良性互动的机制。持续的技术创新，帮助公司取得了显著而持续的革新，产品不断推陈出新，并于2012年评为上海市“专精特新”企业。

从诺瑞到比瑞吉，我们从未停下发展的脚步。2014年10月18日，世界领先的北欧标准新工厂成功投产，我们也成为上海市科技小巨人（培育）企业；2015年，国家“高新技术企业”评定进入公司阶段；2015年4季度，山东菏泽开饭乐（中低价产品）全新工厂计划投产。

好产品也离不开好团队

比瑞吉在营销管理上，坚持给予加盟企业的职业经理人在团队内充分的授权，鼓励大区经理制定符合本区的政策，通过专项的团队管理基金来落实。东区销售总监就通过这个基金，有效提高销售人员的技能和效率，也使上海的业绩保持年均50%以上的增长，成为全国第一个年销售额破亿元区域。在上海，比瑞吉产品的市场覆盖率达80%，团队始终保持高度的凝聚力及稳定性，80%的业务人员工龄超过3年，一部分业务人员已在比瑞吉工作长达8年。在业务薪酬设计上，针对目前高速发展的宠物行业，我们给出了“弹性”较高的薪酬结构，并且在年终利润分成和超额达成上给予销售精英丰厚的回报，极大推动了销售工作的开展。

对于渠道建设，我们崇尚“品牌的力量”更关注渠道商利益和需求。我们将企业的价值观定位于“共赢”，并专门创立了一套 “123理论”，即一个价值观：共赢，作为所有决策和行动的评判标准与终极目标；二个利益：消费者利益与渠道利益，要让消费者觉得产品值这个价格，就要从产品研发、包装、宣传，乃至定价，规范监管，持续维护，防止价格混乱，伤害渠道利益，品牌是渠道成就的 ；三个信任：信任公司、信任产品、信任服务。对零售商我们承诺产品三个月内免费调换，确保客户进货没有风险。通过这套理论和实践体系，比瑞吉建立了良好的信誉体系和品牌形象，得到越来越多渠道商和消费者的肯定与支持。

2015年，我们的分销体系已覆盖全中国，全国设立了17个销售大区、50多个办事处；拥有100多家批发商，覆盖2000个市县，拥有20000家终端客户。接下来，我们将进一步为商超KA渠道增加消费者体验；加强中低价的农贸渠道和县镇覆盖；力争销售额超行业内竞品第1、第2、第3共三个企业的销售总额。对此，东区销售总监是这样评价的：“如此近距离地参与并见证一个公司在一个行业的快速崛起，看到自己的每个决策在市场上的反馈，这种激动人心的经历是绝大多数人此生都无缘领略的！”

创新为品牌插上腾飞的翅膀

2002年诺瑞的产品首攻上海市场，迅速在市场中站稳了脚跟。2009年品牌创意总监的加入，开启了自主品牌创意之路。当年“开饭乐真

肉美味粮”品牌上市，将传统的美味理念（快消理念）加入到宠物食品，在市场中一炮而红。

北欧人鄙视“不健康添加”，超市里处处可见“Grain free（无谷）”、“Gluten free（无麸质）”等健康标签。回到中国，我一直在思索着能否将博大精深的中医膳食调理理念运用到天然宠物食品中去。2010年，比瑞吉推出世界首创中医调理处方粮。它采用中国传统医学的理论和技术，在西方（北欧）“纯净安全食材”、“全面健康营养”基础上加上东方（中国）的“天然膳食调理”、“精致美食享受”理念，为全世界爱宠提供独一无二的天然、健康食品。专业上的突破让比瑞吉处方粮坐稳国内处方粮市场的“半壁江山”。

基于此，我们决心进一步打造一个高端宠物食品品牌，“比瑞吉天然粮”品牌由此诞生。产品秉承四大理念：纯净安全食材、全面健康营养、功能膳食调理、精致美食享受。这在全球独一无二。在将北欧理念运用于天然粮产品的同时，包装设计也延用北欧风格，更加符合追求天然、健康、时尚的高品质生活消费者的需求。

事实证明，我们的高端路线成功了。最初在公司整体的销售中，“诺瑞”占80%、“比瑞吉”占20%。慢慢地，“比瑞吉”的销售份额越来越大，现在已经远远超过“诺瑞”。直至2012年，公司成立十周年之际，我们将原本的“诺瑞宠物食品”正式更名为“比瑞吉宠物食品”。比瑞吉缘起英文BRIDGE，寓意连接西方和东方的先进理念和技术，同时寓意以宠物食品连接主人和宠物的伴侣关系。

是未来，也是开始

虽然一手建立的公司已成立十年，可对我而言，事业才刚刚开始。比瑞吉的高速成长期将是下一个10年。作为国内最早一批进入宠物食品行业的企业之一，“比瑞吉”在国内高端宠物食品市场中，成为国内销量第一的自创品牌，并具备超越进口产品的实力，高端比瑞吉品牌产品销量占据公司大部分销量。未来十年，我们要把国内市场持续做强，渠道、品牌的领先地位都在前方等待着我们的团队。

“让天下人和宠物得到关爱”是我们公司的愿景，也是我一直秉承的信念。 我们的目标是提供世界一流的宠物食品，这意味着，我们的经营范围不仅是中国，而是全世界，要做到一流且优于主流国际品牌。在我看来，一个企业的存在价值在于提供创新的、有独特价值的产品。我们已经开发了兽医专用的比瑞吉处方粮，从而提高了宠物病患的治愈率，未来还将继续融入中医保健理念，开发更多处方粮和具有保健功能的宠物食品。

此外，中华的美食文化也应该在宠物食品上有所体现。 对于消费者，“看看，闻闻，尝尝”的极致体验就能表现比瑞吉品牌与众不同的产品和品牌。比瑞吉的高档天然粮中已经开始应用相关技术，力求做到：“狗见狗爱，猫见猫爱，天然调理，相伴更久！”

只有把这些蕴含中国文化基因的技术应用做好，我们的事业上才算有所成就。我们已与欧洲顶尖品牌策划公司合作，以欧洲高端消费者为目标，通过国际包装，将产品以独特“东方神韵”的高端形象呈现，从而让全世界的宠物享受到带有中国基因的高端产品。我们还将打造一支海外营销团队，也欢迎各界精英加入我们，以产品经理、品牌推广经理、国际市场营销负责人、各大洲公司合伙人，或者各国当地代理商等各种身份成为比瑞吉大平台的缔造者和参与者，和我们一起迎来新的挑战、新的未来！

回顾近20年的创业历程，我觉得自己很幸运。我能够在祖国经济腾飞的时机完成各级国内外学业；回国创业后，又得到了社会经济、市场环境的滋养，也得到了公司内外很多人的帮助。我感觉自己很平凡，和别人不同的是，我坚持创建独特价值的大生意的追求，对宠物食品专心、专注、专业的执着，造就了今天事业的初步成功。

未来的事业已经不仅仅是国内宠物食品，而是应该站在全球宠物食品和更大的整个宠物业态和宠物消费者角度上，进行观察和思考。在互联网时代，我们需要利用信息技术和互联网技术，把人、企业、产品、过程连起来，极大地提高行业效率和消费者体验。如果我们在宠物行业成功，将可以进一步传播到其他行业，改写B2B和C2B的全球格局。我呼吁看到这篇文章的有识之士和我联系，我们共创新的平台和生态圈。利益和荣誉都将随着我们对社会、行业、消费者的贡献，作为副产品回报给我们，这也是“共赢”价值感的回报。

许久简介

汉族，出生于中国上海，挪威籍。

1987年，进入上海大学国际商学院学习国际经济专业。

1990年，被挪威奥斯陆大学录取后转学挪威管理学院（BI），获得市场营销专业经济管理硕士证书。

1997年，进入挪威莫斯达MUSTAD休闲钓具公司海外部，任中国市场顾问，后成为中国市场独家进口代理。是中国钓具行业海归第一人，行业中的硕士第一人。

2000年，涉足宠物行业，于2002年创建上海诺瑞（后更名为“比瑞吉”）宠物用品有限公司。

2001年，当选中国饲料工业协会宠物饲料专业委员会委员，中国饲料工业标准化技术委员会第一届宠物饲料工作组（SAC/TC76/WG2）成员，上海宠物协会副会长。

2014年，执掌的上海比瑞吉宠物用品有限公司入选“年度金山工业企业第30强”；成为上海市科技小巨人（培育）企业。

2015年，国家“高新技术企业”评定进入公司阶段。

冰心飞扬

文/杨　扬

早年经历

我从小就喜欢滑冰。因为冰场离家很近，上下学我都会路过，每次看着别人在冰场上飞驰而过，我羡慕得不行。

9岁那年，我开始接受滑冰训练，与滑冰从此结下了不解之缘。

1991年，15岁那年，我夺得了个人的第一个全国冠军，随后被选拔到专业队，但由于不适应专业队的训练，后面两年成绩开始下滑，迎来了运动生涯第一个低谷。

1995年，全国冬运会之后，我幸运地进入国家队。为什么幸运？因为当时按照国家队选拔办法，前五名进入国家队，而总分第九的我，按规定是没有资格的。“当时短道速滑女队以吉林队的队员为主，没有黑龙江队员。为了考虑到冬季项目的平衡发展，从照顾的角度让杨扬进入国家队。” 中国短道速滑之父辛庆山曾这样说。也就是说，我被“照顾”进入了国家队，倍感幸运的同时，也感受到了压力，照顾一时，但不能照顾一世，我的目标也不仅仅是进入国家队，而是梦想有一天能够站在世界最高领奖台上。

知道自己起点低，能力暂不如人，需要更加刻苦训练。在做专项体能训练时，别人背4组沙袋，我往往都会主动背8组。为了获得教练的指导机会，每天训练完，别人都准备休息了，我却在最后的几分钟抓紧做一些技术练习，这样教练就不好意思走，就会过来给我一些指导。我那时特别珍惜这样的指导机会，希望通过这样的练习尽快追赶上别人。

总结了此前训练的失败原因，我在训练中不但刻苦，同时也动脑。功夫不负有心人，在进入国家队一年之后，我就从原来的第五人（替补）上升为前三名的主力选手，更在1996年第三届冬季亚运会1500米决赛中一举夺魁，战胜了四名韩国奥运冠军组成的梦之队，打破了韩国运动员多年垄断长距离项目的格局。

1998年，23岁的时候，我迎来了自己运动生涯中的第一个冬奥会。那一年，许多人看好我，我也被队里作为冲击冠军的重点对象。

但是命运跟我开了个玩笑。尽管赛前做了刻苦的训练和充分的准备，并在1000米半决赛中打破世界纪录，但决赛的结果却让我大失所望。500米半决赛犯规，而1000米更是在决赛第一个冲过终点之后被莫名判成绩无效，犯规，没有名次。虽然赛后中国代表团进行了申诉，但最终没能改变结果……

奥运结束后，我曾有很长一段时间不敢面对这样的结果。很多个无眠夜晚。

回到国内，吉林籍的队友们都回长春去庆功了，毕竟五块银牌也是历史最好成绩。而我当时是唯一一位来自黑龙江的选手，成绩又没什么可庆祝的，就留在北京放假了。队友走的第二天，我早上起来条件反射似的像往常一样穿好衣服，准备去训练，直到走进冰场，我才反应过来奥运会结束了，队员们也都没在，我们放假了……那一刻，我意识到，

原来自己竟是如此割舍不下这个事业。

一个月后，世界锦标赛又要开始了，我知道要想继续滑下去，就必须往前走，走好下一步很重要的是要总结上一次的原因，而且绝不能把责任推给裁判或者对手，因为我无法改变他们的做法和决定，唯一能让下一场比赛有获胜机会的就是自己更强。下了决心、转变了态度，当我面对那场一直都不敢面对的比赛录像时，我惊喜地发现，自己不是想象中的懊恼或者悔恨，反而是因为看到自己在滑行或者战术上可以稍作改善的地方而欣喜，对下场比赛充满了期待。因此“有失必有得”，我不但赢了奥运会之后的世锦赛，在此后的四年当中，我再也没输过。我很感激那段经历，从那场失败走出来就是自己人生当中一笔很珍贵的财富。

四年之后，再次迎来奥运会，2002年美国盐湖城冬奥会上，我再次背负起夺金的希望，甚至有网站预测我会包揽女子项目的四块金牌。

可是在第一项，我擅长的、四年都没有输过的1500米项目上，我又一次失利了。赛前期望值过高，急于求成，忘记细节，战术上没用好，决赛中完全是另外一个人在滑冰，失去自我，比赛最终只获得了第四名……

于是情景重演，像1998年那次一样不敢面对。不敢去吃饭，觉得天昏地暗的。从来没有骂过我的教练也开始骂我，希望用这种方式把我激醒。

两天之后，也就是500米项目的前一天，我开始觉醒，因为比赛还要继续，如果是逃避，无疑还是失败。想起1998年奥运会之后的情形，我拿起剪刀，剪掉了自己的长发，换下了比赛一直都爱穿的幸运背心等，做了自己原本赛前最忌讳的几件事情，做好了破釜沉舟的准备！心态上调整之后，我拿起笔给自己写下了9条规定，有技术层面的，也有心理暗示层面的，在比赛过程中，不断地告诫自己，尤其到后面半决赛和决赛前，压力很大、很紧张时就拿出来一条一条地念，让自己回到比赛过程的细节中，不要过早考虑结果。

最终，500米短道速滑项目上，我成功了，获得了中国冬奥会历史上第一块金牌。之后，在女子1000米比赛中再夺金牌。

回归赛场

在2002年的盐湖城冬奥会上为中国代表团夺得首枚冬奥会金牌之后，我申请到清华大学经管学院深造，开始为自己未来更远的路做准备。第二年，我又作为交换生去美国读书。

离开赛场的日子，轻松很多，不再纠结于听到早上走廊里传来的教练拖鞋声——又要起床训练了……也不用天天举着腿睡觉了，因为腿肌肉太酸，倒立会缓解一些……更加不需要经历比赛时的那份揪心的紧张和压力。回到真实的生活，真实的世界，没有那么多紧张和那么大的压力。

充实但也悠闲的日子过了一年，在美国读书期间，忽然有一天我步出门外闻到了一种熟悉的空气味道，那是上冰季的味道。“该上量的季节了。”，我自言自语地说，忽然想去滑滑冰……进入赛季以后，美国站世界杯我去现场给年轻队员加油助威，可结果是看到中国的传统优势项目，也是我拿首枚奥运金牌的项目——500米，中国队竟然没有人进入决赛……我看着焦急万分，恨不得自己冲上去……

主任和领队在那里似乎看出了我的懊恼和焦急，与我谈起了重新回到国家队，再次复出。对于我来说，经过了近两年的读书生活，再次回到赛场上显然是一个非常艰难的决定。我的家人和朋友大多数都不同意我复出，毕竟2006年奥运会时，我将31岁，年龄不饶人，状态很难保障。另外也有朋友讲，我们希望印象中的杨扬是不会失败的，下届奥运会即便是块银牌，也是失败的……我认真地思考大家的建议，也试着想象如果我拿了块银牌退役，将会怎样。我不知道，真的无法想象，但我能确定的是，如果2006年我是作为观众在看比赛，我一定后悔，而那时后悔也不可能再有机会了……与其后悔，还不如一搏！最后我决定抛开所有的顾虑，听从自己内心的声音，幸福而光荣地接受国家队的邀请，回到了久违的赛场上。

编者按:

2006年都灵冬奥会短道速滑1000米比赛结束后，获得铜牌的杨扬走下冰场，也正式为她23年的冰上生涯画上句号。此后，她重新回到清华大学，继续学业。2007年毕业后，她进入北京奥组委工作，与此同时客串了央视的嘉宾主持。2009年，她成立了冠军公益基金，旨在推动青少年参与体育活动，提供体育教育机会，以及为退役运动员职业转换提供支持与帮助。2010年温哥华冬奥会前的国际奥委会全会上，她当选国际奥委会委员，成为我国第一位运动员当选的国际奥委会委员。

2015年7月31日，吉隆坡，中国冬奥会金牌第一人杨扬作为北京申冬奥代表团一员进行陈述。“今天，我的梦想是在我的祖国欢迎全世界的优秀运动员实现他们的奥运梦。我憧憬着，能够激励越来越多的孩子们参加冬季体育运动，包括我自己的孩子。”这句话对杨扬来说，发自肺腑。

回到梦想的起点

2013年6月24日，飞扬冰上运动中心的正式启动意味着杨扬在冰场上的华丽回归。这一次，她的身份不是运动员、教练员，而是一家专业冰场的运营者，冰上运动的推广大使。用她自己的话讲，这是她冰上梦想和情结的一种延续，通过这个平台，让更多人参与和喜爱冰上运动，为有冰上运动天赋的孩子搭建梦想的舞台。

飞扬冰上运动中心是我国第一座市场化运作的专业冰场。作为国内第一个吃螃蟹的人，我们两年多摸爬滚打，吃了不少苦，也走了些弯路，但乐趣就在其中，因为梦想的力量一直在推动我们向前走，我们一直在进步。飞扬的定位是专业培训、专业管理、专业服务，我们一直在朝这个目标努力。

今年3月，飞扬中心成为国内首个全方位进入校园的冰上运动场馆，每学期有2000多个孩子到这里上体育课。做了专业运动员那么多年，看到运动员奥运赛场上取得好成绩，我还是激动万分，而看到这些在冰上蹒跚起步的孩子们，我同样感动。

梦想与责任

记者：回顾自己的职业生涯，今天你如何评价2002年盐湖城冬奥会上的表现？

杨扬：作为一名运动员，我在冬奥会赛场上只想着两个字——梦想，这就是我当时的思想状态。对我来说，冬奥会或者说运动生涯就是一个在不停追求梦想的过程。现在一提梦想这个词，在有些人看来，似乎感到有些虚，但我一直认为，梦想是人前进的原动力，对年轻人更是如此。因为有梦想，所以人才能不断成长，才会挑战自我和超越自我。今天我感到幸运的是，我当时义无反顾地投入了追求梦想的行动，即便失败过许多次，我也不后悔。在我23年运动生涯中，结果并不是唯一的，我更享受这个过程。

记者：既然曾经退役了，后来你为何还要复出呢？

杨扬：2002年我之所以选择退役，主要是多年征战比较疲惫，另外也对退役后的未来充满迷茫，但我清楚地意识到上学充电是必须要做的，而去清华大学学习也是多年的梦想。再次复出，是因为对这个事业的不舍，以及国家队的需要，那种被人或被事业需要的感觉很幸福、很温暖。

记者：在许多人看来，你几近完美，可我想知道的是，难道你就没有大多数年轻人经历过的迷茫期吗？

杨扬：每个成长的年轻人、甚至中老年人都会有迷茫，只要我们要求自己进步，都会有阶段性的迷茫，这很正常。关键是如何走出迷茫，保持平常心、好奇心、勤奋学习、积极进取的人生态度，这是赛场上教会我的，生活中也是很适用。

记者：现在你最大的人生收获是什么？

杨扬：赛场上教会我要认真对待每一次挑战，无论结果如何，都会有收获。退役后，我没有选择走平常路，在体制内谋一职务或者去当教练，也是缘于我对外面世界的好奇心。作为一名国际奥委会委员，每年十几次国际会议，以及所参与的五个国际奥委会下属委员会的大量工作，很难想象这些工作都是义务的，很多人也表示不理解，但我自己却清楚得很，我非常幸运，可以从事自己热爱的事业，可以有机会继续报效祖国，可以参与奥林匹克这项推动人类进步的伟大事业，还可以不需要顾及体制内的条条框框，带着孩子去开会，兼顾家庭。很多人说看我做事情不急不躁，我确实不急，因为我的路是要用一生去走完的；我也确实不躁，因为我的信念也是用一生去坚持的，任何干扰都是一时的，他们拼不过我……

杨扬简介

杨扬女士，1976年出生于黑龙江，奥运冠军，前中国女子短道速滑队运动员。

1984年，杨扬开始接受滑冰训练，1995年由黑龙江省队进入国家队。2002年美国盐湖城冬奥会上，杨扬夺得女子短道速滑500米、1000米比赛的金牌，成为中国第一位冬奥会冠军。23年的运动生涯里，杨扬一共获得过59个世界冠军，是获世界冠军最多的中国运动员。2006年8月，杨扬退役。

2007年7月，杨扬在清华大学完成了经济管理学院5年的学习，获得学士学位。

2008年底，在结束北京奥组委工作之后，她发起了冠军基金，致力于推动青少年体育教育及退役运动员再就业。

2010年，杨扬以绝对得票优势当选国际奥委会委员，成为中国第一个以运动员身份当选、也是第四位来自中国大陆的国际奥委会委员。2010年，杨扬当选全国青联副主席，2015年再次连任，并于同年当选国际奥委会道德委员会委员。

2013年6月，杨扬创立的飞扬冰上运动中心正式启动，她也成为了一家专业冰场的运营者和冰上运动的推广大使。飞扬中心现已成为国内首个全方位进入校园的冰上运动场馆。

创新创业正当时

文/叶　锋

一眨眼，回国创业已经14年了。2001年回国时，中国还是一片创新创业的贫瘠的土壤。十几年下来，中国可以说已经逐渐建成了一个仅次于美国的世界第二的创新创业生态圈。这个创新创业大的生态圈的形成，必然会给中国经济未来20年带来极其深远的影响。

1979年，15岁的我第一次走出闽北的大山，到厦门读大学。现在想起来还觉得神奇，从未出过远门的我，瘦小的身子扛着个行李箱，搭乘5个小时颠簸的长途汽车，然后转火车挤十个小时，懵懵懂懂地就到厦门大学报到了。那个时代的年轻人，刚从文革走出，对国家和民族的命运开始了思考。1978年全国科学大会上，小平同志提出了“科学技术是第一生产力”的论点，中国迎来了科学的春天，学习科学成为很多人的志向。我在父亲的指点下，报考了厦门大学第一届的生物化学专业，一个当时还是非常新的学科，从此开始一个科学家的梦想。大四的时候，多伦多大学的邱才良教授到国内给我们讲授“分子生物学”，让我们窥视到缤纷多彩的最前沿的生物学研究的一角，看到了中国科学和世界科学的巨大差距。当时我就下定决心，必须到美国去，到世界科学研究和创新的最前沿去学习。

大学毕业后，本来准备直接去美国，因为某些原因，被留在中科院上海细胞研究所读研究生。毕业后，又在中科院上海生物工程研究中心工作了2年，期间接触了大量的国外过来访问的科学家，也更深入地了解到中国当时和世界研究水平的巨大差距。我一毕业就承担了当时最早的一批国家“863”研究项目之一：用中空纤维生物反应器大规模生产血型分型抗体，该项目有很大的产业化应用前景。虽然我们出色地完成了该项目的研究，但是十几年后回国才发现，国家花了那么多科研经费做出的成果却一直束之高阁，没有产业化。当时国内完全没有科技产业化的土壤和环境。

1988年我怀抱科技救国的理想去美国攻读分子生物学博士。1988年底利用假期，有幸到硅谷一个生物学家创立的生物工程公司参与了一个电脉冲基因转移设备的研究。当时亲身体验到在硅谷这个环境里，科技创新和产业要素及资本如何结合推动创新的产业化和创造财富，觉得非常有意思。后来在纽约哥大从事神经分子生物学研究时又接触了华尔街和美国金融行业，最后决定改行，用科学和资本结合去走新的路。纽约大学MBA毕业后在华尔街德意志银行做投资银行，参与了很多高科技企业融资、上市和重组。在这个过程中，我对美国的经济发展和科技行业的崛起原因做了一些研究和思考。

上世纪80年代，美国经济各方面生产要素的成本快速提高，传统产业向低成本地区转移，先向日本，然后向亚洲四小龙转移。以钢铁和汽车产业为代表的传统产业地位衰落，面临的困境和我们现在很像。之后美国的科技行业和新经济的崛起又让美国的经济再次执世界之牛耳，美国这波科技革命在电讯、媒体、计算机、互联网、物联网、生物医药以及新材料等各个领域全方位地对人类的生活产生了非常深远的影响。

为什么这一轮的新兴行业的崛起是在美国？我认为核心是美国构建了一套创新产业化的系统性机制，我把它称作“创新引擎”。这个“创新引擎”由三部分构成：

第一部分是“产业创新”。美国是一个创新创业的热土。完善的市场经济制度、开放的和不崇拜权威的教育制度和教育方法、推崇白手起家的平民创业英雄的文化、全世界各地人才的熔炉、尊重知识产权的全民意识、严格的法律环境等，各种创新要素的有机组合使得美国成为创新的温床。比如我家老大在美国读大学，去年三年级时做学生团体的管理时，发现要管理协同众多的项目缺乏一个好用而有效的工具，他就开始构思一个适用于小团体的、基于移动终端的项目协同管理APP，拿了3万美金的天使投资，组了一个7个人的小团队，就开始创业了。无论他能否最终成功，我都觉得这段经历对他和他的小伙伴而言会是极其宝贵的。

第二部分是“创新资本”。创新资本有别于一般的资本，它是带着发现创新能力和提供创新产业化增值服务的资本，包括天使投资、风险投资（VC）和股权投资（PE）。由于创新经济和知识经济的特点（生产力的核心要素是人和无形资产，有别于传统经济的核心要素在土地、厂房、设备上），美国在创新资本的组织和机制上做了很多金融创新：（1）通过设立有限合伙制的基金集腋成裘，汇聚零散民间资本的力量形成合力；（2）通过投资组合分散创新投资的高风险；（3）通过普通合伙人（GP）和有限合伙人（LP）的权责划分把管理权和收益权分开，通过全权委托专业的GP管理投资的全流程，规避了LP可能不专业的决策风险；（4）通过GP和LP 20%/80%投资收益分成机制给基金的专业管理团队以巨大的成功动力；（5）通过15%的超低长期资本利得税鼓励资本流入创新创业领域；（6）通过设立期权制度给对创新产业至关重要的人才加上金手铐。美国在过去几十年中已经形成了一个比较完善的创新资本的生态链，通过天使投资、风险投资和股权投资等不同投资阶段和风险回报偏好的创新资本，辅以创新孵化器、加速器、产业园等创新要素集成机制，像火炬接力一样把优秀的创新企业一程一程地推向行业的巅峰。

第三部分是以纳斯达克为代表的、着眼于企业未来的资本市场。和中国的资本市场不同，美国的资本市场是注册制的，公司能否上市、股票表现如何和能否融到资本是由市场来决定的。我在美国华尔街参与了多项高科技企业的IPO，从来没有需要见证监会的官员，也从来不要请官员吃饭送礼。更重要的是，企业只要有核心技术和投资人认可的未来，即使目前严重亏损，也能上市并融到大量的资金，继续推动创新的产业化。

美国经济正是由于这个三位一体的创新引擎，形成了“创新创业-获得创新投资-上市或并购实现价值-创业者再创业或成为天使投资人，投资人退出后再投入VC”的正循环，使得美国成为“创新和产业化的流水线”，为美国创造了巨大财富，同时也极大地影响了我们这个时代的人类生活的方方面面。

2001年，我和在纽约华尔街工作的旅美金融协会的几个小伙伴们，看到中国进入WTO后，经济及金融将与世界市场进一步整合和靠拢的趋势，认为中国将在金融和创新资本上将会有巨大的发展机会，决定回国创业。这十多年在国内摸爬滚打，从跨国并购顾问，到企业财务顾问、到目前管理6支股权投资基金，培养辅导了十几家公司上市或挂牌。这十几年中，通过对中国产业发展和资本市场发展的实践和观察，我深深地感受到一个前所未有的创新创业的黄金机会到来了。

中国改革开放以来，经历了下海经商、外贸、原始股投资、房地产、企业上市五大波财富创造浪潮，创造了一大批富豪，并带动中国成为全球第二大的经济体。近年来，由于国际市场复苏缓慢、贸易保护主义兴起、内部产能过剩和竞争加剧，劳动力、土地、环保、原材料、资金等各项成本飞涨，传统产业面临着前所未有的经营困境。民营企业家在完成第一阶段财富积累的同时，正面临转型和选择。

与此同时，基于经济结构调整和产业升级的迫切需求，国家制定了以创新推动产业转型升级的国家战略，在“产业创新”、“创新资本”以及“多层次资本市场”几个方面系统性布局和落子。“创新引擎”粗具雏形、呼之欲出，新一波以“创新引擎”为核心推动力的财富创造浪潮正在迎面扑来。

第一个方面，“产业创新”发展空前未有。（1）尽管还有很多尚不尽如人意的地方，应该承认的是，过去十年内中国的创新创业环境得到空前的改善，国家和各级政府积极鼓励创新创业，并设立了大量的创新基金、孵化器和加速器来扶持创新创业；（2）受第一代TMT创业英雄马云李彦宏马化腾们的偶像感召，年轻人创业热情高涨，在TMT行业的创新创业已形成风潮；（3）海外人才大批回国创业。我们每天都会接到海外的朋友问询回国创业的问题和项目。（4）国家和很多企业大幅度加大对科技的投入，并产生了大量的成果。十年前我刚回国时很难看到有国际水平的创新，这几年这种水平的创新越来越多了。我们投资的一家石油开采技术的公司，在枯竭油井的再开发和高粘度稠油的低成本冷采上取得了重大突破。最近在罗马尼亚国家石油公司的竞标上打败了BP和Shell 这样的大公司。

第二个方面，“创新资本”爆发性成长。我2001年刚回国时，国内的风险投资行业刚刚开始萌芽，相关的法律法规和资金环境基本不存在。风险投资主要是以少数的外资基金在中国的办事处的形式存在的。还记得2002年在杭州，我们经过巨大的努力，用市长行政命令的方式，在国内尝试性地成立了第一个有限合伙风险投资基金。但到了2012年，中国已形成了从天使投资、风险投资、股权投资到并购基金的一套比较完整的创新资本体系。1999年时国内的PE/VC市场只有50到100家机构，而在2012年市场最高点的时候，有大约1万家机构。支持创新的资本在过去十年增长了50倍以上。这两年由于国内IPO的暂停，PE/VC做了一次洗牌，业余选手纷纷退场，VC投资阶段前移，投资行业逐渐走向专业化。随着IPO重启、核准制向注册制转型、新三板的放量和完善，预计未来几年中国创新资本又会迎来一个新的发展。

第三，多层次“资本市场”已逐渐发育完成并走向市场化。个人认为，中国资本市场的主要痼疾在于：（1）IPO定价过高造成二级市场股民的回报被一级市场严重透支；（2）虚假信息披露造成上市公司的业绩严重虚高。这几年证监会虽然一直是“走三步退两步”，但是资本市场市场化、从核准制转向注册制以及加强监管、打击信息虚假披露的大方向已经确定，预计在2年内会逐步落实。从主板、中小板、创业板、新三板到地方股交中心的多层次资本市场初具雏形。中国企业到海外上市的限制正在逐步放开。这一切将给中国创新创业企业提供一个前所未有的价值实现的通道。

我认为，从现在起到未来10-30年里，中国的这个“创新引擎”将开始发挥威力，极大地推动中国的创新产业化。下一步的财富创造浪潮，将是以创新为核心驱动力、结合产业、结合资本，海量创造财富的一个过程。

对海外留学生来说，现在是回国创业的最佳黄金时期。上世纪80年代末和90年代出国留学的优秀留学生，在国外基本上已在大学、研究所和企业里做到技术和研究的高层位置，掌握了很多核心技术，在国外的职业生涯也接近天花板了，很多人正在归国创业。同时，中国和美国不一样。美国的主要创新机会聚焦于新兴行业，如TMT、生物医药、新材料等高新技术上的创新。在中国，则是新兴行业创新、传统行业技术/商业模式/管理模式创新、横向行业整合、纵向行业整合、全球化并购整合、混合所有制机制创新等多种机会并存的局面。这也给不同行业、不同年龄层次和不同工作经历的海归们提供了多元化的创业机会。

我们上海欧美同学会创业分会作为海归创业之家，也创办了海归大会、海归学堂、海归创业导师平台等多种机制，让我们这些老海归能把自己多年的创业经验和教训提供给新回来的创业学长，让大家少走些弯路，少交些学费。

创新创造财富——中国的新一波财富创造浪潮正在迎面扑来，你准备好了吗？

叶锋简介

夏鼎资本董事长及创始合伙人。夏鼎资本是一家投资中国高成长性企业的股权投资基金。拥有20年的华尔街和中国市场的操作经验，对许多行业的竞争地貌、现状与趋势有着深刻的理解。其主导的投融资项目包括中粮屯河(600737）、曙光股份（600303）、湖南同心（美国上市）、珈伟股份（300317）、三聚环保（300072）、圣农发展（002299）、奥泰医疗、我武生物（300357）、51.com、乐普四方（831988）、尚品宅配、天元重工（833288）、君伦石油、银发环保（830918）、瑞珑科技（831684）、融信租赁（831379）、环球渔场（832788）、伊禾农品（430225）、腾龙电子（430157）、上海亿格（831938）等。

曾任职纽约德意志银行（Deutsche Bank），策划完成近百亿美金的融资、上市、并购重组交易。

厦门大学学士，中科院理学硕士，纽约大学MBA，中国国际投资促进会投融资工作委员会创会理事，厦门大学上海校友会常务理事，欧美同学会上海创业分会理事，上海交大创业投资学特聘教授，清华、厦大EMBA和总裁班教授。

创业时，要问自己七个问题

文/ 尹志尧

生命，是一条宽广的河流。有人迎风弄潮，快意浮沉；有人随波逐流，虚度光阴；也有人看着波涛湍急，踟蹰不前。不同的个体，有着不同的价值观，故而，终其一生，总会到达截然不同的彼岸。所以，选择，至关重要。

我在大半辈子里，曾做过不少次的选择，其中，最重要的选择之一，便是创业与守业的选择。

创业难，还是守业难？不同的人见仁见智，既守过业也创了业的我以为，没创过业的人，不知创业的艰辛，但创过业的人，才体会到创业之难，难于上青天（Mission Impossible）。然而，没有大批的创业者，创新就受到制约，技术和产业便不能高速发展，人类便不能更快地进步。因此，再难也值得一试。至于方法，则要细细考量，大胆设想，小心求证，既不做懒汉，更不做莽夫。只要可行性、策略和计划真正搞好了，事情就已做了一半。

在硅谷从事半导体行业20余年，在半导体设备的国际龙头企业——年销售达到百亿的美国应用材料做到总公司副总裁，曾掌管过公司五分之一的设备业务和等离子体刻蚀核心技术的我，要放弃美国的优渥待遇和熟悉的工作环境，回国创业，政治上的、商业上的、技术上的风险是不言而喻的。创业就是走上了一条不归路，对于我这个年已六旬的人来说，很可能累死在工作的岗位上。不过，成功的“捷径”往往就是不走寻常路罢。

生而逢时，见证行业高速发展

人生充满着不可知，甚至，可以说是奇遇。

1978年在中国科大毕业了十年，在石油化工和科学院研究所工作了十年的我，“作为文化大革命”后的第一届研究生来到了北京大学化学系就读。1980年，在迎来第3个本命年的我，成为北大第二个自费的出国留学生，远赴美国加州大学UCLA攻读物理化学博士。毕业后，误打误撞进入英特尔中心研究开发部工作时，我还对芯片制造技术一无所知。谁又能想到，我有幸走到这一行业的前沿，拥有98项美国专利（包括中国地区在内的各国专利共399项），参与和领导了几代等离子体刻蚀设备的开发和市场引入，见证半导体行业光速发展的巅峰岁月。

英特尔创始人之一戈登·摩尔有一条著名的“摩尔定律”：当价格不变时，集成电路上可容纳的元器件数目，每隔18-24个月便会增加1倍，性能也将提升1倍。尽管国际半导体技术发展路线图的更新增长在2010年后已经放缓至预计每3年翻一番，但这一定律预计仍将在很大程度上持续相当长一段时间。我有幸在英特尔工作时和摩尔及他的夫人共进晚餐，交谈了近两个小时。他的低调谦逊，和蔼可亲给我留下了非常深刻的印象。这使我认识到，做一个伟大的产业推动者，并不一定是非常凶悍、刚愎自用、严厉苛刻的人。

上世纪70年代我在北京大学读书时，学校里有一个当时国内几乎是最先进的电子计算机，大概是有128K存储能量的电子管计算机。这个电子计算机占据了两栋多层大楼，里面有数不清的电子管。上世纪80年代，我在英特尔时，我们已把128K EPROM存储器做到一个芯片上了。30年后，我们已在开发128G的存储器了。我们把半导体器件的体积缩小了上百万亿倍。这就是科技的发展给人们带来巨大价值最直观的展现。

来到中微参观的人士，有可能会“失望”，因为我们的生产线与汽车制造等众多制造行业相比，显得“静悄悄的”，既没有机器人手臂上下翻飞，也没有人员如织的热火朝天。是的，即使年增长率平均达到30%到40%，我们的确每年也仅仅制造几十台至几百台机器，因为，其难度与精度之高，可谓高端制造业的最高端。

形象地说，等离子刻蚀设备的全工艺有1000多个步骤，其中，刻蚀步骤最多可达100多个。仅以打孔为例，其直径是一根头发丝的几千分之一，加工精度、均匀性、重复性要达到几万分之一，一台刻蚀机每年要刻1018孔（100万万亿个孔），要达到99.99%的合格率。其挑战极限的难度之大可想而知。有人打了这样一个比方：从北京建1条连通上海的高铁，其轨道的高低误差不能超过1根头发丝。

要摘取高端制造业王冠上的这颗明珠，对每一位科学家和企业家都是考验智慧与心力的巨大挑战，同时也蕴含着巨大的机遇。在这个领域，中国虽不是领先进入者，却是后来居上的新兴市场。

2015年，全球芯片制造预计产值为4000多亿美元，其中，2000多亿美元芯片进口到中国，占了一半左右。当然一部分芯片经过加工成产品又出口了。我国的芯片进口已相当于石油和钢铁进口的总和。我国本土的芯片产量不到进口的十分之一，而且芯片制造技术比国外先进技术相差三代，我们先进的芯片制造公司每年的研发及生产投资是国际先进公司的二十分之一。在这种不对称的竞争环境里，怎样迎头赶上，是一个严峻的课题和任务。

早在新世纪之交，我们就清楚地看到了亚洲和中国市场将会飞速崛起，这也正是我在接到上海市经委领导动员我回国创业时，一拍即合，决定归国创业的一个重要原因！时任上海市经委副主任的江上舟曾与我长谈几次，力邀我归国创业。江上舟是比我低两届的北京四中校友，那几次的晤谈，让我真正下了归国的决心，并且将上海定为首选目标。很高兴的是，国内半导体行业的市场发展印证了我们的预期，而中微的优异表现也足以令我和我的同仁们感到欣慰。

作为一名毕生想不断开发新的技术、创造新产品、攀登世界科学技术高峰的人，我很幸运，生长在一个半导体行业急剧变革的时代，生长在中国、亚洲迅速在全球崛起的时代。作为一名从技术专家转型而来的企业家，我同样很幸运，生长在一个开放包容、鼓励创新的时代，生长在一个国际化、多元化的时代，并且寻找到了适合企业的经营之道，寻找到了适合经营的企业团队。

不忘初心，打造有操守的百年老店

科学创新考验着科学家的毅力，企业创业同样较量着企业家的坚守。从投身之初，我和我的同仁们便立下志向，一定要把中微打造成一家有操守的百年老店。

很多企业在创立之初曾喊出过百年老店的口号，最终却未能如愿。究其原因，无外乎都是在后来的经营中或是屈服于市场，或者顺从于外力，放弃了最初的操守与愿景，成为资本裹挟下的谋利工具。谋利不是贬义词，并不可怕，而且，它正是企业的生存根基，但是，单纯的追逐眼前利润，则是一种短视的自杀行为。

在中微，我们有着近乎苛刻的管理理念，确保每件产品都是有操守的。

十几年来，我本人和中微从未在商业机密和知识产权方面发生问题，这就得益于严格的操守。我们要求，所有员工入职时都要写下承诺，不带来老东家的任何一页文件，在公司开会讨论时，也不允许任何人提到过去服务过公司的商业机密信息。而且每一个关键的设计和工艺开发，都有根据证明是不会对竞争者形成专利侵权。在当下这样一个知识产权保护并不算太好、拷贝克隆成本异乎寻常低的大环境下，能坚持这一点并不容易。一切另起炉灶、从头再来的成本自然格外高，但我们始终坚信，这样做是值得的，这样的成本是一家百年老店必须付出的。

我的祖外祖父是清朝末年的革命党人，由于清政府的追杀跑到日本，爷爷是庚子赔款后当时政府的公派留学生，爸爸是早期留日的电化学专家，共产党员。他们都没有退休颐养天年的福气，都是为了我国的民主革命和社会主义革命做到死的人。从100年前算起，我已经是家族的第四代回国报效的了。继承祖辈的传统，归国创业应该算是水到渠成的选择。

既然回来了，就要100%地回来。我卖掉了在美国高尔夫球场的花园洋房，舍弃了百万美元以上的年收入，把家全部搬到了上海，下定了破釜沉舟、背水一战的决心。

走过危机，未来将更美好

没有其他哪个行业能像半导体行业这样，始终保持平均的高速增长率，但这个行业的起伏是异常激烈的。在我从业的30余年以来，已经历过7次大起大落。特别是半导体设备行业，常常有正负百分之30%到70%的年产值大幅增减。即使是年轻的中微在十年中，已经经历了两次市场危机。

在全球半导体设备产业的金字塔上，目前，处于塔顶的三家企业分别是美国的应用材料公司、Lam Research公司和日本的东京电子公司。我在上世纪80年代服务过Lam Research公司，并教会东京电子制造刻蚀机，上世纪90年代服务于应用材料公司，有幸经历了从微米加工到纳米加工的全过程。

1986年，受Lam的极力邀请，我离开英特尔，加盟Lam负责等离子体刻蚀设备开发，彼时，Lam正处于裁员三分之一、只剩下200多名员工的风雨飘零中， 我和大家苦干5年后，Lam起死回生，1991年跃升为全球最大的等离子刻蚀设备制造公司，占有全球40%以上的刻蚀设备市场，曾经处于刻蚀设备领先地位的美国应用材料公司则下降为仅仅占有20%多的份额。

1991年，我受应用材料公司领导的极力邀请，转到了应材，担任了等离子刻蚀总部的工程技术主管。为了避免知识产权方面的风险，不得不从头再来，用不同于Lam时期开发的技术，做出了更好的金属刻蚀、硅刻蚀和介质刻蚀设备。到2000年，即8年后，跷跷板的两头调了个个儿，应用材料公司重新占有了国际刻蚀设备市场的40%以上，回到全球老大的位置，年销售额16亿美元。

2004年归国创业，2008年，中微自行开发的12英寸芯片刻蚀机正准备进入台积电的国际一流芯片生产线，打击便不期而至。首先是来自美国应用材料公司莫须有的商业机密起诉，在核心半导体制造设备方面始终居于垄断地位的王牌无论如何无法相信，中国企业能在3年内开发出12英寸芯片刻蚀机，挑战他们的霸主地位。为了应对这场诉讼，专业律师对公司内部的几百万份有关设备研发的文件一一查验，没有发现任何对方的商业技术机密。两年后，诉讼和解，且双方愿意考虑今后在项目上合作。

几乎是与此同时，Lam公司也在台湾发起专利侵权诉讼，状告我们侵犯其2项专利。然而，中微早已做了充分的准备进行反击，列举了在Lam申请这两项专利前，业界早已有多项同类专利，而且，我们的产品也与其专利设计不同。因此，8个月后，台湾智慧产权局宣布Lam的两个专利无效。台湾智慧产权法院一审宣判Lam败诉，Lam公司上诉几次均告失败。

虽然，坚定的操守令我们在诉讼中毫不畏惧，但是，这两项诉讼却极大地影响了企业的发展速度。在应对应用材料公司的诉讼中，中微仅仅律师费这一项就耗费了两千多万美元巨资。由于前期调查的时间长达2年，没有最终的审判结果，本已做完试运行的客户不敢贸然与中微签订采购协议，产品的市场进度被极大拖延。受资金和市场的双重压力，我们的高压热化学薄膜设备项目不得不暂时搁置。

屋漏偏逢连夜雨。2009年，全球金融危机接踵而至，对半导体产

业造成了毁灭性打击，整个半导体产业链瞬时进入“冰河世纪”。当年，全球80%的半导体制造企业亏损，这直接导致他们对设备采购需求骤减。数据显示，金融危机导致全球半导体芯片制造企业年销售额平均下降了20%—30%，而半导体设备制造商销售额下降50%以上。

内外诸多不利因素都对中微最初的发展造成了影响，不过，中微是一架不会因为乱流干扰而改变航线的飞机，我们不仅没有令这些尚不习惯被中国企业挑战霸主地位的竞争对手如愿以偿，相反，依然在刻蚀产品的开发和市场开拓上取得了相当成效。

访客走进中微的大堂，首先可以看到几座设备模型，以及墙上悬挂的几百项全球专利证书。在这些自主开发的设备中，最成功的当属12英寸芯片刻蚀设备Primo D-RIE 和AD-RIE（去耦合反应离子刻蚀）。中微公司的12英寸刻蚀机产品打破了发达国家在核心半导体制造设备方面对中国的垄断和技术封锁，既是第一批在中国本土设计、制造和生产的，可用于12英寸生产线的半导体芯片制造设备，同时也是第一批由中国人主导生产的、领先国际技术水平的大型半导体芯片设备投入到全球最先进的芯片制造线上。由于设备芯片刻蚀效果好，产出能力比竞争对手的系统高出35%左右，使用成本却降低35%，获得了众多客户的青睐，逐步进入到海内外芯片生产线。在16纳米存储器件的国外先进生产线，以达到了每月18万片晶圆的量产，在10纳米的研发线上，也核准了多个刻蚀应用。

中微自主研发的纳米级等离子体刻蚀设备的市场化是中国半导体

装备产业的里程碑式事件，它意味着全球半导体设备供应的市场竞争格局从此发生了改变，填补了中国高端芯片装备制造工艺的空白，打破了国内产业低水平、高成本的局面，实现了与国际顶级制造工艺的顺利接轨。正是因为中微的出现，美国商务部在今年2月正式宣布，解除对中国出口等离子体刻蚀设备的限制。

如今，中微已将其半导体芯片加工技术推广到更多应用领域，包括有极大成长空间的以硅为底物的硅通孔、照相机芯片、传感器芯片、先进3D封装的刻蚀设备，以及制造发光二极管的关键设备MOCVD。中微已经从单一产品的半导体前端设备公司，逐渐发展成为多元产品的微观加工设备公司。走进中微的办公区，到处可以看到，天花板上悬挂着写有“400”数字的旗帜，这就是为了庆祝截至今年6月，中微已经达到在线设备400个反应台的记录。目前，全球7成的新芯片生产线都建在亚洲，我们的设备则已经进入亚太多个地区的34个生产线，分布在日本、中国、韩国、新加坡、中国台湾等国家和地区，高质量生产2300多万片晶圆。

回顾十载，未来更可期。目前，中微的介质刻蚀设备和硅通孔刻蚀产品已分别占国内市场的35%到50%以上，2014年中微设备的出口占全国芯片设备出口的79%。而我们的目标还更高远。我们的三个设备的性能和性价比已跻身全球三强，但我们还要继续努力在今后的10年在相关的设备市场的占有率上达到国际三强，并不断开发更多的先进设备，使公司的年产值保持高速的增长，从5亿人民币的规模做到50亿人民币的规模。

投身创业前，先问自己七个问题

成功有很多因素，需要种种努力，有时，还需要一点运气。我把对经营企业的感悟，归纳为创业之前必须先扪心自问的七个问题。

首先，创业是为了上市一个产品，迅速捞一票走人，还是打算真正建立一家百年老店？以我参与管理多家大型企业的经验来看，抱着机会主义的态度做事，做法会完全不一样，成功的机会会十分渺茫。

第二，拥有先进技术和好的产品就一定能成功吗？许多科技企业的创始人是搞技术出身，认为自己只要能开发出一个拳头产品就一定能打开市场，获得成功。这是一种误解，科学家的好坏要用论文和实验结果来衡量，企业家的核心竞争力却是经营理念和管理艺术。从技术性专家转型为企业家，必须钻研经营方法，掌握一套策略。许多成功的技术型专家，例如比尔·盖茨等，有管理的天才，或在很短的时间里学会了企业管理的窍门，所以，他们的企业能成为伟大的企业，相反，也有一些技术型家，还只是用技术的眼光去看待和经营企业，没有能适应自己的新角色。在这样的企业中，再好的产品也只能是明珠暗投。

第三，资金的问题如何解决？

中微创业时，团队成员都是业界资深的技术和营运专家，研发实力毫无疑问。然而，资金匮乏却是我们不得不面临的实际难题。回国后，我将七八成的精力都投在了寻找资金上。第一次参加融资讲座，学习如何融资时，我的梦想是融1000万美元。然而，我们最初几乎没有从国内的投资机构和民营企业融到一分一厘，逼得我们回到硅谷，在两周时间里马不停蹄地拜访了30多家投资机构，得到了十几个风险投资公司的青睐，有5100万美元要进来。

在成型的产品上市后，国内政府和民间的资本也开始关注中微。现在，我们的融资规模已达到4亿美元。不过，要想加快产品开发，再多的钱都显得不多。高端制造是一个砸钱的行业，国际一流的设备公司，每年仅研发经费就达8到12亿美元，而中微的研发经费，只是他们的十几分之一。可以说，我们的竞争条件完全不对称，不过，我们并不怯场，要以最少的研发投入，开发出一个个有竞争性的设备产品，立志要在国际市场占有更多席位。

在成立之初建立财务模型进行预算时，有经验的财务主管对我说：“无论你怎么算，再乘以2就对了。”事实上，后来我们发现真正的开销不是乘以2，而是要乘以3才够。所以，从创立企业的第一天开始，就要建立财务模型，留足余量。

第四，如何解决好七大利益集团的关系？

我将决定企业成败的关键因素归结为七个利益集团，即管理团队、投资商、雇员、客户、政府、供应商和各种顾问。公司不成功的原因，无非或是某一个利益集团出现问题，或是几个利益集团之间的利益失衡。处理这七大利益集团关系，最重要的原则是合作共赢，深刻理解各方想得到怎样的回报，让各方都能得到所需，而在利益有冲突时，有能力摆平。

没有领导集团的精诚团结，就没有公司的主心骨；没有给投资者相当的回报，就得不到持续的资金支持；设备产品不能给客户提供比竞争者更好的性价比，客户就没理由购买我们的新设备产品；供应厂商供应材料得不到盈利的目的，就不会给我们供货；公司的发展给政府带不来经济的发展、政绩和税收，就不会给我们支持。

设备产品的成本和定价就是一个典型的例子。定价高了，公司和供应厂商得益，但客户利益受到损害；定价低了，客户满意，但公司和供应厂商利益受到损害。材料费高了，供应厂商得益，公司和客户利益受损。融资的股票的定价也是相似的道理。作为一个公司的CEO，我每天做的就是不断了解各利益集团的诉求，不断地调节利益的平衡，达到合作共赢的结果。

以员工为例，他们是公司价值的主要创造者，也是公司最宝贵的财富。理解了这一点，便不难理解，为何中微会免费供应一日三餐，会为加班员工提供宿舍，为患重病员工诅咒募捐，也可以想象，我和全体VP为何会在公司年会上大跳《小苹果》，和400多员工一起唱《中微雄风》。

第五个问题是，公司运营能坚守职业道德和操守吗？

正如前文所说，正是因为抱着一腔热血、满怀抱负回到祖国，我和14名共同创业的硅谷海归达成一个共识，就是要做一家有职业道德和操守的百年老店，在公司运营中务必坚持高标准的道德准则。所以，除了严格遵守和保护知识产权，我们还坚持许多原则，例如，高管的家人、子女不能同在公司内供职，禁止辱骂员工，假账、黑幕更是没有生存土壤。

不负光阴不负卿，这是我们创业的初心，也是鼓励我们一直走到今天的动力。或许在一些人眼中，我和中微的许多海归同事都是“傻傻的”，但我们并不这样以为，我们把这样一种执著的坚守，称之为“初心”。走得越远，保持初心就显得愈发重要。

第六，怎样实现有特色的社会主义管理模式？

中微确实在努力发展具有中微特色的社会主义管理模式。我们认识到，各级员工的薪酬必须有差异，但这种差异不能悬殊。在中微，特别是管理层，每级工资一般相差10%。每个员工都有公司的期权，每级一般相差20%，这样公司有一个非常扁平的结构。我只有公司不到1%的股份。这些制度都是透明的，使大家有主人翁的态度， 有把公司搞好搞大的动力。在中微，重大产品和商业决策由管理集团讨论决定，但与业绩评价、员工薪酬、招聘晋升等有关的事宜，则依靠员工参与的民主评定制度。每年初每个员工的年终业绩考核，一级老板的评价占40%，二级老板的评价占20%，其他有密切工作关系的员工组成的专门对这位员工的评价小组占40%。副总有18个人组成的评价小组评定，24个公司副总和执行主任给我评定。我们的MBO考核体系可以确保所有的人员管理在公平、公正、公开的体系中进行，避免管理中的内耗和副作用。

许多人质疑，董事长不握有相当的股份，能管理好企业吗？我的看法是，一家高科技企业如果要靠投票来决定，距离危机也就不远了。最好的管理应该是以德服人，以智服人，而不是靠投票权、靠行政强力服人。中微从来没有通过投票解决问题，而是透过充分、民主的讨论，一致通过。我们的决策迄今为止尚未发生过重大失误。

最后一个问题是，如何培养接班人？

众所周知，世界一流的高科技企业都陆续碰到了接班人难以独当一面的问题，一些公司的领导人甚至一代不如一代，有的企业因此步入衰退期，有的企业创始人则不得不长期超龄服役。

我马上就要迎来第6个本命年生日了，在此之前，我已经花了七八年时间来架构核心团队，寻找和培养企业接班人，确保不会因为我的缺席使企业发生动荡。

接班人最重要的特质是什么？我的观点是，相较管理经验和研发技术，更重要的应该是其人品和潜力。很庆幸的是，在中微，我们有不少兼具这些特质的未来之星。

例如，麻省理工的高材生杜志游博士，是公司早期启动的奠基人之一，当时只有40多岁。他在公司的启动和后来的产品开发及公司营运中起到中坚作用，成为董事会成员和公司的资深副总裁。倪图强博士和杨伟，公司启动时期的最早的奠基人，当时他们不到40岁，经过十年的艰苦努力，他们成为开发设备产品的中坚力量，晋升为公司的副总裁和产品部门总经理。朱新萍曾是应用材料公司在台湾的地区客户支援经理，后晋升为地区客户的总经理。加入中微后，负责台湾和大陆地区销售，业绩突出，经多次提升，成为总公司事业群副总裁，中微核心管理者之一。这样的人才都是中微的宝贵财富，也是中微持续发展的保证。

让公司持续发展的秘诀之一，就是要确保你的接班人比你更好。然而，愈是一代强有力的领导者，就愈是容易忽略接班人的培养。在这个问题上，千万不要重蹈那些著名大企业的覆辙，无论你多么热爱这一番事业，请牢记，有一天，你一定会离开这个岗位，别到时候再后悔不迭。

回顾过去，我们走过了11个峥嵘岁月，展望未来，我们充满希望，我们要以高速均衡发展的战略，将公司发展成国内微观加工设备产业的旗舰，成为国际相关产业的五强以至三强之一。

尹志尧简介

尹先生于1984年在美国加州大学 UCLA 获得化学博士学位。

尹先生在美国硅谷20年致力于等离子体刻蚀设备的开发及产品管理，是几代等离子体刻蚀技术及设备的主要发明人和工业化应用的推动者，在推动微观加工从微米到纳米技术发展中起到了重要作用。光刻和等离子体刻蚀是芯片纳米加工最关键的设备，决定微观加工的最小可能尺度。

尹先生于1984年来到美国硅谷，在英特尔公司技术发展中心担任工程师，于1986年加盟科林公司，带领团队研发出一系列成功的等离子体源技术和设备产品，帮助科林公司成为国际最领先的等离子体刻蚀设备公司。尹先生于1991年被美国应用材料公司特别聘用，先后担任等离子体刻蚀设备产品总部首席技术官、总公司副总裁和等离子体刻蚀事业群总经理，在2000年，尹先生负责的等离子体刻蚀业务销售收入达到16亿美元，占应用材料公司设备总销售收入的20%，占全球等离子体刻蚀市场份额超过40%，重新确立了应用材料公司在等离子体刻蚀市场的全球领先地位。

尹先生于2004年回国和创业团队一起共同创立中微半导体设备（上海）有限公司，担任中微公司董事长兼首席执行官。经过十年的努力，中微公司已成为中国半导体设备行业的龙头企业，也是国际半导体设备行业颇有影响力的新秀，目前正以每年超过40%的销售增长率快速发展。

尹先生作为全球半导体装备行业技术和产品开发的推动者之一，已获得98项美国专利和200余项其他国家专利。尹先生早年在中国科学院工作时曾获得国家科技发明集体奖，回国创业后，荣获上海白玉兰奖、上海市科学技术一等奖、浦东经济十强人物、十一五国家科技计划执行突出贡献奖等。

失落的梦想　拾起的情怀

文 / 应钢星

我从来没想过我会创业，也从未计划要创办一个或多个企业。

我从小梦想当一名画家，或是当一个什么英雄，或是一个神……

那都是儿时的遐想和没有理由的梦想。而追求艺术，成为出色的画家是我真情追想的梦。

但我们年轻时的年代，一切都是在客观压迫和主观结合下，很无奈的，在不以自己意志为转移的情形下，舍去那些似乎合情合理，又不知不觉，作出各种不得不上的选择……人的命运好像总在被迫与不被迫的当下，跟着感觉走。

那时，大学不招生，我们没有机会考大学，想进艺术学院，没门。

高中毕业，所有工作都是国家统一分配，分到哪就到哪。那时的口号是“干一行爱一行”“行行出英雄”，所以，分到那，就要“做一颗永不生锈的螺丝钉”。

我很幸运，由于表现优异，1974年被光荣应征入伍，成为了一名空军特种兵。想想很美。当时，我们学校近千名应届毕业生只录取一名，班里男生体检也只有我一个合格，感觉既光荣又自豪！同时很多电影给我留下的印象，似乎解放军等同于英雄……后来我在部队历经千锤百炼，成为一名优秀的飞机特设人员，技术业务尖子，很有英雄的感觉。

但我有梦想，想成为真正的画家。

1980年我退役回到上海。没想，先别说当画家，连当时国家起码认定的初中高中文凭都不通过。经过“文革”后期折磨的一代，我们的青春注定要矫正很多曾经被扭曲了的东西。比如“读书无用论”矫正为读书有用！学生时代被批判的“学好数理化走遍天下都不怕”思想得到反正，开始盛行。

我们开始重新拾起课本，工作之余，在成人夜校读初中，读高中，补文凭。当时每天傍晚夜校门口的场景：是满满当当挤放着的自行车，教室内满满当当挤满着如饥似渴补学补课补文凭的“80年代的新一辈”……

他们中的很多，心怀梦想，追求理想，努力工作，后来成为中国改革开放前行中的顶梁柱和脊梁。

1984年我考入大学。

期间和所有其他同龄人一样，完成了人生重大转折：恋爱，婚姻，孩子；变青年为成年，为人夫，为人父。

1990年出国留学，时年30有余。梦想仍然遥远……

为了节省费用，我选择了坐火车去北欧芬兰留学。从北京出发通过内蒙二连出境，路经蒙古，穿过俄罗斯整个西伯利亚，跨越亚欧大陆交界点乌拉乌山、乌拉乌河，抵达莫斯科后再转火车从莫斯科抵达芬兰首都赫尔辛基，行程整整7天7夜……虽然在列车上我们有一窝相遇的留学生，有一路的故事，一路的欢笑和悲哀……但最主要的，那时，真正感觉远离了祖国，远离了家乡。顿时惆怅迷茫，不知所措……

不是吗，我去西方学艺术，是追求梦想，实现理想去了。

半年后我猛然发现，自己很多优势远不如世界各地包括当地的年轻大学生。部队6年，回地方工作学习10年，16年蹉跎岁月，想想，毕竟我把我青春和年轻的大部分时光献给了部队和地方，工作学习，补文化补文凭消耗了大量时间和精力。而在此期间，外面的世界有了多姿多彩、翻天覆地的变化，我落后了，落后很多。我要花10倍20倍的努力才可能与年轻的外国伙伴们齐平。我问自己，我能成为艺术大家吗？

很纠结。显然，我还需要解决留学所需的全部花费和自己在国外的生存问题。那时，中国和芬兰的收入差距很大：我在中国部队6年的所有津贴加起来的总和，还不如我在芬兰每天3小时工作（part time job）的一个月的工资多。因此，留学必须解决自己生活问题。

于是我在课余努力画画，到处去外面写生，办画展，卖画，再兼职做小时工。生活总算有了积累，但很累，离我画家、艺术家的理想仍然遥远。

一种迷茫的心态油然而生。我应该继续追随我的理想，还是做其他？

后来我太太出国来到我身边。一次偶然的机会，她提出，在我们大学边上开一家小型中餐馆，由她来经营。思虑再三，觉得也没什么不好。于是说干就干，很快忙里忙外，自主设计所有一切，准备就绪，鸣锣开账……

大学是国际化的地方，喜欢尝试新东西，很快吃客满棚，生意红火，小钱不断，日进斗金……

这给到我很大刺激，我当画家，能吗？

心中的梦想与现实的对照，在矛盾的交织中煎熬。创业的萌芽在心底萌动……

机遇留给准备好的人

在别人看来，我怎么也不像创业的人。我对数字不敏感，数钱会数错。退役后在工作单位当团支书，收团费也错，明明每人都收了，感觉都对，最后数字还错，常常还得自己掏钱补缺。

我的特质是善于观察。能观察人、事、物。把人事物形象化、抽象化，做概括。

后来我发现，做企业和作画有想通之处，这让我很欣慰！做企业很多时候要构思，做“框架”（frame work），作画要构思，画轮廓。框架好似轮廓。诸如此类的“相通论”给了我以后创业带来很多感悟。

我接到的第一个项目是中国驻芬兰使馆商务处人员要我去对接一个抽水马桶项目。那时，中国的抽水马桶技术没过关，时常会漏水，芬兰的抽水马桶从来不漏水，可靠性100%，能否招商引资，把芬兰公司招到中国去投资建厂。

受命后，我东奔西窜，在我至交芬兰朋友帮助努力下，终于有一家著名芬兰公司感兴趣，最后没有我的任何份。我问使馆人员，我应该有些什么，回答是“你能要什么？”

我很郁闷，忙了半天什么都没有。原来，生意场上，没有白送上来的东西，你要自己设计，自己安排。

但从另一层面让我体会到，尊重别人的辛勤付出与劳动，平等待人，合情合理合作才能共赢。我自己企业做起来后，我从不怠慢中间商，因为我自己开始真正创业，是从做中间商开始的。

很快，中国改革开放的春风遍及到北欧，来芬兰考察和寻找各种先进设备的中国企业络绎不绝。我在芬兰中部省会的商会做小时工，开始对中芬双方企业有了接触，也了解到由于两国文化和价值观的不同带来的沟通不良所造成的各种障碍和莫名的伤害或不成功。我感觉，这是我的机会，我的近水楼台。

我真正开始了创业，创建了一家小公司，独自一人做中介。公司设在我太太中餐馆的地下室。配了386电脑，复印机、打印机、传真机等一应具有。

很快，我成功了一个小项目，把芬兰一家小公司研发的一台高科技产品——高压气流粉末粉碎机出口到一家中国企业，拿到了几万芬兰马克的佣金。旗开得胜。

这以后，我一发不可收，连续做了很多项目。

回想起来比较有意思的是其中一个比较大的项目，那是一个年产12万立方米和另一个10万立方米刨花板生产项目的整厂设备和流水线出让。由于芬方产业结构调整，两个工厂整厂关停，整厂出售。全部设备和流水线价格是新设备价格的十分之一左右，性价比高，如果所有设备拆装回中国，大概需要近二千个40英尺开架和不开架集装箱。

芬方接待我的是世界500强公司UPM-kymennen属下的欧洲最大胶合板生产商——舒曼木业集团的副总裁Martti Pitkanen，他后来成为我的良师益友，教会我很多商业原则（借此机会特别致谢已在天堂的Martti），其中“把复杂事情简单化”的教诲至今铭记在心，非常享用。做企业，如能把所有复杂事情简单化，一定是高智慧和高水平的高手。做到了，效率就会高，事情容易成功。

我联系到的中方，是一家香港背景在中国大陆投资建厂的专注于森林工业发展的企业，他们派出了一名总工程师前来芬兰考察洽谈。

总工考察后，对设备和各项技术条件都很满意。说，就看价格了。价格合适，我们两个工厂整厂设备一起买下。

Martti听后对我说，这家公司看来不认真，没诚意。这么大的项目，耗资巨大，他们原打算只买一家工厂，怎么现在要买两家？像开玩笑，设备和流水线只是整个投资建厂的一部分，还需要很多建厂等配套，他们有计划和预算吗？

很有意思的话题。东西方文化差异在本案中体现得非常典型。

我心里有数。只是两国文化和习惯的不同造成的行动差异。

芬兰人做事非常有计划，一板一眼，感觉死板。一般消费者到超市买东西都要事先做计划列清单写纸上，照单购买，拿一项，勾掉一项，以示落实。公司高管的日程一般都排满到3个月，要中间插入约见，很难。这就是计划的严谨体现。

中国人不同。计划赶不上变化，变化赶不上电话。灵活多变是中方特点。灵活机动的战略战术是游击战之魂，打得赢就打，打不赢就走，这是灵活战略战术的具体体现。

文化没有好坏，适合就好，习惯就好。存在就是理由。

我对Martti 说，中国和芬兰不同。见机行事是我们灵活机动的具体体现，不代表不认真，不诚心。

显而易见，中方为了压价，芬方为了保价。中方的合二为一法，破了芬方的一是一、二是二的原则。

我在两者间穿梭做工作……

1997年香港回归祖国那年那月那天，Martti终于见证了我的话："只要价格合适中方一定会买下两个工厂。"Martti在香港的车上与同行的该公司总裁谈定了两个工厂"合二为一"的打包价格，中方决定两个工厂一起买下，签下了合同！

那是一个美好的夜晚，香港回归祖国的礼炮在轰鸣，朵朵烟花多姿多彩，绽放绚丽的色彩！

失败是成功之母

期间，我也经历了项目失败，接受全盘皆输的局面。

不久，我创建了一个中芬合资农场，地点在芬兰赫尔辛基机场附近，中方由北京一个公司和山东某市农科所等组成，芬方由我发起，由两个芬兰人和一个中国人一起合伙，项目甚至报告了芬兰农业部部长，部长还在一个展览会上召见了我们中芬双方创始合伙人，并预祝我们农场项目成功。

我们在赫尔辛基机场附近租赁了好几公顷的农地，租赁了拖拉机等机械化农用设备，租用了一幢别墅供中国农业专家和工人居住。他们根据季节和专业知识，分不同时间播撒不同的从中国带来的优良蔬菜种子，我还兴冲冲亲自开过拖拉机耕地施肥……

没多久，农地爆出绿苗，长势喜人，绿嫩嫩一片。

芬兰蔬菜昂贵，是中国蔬菜价格的10倍到20倍。蔬菜除了他们当地暖棚种植外，大部分依赖进口。所以，项目有利可图，前景看好。

芬兰的农地，好似中国东北农地，黑土地，肥。大家信心满满……

但一个奇怪的现象出现了，卷心菜和大白菜只长个，敞开胸怀却收不起，包不起来，个子又大又壮，试着尝一下菜味，略带苦涩。大家知道，老外蔬菜做色拉，生吃，苦涩的味道不接受也不会有市场。再看芝麻，长得很壮很高，打开一看，里面不结仔……

正是应了一方水土养一方人的话语。

由于芬兰夏季日照过于充足，凌晨两点左右太阳升起，半夜12：00左右太阳才刚刚落下。植物拼命长，却丢失了所有的内在。

我打电话给中国使馆相关人员，请求通知让留学生和华人来农场，免费自己丰收所有的蔬菜。中国人炒着煮熟了吃，蔬菜依然美味。

项目全面告吹。

创业一个项目，方向比努力重要，选题比做题重要。做企业强调坚持和执着，但方向错了，越坚持越执着越努力越糟糕！选题错了，累得半死，可能还掉进死胡同。

这一项目，由于自己调查研究不够深入，对项目其实没有把握，只是听信中方农业专家说行就行。中方的依据是，中国的北方一样很冷，夏季照样种出好蔬菜。但把芬兰高纬度的夏季所出现的日不落的情况忽略了。

所以，创业者和企业家眼光的前瞻性、独特性特别重要！

一个潜在的好项目，好似混杂在沙子中的金子，常人往往看不见。常人看见的好项目常常既拥挤又疯狂。这两种情况，如要进入，都有风险。前者，是吃螃蟹的风险；后者是竞争更激烈的风险。都有可能赢，也都有可能输。

但失败确是成功之母，它告诉我，创业要冲动要激情但更要理性。

回国创业

1998年我与合伙人一起回国，用最起码的注册资本6万美元创办了

“上海创开无框阳台窗有限公司”。那是一个留学生独资创办的企业，归类为“外商独资企业”。国家给予了很多扶持政策，比如“两免三减半”，意思是公司成立后的二年内所得税免缴，第三年开始的三年内所得税减半；配给了4辆轿车、2辆货车、2辆摩托车机动车牌照的免费额度，表现了上海的胸怀和气度。

的确，这些政策后来给企业的发展起到了很好的作用。由于我们是生产型企业，不到三年，所有配给车辆牌照就已经用完。

新创办公司的产品是一种具有一定科技含量的无框窗。它最大的特点，一是没有窗的竖档，视觉开阔；二是它的设计美观简洁，使用和清洁方便；三是功能上，每块窗扇既能移动，又能移到边上向内打开。每一扇玻璃窗扇关起时，整个阳台处于全封闭状态，犹如一个充满阳光的室内空间，每一窗扇打开后，又恢复阳台本来面目，全部敞开，阳台像没有封装过一样；四是，用无框窗封装阳台，不破坏建筑立面。封装后，整个建筑物像被全透明包装一样，即增添了光彩又提高了多方面的效用。阳台立即成为一种魔幻的生活空间，可以变成室内，也可以变成室外。所以我们后来有一句话，无框窗可以使你家的阳台成为“室内中的室外，室外中的室内”。我们在创造一个改变人们阳台居家环境的革命！

在中国，这实际上是第一款真正意义上为居家阳台度身定做的产品，无框窗后来被市场和消费者定义为“创开无框窗”。

我们在中国成为无框窗的开拓和缔造者。

创业是艰辛的。尤其是创办一个实体生产型企业。产、供、销一条龙。我们从上海自己母亲家的小客厅开始设计图纸，给公司起名，设计公司“logo”，试着组装第一块玻璃……玻璃爆碎时，碎粒甚至飞溅到了我母亲的床……

后来我们在上海一个小区底楼的二室一厅开始了创业。

我坚持轻资产结构，把所有的型材和零部件、玻璃深加工外包，我们自己负责市场、销售、设计，包括组装和客户家的安装。由于是根据每家阳台的不同，独身定做，所以设计后要求客户必须全额付款，然后我们下单生产。因此，这一销售模式，也给初创期公司的现金流带来很大的便利，也为以后的销售创造了一个客户定制的全新模式。

我们的设想是，直接找到我们的用户，用现在互联网语言叫就B2B。我们罗列了心目中的用户：房地产开发商、建筑设计事务所、装潢公司等等。但工作了好一阵，毫无动静，没人理你，甚至都不正眼看你。

一个名不经传的新产品，一个谁也不认识的初创小公司，怎么撬动如此巨大的市场？

分析原因，房地产业正蓬勃兴起，各建材行业在房地产业带动下欣欣向荣，蒸蒸热上，从趋势看，我们站在历史发展的最好时期，潮流的激烈涌动，推也应该把我们推到成功的彼岸。在这种大好形势和格局下，没有理由不做或做不好！

再分析我们的用户，发现我们之前罗列的用户都不是最终的用户，也就是，他们不是产品最终的使用者。无论是开发商、设计师还是装潢公司，物业公司都不是。最终产品使用者是业主，他们才是最终客户，他们才是主宰市场的真正用户。

显然，在用户不了解产品，没接受产品的情况下，你要设计师、开发商、装潢公司替代客户首先接受你的产品，难度会很大。再说，当时，房子这么好卖，阳台窗在整个开发项目中对开发商来说，是一个可以忽略不见的事情，阳台窗封装不封装，他们房子一样好卖，为什么要增加成本来安装你的阳台窗，况且，按国家规定，封装了阳台窗，居住面积按100%计算，不封装，面积按50%计算。这样，装了阳台窗，反而会影响建筑的整个容积率计算，反而会影响开发商的销售。如果，房子卖出去后，客户自己要封装阳台，上述所有规定无人问津。开发商和业主都得利。

通过分析，我们知道，开发商作为工程项目用无框窗的动因很小，所以要撬动他们，看不到任何动力。而找到我们的真正用户，让他们学习了解接受我们的产品至关重要。如果最终用户喜欢了，接受了，再来倒逼设计师、开发商和装潢公司，市场局面就会扭转。

我们从B2B思路转向了B2C思路。

我们的客户在哪里？毫无疑问，他们是居民，当然在小区，买新房后为了装修，他们的身影出现在上海各大建材市场和不同的装潢公司。

我们决定，把销售点同时设在小区和建材市场，同时与装潢公司和物业管理公司建立合作关系。把门窗的做成样品直接拿到小区推销。创开产品可以直接面对客户，接近客户，这也是门窗业销售的一大创举，这以后，很多门窗公司纷纷仿效，把门窗在小区直销。门窗销售在小区开始形成激烈的市场竞争前沿阵地，一度几乎白热化。

思路决定出路，很快我们开始布局，通过几年的努力，后来上海几乎所有的新楼盘有我们创开销售人员的足迹，上海所有规模化的建材市场和建材超市都有“创开”的门店，我们与几百家的物业管理公司和上百家的装潢公司建立了长期的项目和业务合作关系。

我们开始天天在电视台做广告，因为B2C业务需要广泛传播。由于初创期公司各方面的资源不足，所以每一个项目和开支都需要精打细算。虽然我不善于计算，但我会抓大放小。就如绘画人体时，先要抓形，然后抓神，再后深入细节。

在管理项目中我喜欢抓形和神，细节让团队合伙人做，他们比我强。

通过努力，我们找到了一个很好的方法，我和广告方提出，是否可以用我们的产品作为电视广告费来替代现金支付？这也是一个全新的思路，好在对方恰是我10年未遇的大学同学，他给了我很大的面子和关照，经过他们内部讨论和请示汇报批准，最终同意了这个方案。那时，上海电视台的那个栏目叫《房屋买卖》栏目（借此机会，我要谢谢已经不在了的《房屋买卖》栏目组及其全体工作人员，也深情再次感谢我的老同学，他的名字叫葛刚强，谢谢你们的一路支持和陪伴，感恩！）。从此我们创开的电视广告一发而不可收，变化着花样，每天播出，坚持了10多年从没间断，直到近年来新媒体出现才终止。这样，我们每年有几百万的广告费基本都是以产品替代现金支付，我们的用户也比较高端，特别是一大批触角灵敏的新闻媒体人，率先使用了我们的产品，给予了很高的评价和赞许，形成了以后日益累积的良好口碑。创开的品牌由此从无名渐渐变得门窗市场基本家喻户晓的品牌，创造了产品推广宣传和销售紧密结合，合作双赢，滚动发展的模范经典案例。

随着一系列的工作铺开，我们的销售渠道日渐丰满。销售业绩日新月异，年销售以100%、200%和更大的数字在增长。公司上下一片喜气洋洋，员工个个斗志昂扬。

但繁荣的背后往往隐藏着危机。当产品打开市场后，很显然，人们看到了可以分享的大蛋糕。市场经济的规律是利益的平均化。如果哪个地方出现了高利润，必定很多人来参与竞争分享，直到利益平均化，产业才处于稳定。这其中，会胜出一批，死掉一批，在不死不活中挣扎一批，最后形成类似三国鼎立的相对稳定的局面。

一个天生不是商人的创业者哪会知道，我们的危机是从公司内部开始的。公司内部一个项目经理，利用自己的职务之便，偷偷绘制无框窗图纸稍加改动，立马申请专利，获得成功后，用大几十万的价钱要求卖给公司（该员工进公司时就心有计策，从不自己领工资，叫老乡签名代领，给以后公司追究其职务发明制造了法律上的障碍），遭拒绝后，他把这一专利所开发的型材和零部件批发给当时正在迷茫的中小塑钢门窗企业，引发了中国门厂零售行业一次巨大的变革行动。一时间，全国各地都有了“无框窗”，有很多甚至都带有“创开”的“创”字，带有“芬兰”的“芬”字进行制造“芬兰无框窗”。消费者都没法搞清楚怎么回事，市场上铺天盖地的芬兰无框窗面世市场。

虽然，后来经过法律途径我们赢得了胜利，但已经渗透到马路摊位都在做无框窗的局面，使这一产品的生命周期受到很大的扭曲。由于产品质量良莠不齐，刚面世不久的无框窗受到口碑上的质疑。

在这一波浩劫中，由于大量的中小门窗公司急需无框窗技术人才和技术员工，他们四处高新挖掘招募，而无框窗人才的源头全部集中在我们创开公司，几年精心培养的技术员工，一时在几倍于我公司薪水的诱惑下，流失严重。同时一些起初打着寻求合作，来自于全国各地的各路人马的经销商，通过学习技术后，浑水摸鱼，自起炉灶，撕毁合同，开始鸣锣开张自营……

中国市场瞬间出现成百上千家的无框窗企业或作坊，我们在这一市场的捍卫战中厮杀得昏天暗地，虽然没倒下，却也伤痕累累。

后来被高薪聘出去的员工在被高薪使用后的半年一年后，又被用人单位纷纷解聘，他们中的很大一部分人，开始自己创业，形成新的门窗企业进入新的市场竞争。

但无论如何，这些企业在宣传他们自己的同时，会说，市场上除了创开，没有别人比我们做得更好。因此，从他们的心底和潜意识中，创开培育了他们，他们还买创开这个账，无框窗领域，创开是老大。

我们在危机中培育发展了一个中国无框窗的行业，无框窗的种子至今在全国各地生生灭灭延续不断。

回顾总结教训是，创业如同建筑自己的高楼大厦。建前需要规划设计，开工首先必须打好基础。打基础时要考虑风险，由于初创企业，往往主要精力集中在开发市场上，对内部管理容易忽视。因此构筑城墙时，没有构筑护城河，构筑护城河时更没有放养鲨鱼提高对内部和外部的防范，所以容易酿成隐患，最后形成无法挽救的危机。

但有意思的是，创业，每天几乎会面临不同的故事，时而喜讯连连，时而坏事不断。企业成功时，社会各界会给你带来莫名的光环，瞬时，你简直不是人，是神！当别人用仰慕的眼光看你的时候，你千万千万记住，告诫自己，别昏了头，这些都是虚假的表面，经不住任何的风吹雨打。

不行你试试，当你的财务官告诉你，这个月的员工工资没着落时，当供应商催讨货款你囊中羞涩时，当你拖欠了税款税务官说要怎么整治你时……等等，几乎没有人会救你。

如果你的资金链断掉，你喊天天不应喊地地不灵时，各界会有另外异样的眼光看你，也会有很多莫名的奇怪的不好的头衔按在你头上，那时，你真的简直不是人，是鬼！也会有人用鄙夷的眼光看你，那时也请你千万千万记住了，告诫自己，你没有那么坏，你只是跌倒翻了一个跟头！上帝在关上这扇门时同时又为你开了一扇窗，千万千万不要选择跑路或跳楼！

有一句话我很赞赏:“当别人把你很当一回事的时候你千万别把自己太当一回事，当别人都不把你当一回事的时候你千万要把自己当一回事。”

这就是企业家的孤独，老板的孤独，创业者的孤独。这时，创业者一般都面带自信坚毅的笑容，带着处事不惊的神态，给到旁人信心满满而又轻松愉快的样子，更会设法给自己的属下和员工极大的鼓励和力量！

这种孤独要有强大的内心来支持，要有高瞻远瞩的对事物判断和把握的能力，要有巨大的心理承受能力和担当。力挽狂澜是在平静的表面，能沉着冷静地应对或处理好惊涛骇浪、惊心动魄的事情，其所表现的智慧、毅力、能力、意志力等等力量，考验并表现着创业者的素质和体能！

通常，一个坚定的创业者是打不烂、砸不垮的。如果你有，恭喜你了！日后，你有可能成为一位伟大的企业家，你能带领你的团队创造一个或多个伟大的公司，贡献于社会，服务于祖国。

所有综上所述，我都经历了。

每一个创业故事和事件都叙述着其成败历程和经验教训，其中很多可圈可点，是我们值得借鉴和学习的地方。我经历过高峰的辉煌，也经历过低谷的无奈和悲伤。但市场和商界遵循“诚信为本”的原则，你如能做到，即使最后失败，业界仍然尊重你。

我的企业仍在继续发展，如今在大众创业、万众创新的形势下，我们面临着太多的机遇和挑战。经历了多年的商场叱咤风云，我成熟了很多。我看到了资本和企业结合所形成的强大发展力量，我也看到了2012年6月以后开始，移动互联网所形成和创造的市场新格局所带来的一片春机勃勃的商机。

因此，我们已经在做两件事情：一是参与资本市场，建立股权投资基金，参与天使和早期项目的投资；二是把自己的实业，露梦创开改朝换代，将其原有线下B2C定制模式，脱胎换骨改造成C2M门窗定制服务平台。我们将完全开放门窗设计平台给客户，给公众。用我们提供的设计软件，让客户和公众快捷有效地构筑他们自己喜欢的门窗和款式，包括色彩和配件。“你设计，我制造。你提需求，我来服务。”

现代科技的发展，尤其是移动互联网、3D打印和机器人技术的发展，使我们上述构想的私人化、个性化定制成为可能。我们正在构筑一个高品质、多品种、私人化定制的门窗智能化生产的供货服务平台，同时我们将推出一款革命性的门窗神器，我相信这一产品，它将引领中国阳台门窗市场再10年。

应钢星简介

出生上海，毕业于上海华东师范大学，留学芬兰，获工商管理博士。现任露梦创开（上海）门窗科技有限公司 董事长、银豹（上海）基金管理有限公司董事长。

历任UPM-Kymmenen集团公司高级顾问、芬兰FT-ENGINEER公司中国首席代表。1993年开始在芬兰创业，曾任芬兰东方世界有限公司、芬兰桑尼伏有限公司总经理。

1998年回国创立创开无框阳台窗有限公司。研发、生产、销售一种全新的无框阳台窗，经过艰苦努力，企业发展成为中国无框窗行业的领头羊，被业界公认为中国无框窗行业和市场的缔造开辟者。2006年公司荣获上海市高新技术企业，个人荣获上海最具活力科技创业者奖。

上海嘉定区科学技术协会理事，上海欧美同学会创业协会常务副会长，上海嘉定区人大常委侨民宗工作委员会委员。

激情创业

文/于　刚

从理念到实现之间有一个巨大的鸿沟

我在给商学院的EMBA同学们演讲时，赠予他们几句话：你若想创业，就必须经得起折磨，耐得住寂寞，忍得住诱惑。这也是我在创业历程中三点非常深刻的体会。我毕生都在追求最大程度地发挥自己所有的智慧和潜能，为社会和大众创造价值。我享受这个创造价值的过程，更胜于享受最后的成果。

创业过程就像坐云霄飞车一样，甜酸苦辣都到极限。今天觉得成功在望，明天又把你打回到原点；今天看似无路可走，明天又是柳暗花明。所有的坎坷都会变为未来的故事，所有的挫折都将成为人生财富。

在这里，我只能挑出人生旅程中几个有关抉择和创业的故事，和大家分享。

1．源于地下室的创业

我的第一次创业，还是1994年在美国德州大学奥斯汀分校当教授的时候。在那之前，我只给美国几个公司做过咨询，包括IBM，Tracor，United Airlines等。给United Airlines（UA）做咨询时，我协助他们开发了一套航班晚点时的飞机调度系统，效果很棒。可UA仅提供我每次往返奥斯汀-芝加哥的机票，以便我去UA总部参加讨论，并观察运营过程中发生的各种事件和管理人员的实时决策，连我写的论文也被UA拦截，拖了五年多，才让我发表在Transportation Science上。

所以，当Continental Airlines（CA）得知UA的成功而找到我，并希望我能再以顾问身份指导他们开发类似的管理系统时，我对他们说："我不再做咨询了，我卖你们系统。"

于是，我联手信息管理公司EDS一起来开发系统卖给CA。就这样，我和太太Michelle，还有一位我的MBA学生一起，在家里的地下室创建了科莱科技（CALEB Technologies）。

这个概念在当时太过超前，没有成功先例，几个实力雄厚的公司在尝试后也宣告失败。而我的优化模型和系统的prototype却被CA认可，CA甚至愿出120万美元投入开发。签约时，我兴奋得手都在颤抖，晚上觉都睡不着，感受到了知识的价值。

可开发开始后，我才发现这有多么难。计划一年完成的系统，我们足足用了近四年，成本超了近三倍。因为系统太mission critical，光测试和保证实时数据的准确无误，就花了整整一年。期间，公司数次由于里程碑的交付延时而影响到现金流，我对公司高管提出：我本人免拿工资，而大家工资暂时减半一起来渡过难关，于是我的CTO立即提出离职。

当时美国航空业的不景气，也数次让这个项目差点被砍掉。开发出来的系统，又因为我没有销售权而经历了艰苦卓绝的谈判，最后花了100万美元从EDS那儿赎回，等等。但所有这一切都没有让我放弃，我坚持攀到了山顶，也享受了一览众山小的美好风光。

该系统正式上线后产生的价值，远超出所有人的预期，每年都超过千万美元。仅2001年一年，就为CA节约了3000多万美元，被业界广为流传，也让我荣获了当年的弗朗芝－艾德曼管理科学成就奖。后来，这套系统以400万到近千万美元的价格，先后卖给美国的Northwest、Southwest、American、JetBlue、AirTran、Delta等航空公司。

2. 从学者到职业经理人

2002年我们决定卖掉公司，因为系统的销售周期太长，而全球愿意花数百万美元购买我们系统的航空公司也屈指可数。当时，有六家企业对收购我们公司有兴趣，包括波音，霍尼韦尔等，最后我们决定把公司出售给埃森哲。

卖掉公司之后，我希望静下来，思考下一步事业如何发展。于是我申请了一年的学术休假回到中国，受成思危先生之邀，在中国科学院成立了不确定情况下的决策研究中心并任联席主任。

那一年，刚好遇到中国的十所顶级高校启动EMBA项目。我的第一次EMBA教学经验，是给北大的BIMBA项目救场。据说，当时有一位匹茨堡大学的教授讲课，上午上完课后，下午就只剩下一半的学生，第二天学生都跑到院长办公室投诉去了。而我讲完课后，就被评为最受欢迎的老师，是林毅夫给颁的奖。

从此，我的EMBA教学一发而不可收，先后在清华、北大光华、上海交大、中欧商学院、西安交大、香港科技大学、香港中文大学、厦门大学等教了1400多名EMBA学生。

我在中欧商学院教课期间，收到一封来自美国猎头Traci的邮件，她告诉我：一家全球最大的电子商务企业，正有一个极为重要的职位希望我加盟。我婉言拒绝了，说我正在中国寻找下一个事业的方向。可Traci不放弃，在我邮件拒绝了三次后打通了我的电话。

最终，她说服了我和亚马逊的CIO Rick Dalzal直接通话。当时，Rick正在旅行，从旧金山打来电话，他的嗓门很大，正向爽朗，充满激情。他说：Gang，你不要再说No了，你过来和我们聊聊，看是一帮什么样的人在做一个多么伟大的事业！

Traci立即帮我安排了去亚马逊总部所在地——西雅图的航班。到西雅图的当天晚上，Traci来我住的酒店The W Hotel见我。她给我看第二天的日程，我一看吓一跳，一整天安排得满满的，要见9个人，每人45分钟，一个接一个，一点空闲都没有。我说，Rick让我来聊聊并没有让我来面试啊，再说，我没带正式的服装，这样去面试也太不正规了吧。Traci说这刚好契合亚马逊的文化，创始人Jeff Bezos也是每天穿牛仔裤。

面试完后，我趁回美国的机会回到我位于奥斯汀的家。第二天Traci又打电话来了，说Bezos第一次见我较匆忙，还希望再和我深谈一次，于是立即又请我飞到西雅图见Bezos，同时也和CFO及另两位SVP见面。

我和Bezos谈得很投入，交流时经常爆发出他特有的笑声，外面走廊里的人都听得到。他问了我不少数据，并让我把想法用图在白板上描述出来。谈到细节，我越发感到兴奋，看得出来，他也很欣赏我的分析能力和逻辑思维。我问他我未来的预算有多少，他对我说：预算不会是你的瓶颈，你的预算甚至是无限制的，多快可以招到你要的人才才是你的瓶颈。后来我才理解他的话，亚马逊的招聘门槛太高了，只有2%左右的录取率。

第二天，Traci领我去西雅图各处转了一圈，我才发现这个城市如此漂亮，有终年白雪盖顶的山峰，有海，有湖，有参天的大树，城市周边有很多松针覆盖的Trail，环境宜人。且我去时正值夏天，早晨四点多天就亮，晚上九点多天还没黑，早霞和日落都美不胜收。

从西雅图飞回到上海已是下午。第二天凌晨4点，运营SVP Jeff Wilke打来电话，问我是不是可以谈offer。这种穷追猛打不给喘息机会的招聘方法，我后来也学会了。我当时有一种强烈的被wanted的感觉，想到一句古话，士为知己者死，女为悦己者容。于是，我毅然而然地离开了学术界，加入了亚马逊成为其全球供应链的副总裁。

3．归国之路

在亚马逊管理全球供应链取得了一些成就后，声望在外，常常被各种会议邀请做大会演讲，也常有猎头来找我，我基本不理会。可有一次，一位猎头从新加坡打电话来说，戴尔希望我担任其全球采购副总裁，并告诉我说：我可以选择在亚洲任何一个城市居住，可以围绕着我组建团队。

可以回到中国的想法让我感到激动。去美国20多年来，在中国经济发展最快的时期，我虽然常回国开会、讲学、给政府当顾问、探亲等，可总觉得自己是个过客。大家都把我当客人，只是吃喝玩乐闲聊，谈过的事从来都没有深入和具体落实。每次我回国后都感到兴奋，可回到美国几个星期后又回归平静，该做啥还做啥。我有种失落感，觉得我只是这个时代的见证人，而我渴望成为一个弄潮儿，不能徒有羡鱼情。

于是我同意了和戴尔接触。猎头说必须到芝加哥、达拉斯、旧金山三个城市之一，去接受戴尔雇用的高级人才评估公司EDI的一次360度全面评估。当时正值年底亚马逊最忙的时段，我告诉他们我抽不出时间去，于是EDI派了四个人飞到西雅图专门给我做评估。

评估的那天早上，我8点前到达指定酒店，被告知整个评估要进行八个小时。我被安排在该酒店的一个房间，桌上放着电脑，每一个指定任务到点时闹钟会响，我再被告知下一步做什么。

首先，我要在一个小时内处理电脑里事先准备好的三十封邮件。然后，就是几场一对一谈话，三个人分别模拟为我的上司、我的同事、我的下属来和我谈话。我的上司要听我汇报工作，同时要我讲未来的战略和行动计划。我的同事来和我谈合作，还要谈现存的问题和我们两个部门间的沟通。我的下属来给我汇报工作，还要谈他的职业发展并要我给他建议。谈话完后，给我一个小时书写半年的工作计划。之后几个人都进来，听我用白板对工作计划做一个完整的陈述。

大半天过去我已经被折腾得疲惫不堪，最后还剩下两个小时，我希望能舒一口气。可评估者拿来一份考卷，让我做一组逻辑思维题，一共三十六道，每一题都是给出三个图或数字，让我推断下一个图或数字应该是什么样的。我心想这种考试对我学理论物理的来说应该是小菜一碟，可做起来才发现远不是那么简单，各种概念和逻辑思维方法全糅在其中，比如映射、对称性、组合、拓扑、旋转、级数等。最后时间到了我没能答完，只能交了卷。

这次评估绝对是我一生中最难的一次考试，脑细胞被损坏无数。当天晚上我翻来覆去，还在思考是否有更好的答案，一分钟都没有睡着。我对评估的结果并不十分满意。

不久后的一天，我正在组织一个会议时接到一个电话。拿起手机时听到“This is Michael Dell”，我吃了一惊，赶紧到门外去接电话。戴尔说他们决定给我offer，并希望我能立即入职。后来EDI告诉我，在他们十几年做的两万多份高管的评估里，我被排在top 3%。

就这样，我加入了戴尔并成为其全球采购副总裁，回到了亚洲，把家落在了上海。

4. 一次握手的承诺

在戴尔工作的时候，我的搭档刘峻岭跟我定期有一个午餐聚会。每次午餐，我们俩讲讲最近发生的一些事情。峻岭是戴尔中国区的总裁，他是管销售的，我是管采购的，我是大买家，他是大卖家。有一次，他约我在一个湖北餐厅午餐的时候，提起了创业的想法。他觉得中国的经济发展这么快，我们应该一起做一件事情，做一件更宏大的事业。

当时想法其实挺简单，觉得我们在戴尔工作虽然职位很高，但只是一个螺丝钉，是拧在很大机器上的螺丝钉，不是发动机。我们希望在自己的一生中，能够做一些直接改变世界的事情，一些轰轰烈烈的事情，改变行业格局，甚至改变人们的生活方式。当时的想法比较简单，只是相信，只要我们两个人能够全身心承诺，一定会做一件更大的事情。

于是我们握了手，也就开始了一段承诺。

我们从戴尔退出来，在一个借来的、只有10平米左右的办公室里，我和峻岭共用一张桌子，面对面坐了四个多月，才招聘到第一名员工。

这次我们选择了一条艰辛的道路，以大品种、快销品为主的综合类网上超市起步。商品大、重、易漏、易损、保质期短，比图书和数码类商品的服务半径短得多。起步时，没有几个人看好我们。找风投时，反而被一个资深合伙人花了一多半时间教训我们，说我们是职业经理人，只会从1做到10，不懂如何从0做到1。我说我曾在美国从0做到1，他说这儿是中国，不是美国！我和峻岭在回程时一路沉默，但我们心里的不是挫折感，而是给自己打足了气。

峻岭和我做好了准备，要享受一次完整的创业经历。我们从戴尔给我们租的豪宅搬出来，开始亲身体验创业所有的点滴。给公司取名、设计LOGO、在招聘网站上发广告、挤公交地铁去拜访供应商、在地铁站办公楼和小区发海报、参与系统设计；在仓库里入库、上架、拣货、盘点；给顾客配送、做客服；与供应商、配送商、推广商谈判；促销选品、广告语编词等等。

有一次，我去和一个实体超市谈合作，该店的店长足足晾了我近两个小时才见我，晚了也不道声歉；有一次去工商局，一位年轻的工作人员训我像训他的孙子；已签了约的仓库被业主无理由毁约，等等等等。生气吗？我们只是笑笑，说："这一切将来都可以当故事讲了。"

我们开始犯了很多的错误。比如说我们刚上线的时候，印了一个非常精美的目录。因为我们看到有些做目录营销的企业做得还不错，我们也设计目录。三百多页很精美，每一本的成本都要十几块钱，我们一次印了十万本，还自己亲自去发，在地铁站发，在小区发，在办公楼发。

结果，却发现这样做的投资回报率是非常低的。因为目录本身就贵，而且派发的成本也挺高。此外，目录的信息是静态的，不是动态的。网站上面的商品价格，一旦发现市场变化了，竞争对手价格变化了，可以随时修改跟进。可是对于目录，一旦印上去之后，在发行后一段时间是不能修改的，这不是电子商务的做法。结果我们发了一半就放弃了。

在一个创业过程中，合作伙伴非常非常重要。创建1号店，迈克•戴尔就是峻岭和我相识的媒人。作为创业合伙人的话，最重要的是什么呢？第一是价值观要非常一致，我们来做的是一个事业，而不是一件事。第二就是相互之间要非常地透明，不能小肚鸡肠。第三，如果有互补那是最好的。有了很好的合作伙伴，就发现创业变得很简单很有乐趣。我们遇到困难的时候，会拍着对方的肩膀说没有关系，这些坎坷将来都是我们的故事。

记得每当我们有一点小小的成功，例如小的业务增长，我们都会庆贺，经常到峻岭家喝酒。因为他是澳洲移民，经常从澳洲带酒回来，但是我的酒量比他大，酒风也好，他经常浅尝几口，剩下的酒都被我喝掉。互相尊重和激励，让创业过程变得非常有趣。

但是，合作伙伴的关系也需要维系，因为我们都是很强势的，在大企业里都曾管过很大的团队。我们有一个很好的机制，每隔两个星期的周五，清晨9点钟把门一关，不准任何人打扰，我们做半个小时的批评与自我批评。过去两周，你哪些做得好，哪些做得不好，哪些决策我们做得对，哪些决策做得是错的，在这个时候，就可以全摊开来。

我们从来不在意这个事是你对还是我对，这没有关系，重要的是要找到真理在哪里。只要我们真正找到真理了，我们就会义无反顾一起往前走。即使我们有很大的分歧，也没有关系，我们会把团队一起叫进来，帮助我们理清思绪。

有一次，我们俩有完全相左的意见，就把团队叫进来，大家讨论。最后拿出来的方案是团队的方案，而不是我们两个人的方案，我们俩的方案都被推翻了。我认为，这是我们做得最好的一次决策。

沃尔玛给1号店投资时，有一次我们和沃尔玛、平安的代表，以及十几个律师，从Bentonville、San Bruno、香港、深圳、北京、上海几地同时电话会议，在三天三夜的谈判中没有合眼一分钟。直到最后要结束时，我实在坚持不住，躺在沙发上睡着了。大家在电话里庆祝谈判结束时，峻岭没听到我的声音，专门打电话给我，我被铃声惊醒大声地问怎么啦？谈到哪儿啦？哈哈！

我非常自豪能和峻岭一起创建1号店。我们在短短七年时间内，使1号店进入了中国电商第一梯队，拥有九千多万顾客，一万多员工，在线销售800多万种商品，成为中国100强品牌之一。让我们更感到骄傲的，是打造了一个一流的团队。我们不断超出顾客期望值的购物体验，成为业界的标杆。

5．重新启航

离开1号店的决策是一次异常艰难的抉择，从我和峻岭给1号店的员工写的这封信里就可以看出——

亲爱的1号店人：

我们在此怀着感恩之心与不舍之情向和我们一起走过精彩创业历程的小伙伴们告别！所有的舞会都会有最后的一首曲，我们带走的是美好的回忆，留下的是创造中国电商历史的足迹，是厚爱1号店的顾客，是共赢的合作伙伴，是诚信、顾客、执行、创新的企业文化，是1号店精神！

自八年前我俩在一间小屋里一张桌上孵化网上超市的概念，1号店走过了从无到有、从小到大、从大到强的历程，进入了中国电商的第一梯队，成为中国Top100品牌。在我们记忆里珍藏的是和大家一起在仓库通宵盘点的激情，送货时看到顾客收到满意商品的喜悦，在客服中心解决了顾客问题的欣慰，每次创造吉尼斯纪录时的开心，打造业界一流供应链的自豪，在全球领取各种奖项时的骄傲，看到大家在事业上不断成熟和成长的成就感。

我们决定离开1号店去追求新的梦想。这次选择是我们人生事业中最艰难的一次，也是最难以割舍的一次。我们把

1号店看成我们的孩子，倾注了所有的心血和情感，我们吃饭、走路、做梦都想到1号店，1号店是我们的一切，我们是用“心”而不仅是用“脑”做1号店。但我们相信这是一次理性的选择，是经过数个月内心煎熬和充分思考后的选择，我们也坚信1号店的精神会被大家传承，1号店的品牌会被顾客爱戴，我们也会永远支持1号店！

是缘分让我们相聚，是互联网时代让我们共运，是共同的事业让我们同行。和大家在人生中有过交集是我们的幸运，我们会无比珍惜。

预祝大家生活和事业一切顺利，预祝1号店的明天更美好！

我们对将要开创的新事业感到非常亢奋，那就是要用互联网的思维方式，进入数字和移动医疗健康领域，解决中国老百姓“看病难、买药贵”的问题，为社会创造更大的价值。

在人生、事业的历程中将会面临很多的抉择，只能在当时的场景下、当时的历史进程中做最佳的选择。一旦做了这个选择，你就只把剩下的交给上苍。我从来不会为过去的决策所后悔，只会在未来，用以前所吸取的经验和积累的智慧让所做的决策更好一些。

又要重新启航了，我会坚定地、义无反顾地前行！

于刚简介

于刚， 岗岭集团董事局主席，联合创始人。武汉大学空间物理学士，康乃尔大学物理硕士，宾西法尼亚大学沃顿商学院决策科学博士。

于刚博士曾任1号店董事长，联合创始人。

于刚博士曾任戴尔全球采购副总裁和亚马逊的全球供应链副总裁。

于刚博士曾任美国德州大学奥斯汀分校管理学院终身教授和座席教授（Chair Professor）。

于刚博士曾在2002年获得国际INFORMS协会颁发的Franz

Edelman 管理科学成就奖。于2002年和2003年两次获得国际工业工程师协会颁发的优秀研究奖和最佳论文奖，于2012年获得国际POMS协会Martin Starr 生产与运营管理卓越实践奖。

于刚博士是中国国家级专家，是中央千人计划的创业人才获得者。他曾任天津政府的经济顾问，曾多次应中国自然科学基金委之邀作为国家重大项目的评审专家。他曾在北大、清华、武大、上海交大、人大、南京大学、香港中文大学、香港科技大学、西安交大、浙大、华中科技大学、北京航空航天大学等担任过特聘教授。曾在北大、清华、上海交大、中欧商学院、复旦、西安交大、厦门大学、香港科技大学等教授过EMBA课程。

于刚博士是中国科学院2001年的海外杰出青年，2004年武汉大学的杰出校友。他在国际专业杂志上发表过80多篇文章，著书4部，获有三个美国专利。

于刚博士曾于1995年在美国创建了科莱科技公司。科莱科技开发的航空管理系统被众多美国大型航空公司所采用。科莱科技在2002年被艾森哲（Accenture）并购。

打造HaFaLa汉文化产业王国

——教育·游戏·乐园

文/ 于小央

赴美欧深造财经传播创金萍果助百家上市

在美国深造大众传播学国际传播专业后，我被一家投资公司吸收为合伙人，在欧美进行技术引进和大型项目投融资。

香港回归不久，我写了一封17页的建议书给证监会，建言国内上市公司应该走市场化发展的道路，也就是要以投资者为中心，并提出IPO和增发的资本市场路演机制和投资者关系管理服务员体系。

1999年春，浦东新区邀请我将公司从香港搬到上海，成立上海金萍果财经传播咨询公司。从这以后，我们开始B股、A股增发、H股、A股IPO的价值研究，一级市场推介服务和投资者关系管理服务，同时也成为了上海证券交易所的上市路演合作伙伴，并为资本市场研究会提供中国海外上市公司的问题研究报告。期间一共服务了100多家上市公司，金萍果财经传播曾经跻身国内前三大财经咨询公司，我本人也被市场称为“财经传播第一人”。

在随后的几年，随着上市公司出现越来越多的问题，我把精力更多地放在上市公司的危机根源研究和防范管理方法上。当我们在任何一家公司做深入的调查时，我们发现普遍的危机根源出在财务问题、销售问题和人力资源问题上，更进一步的问题是诚信问题；而诚信的问题，究其因，则是企业的价值观问题。

八年的资本市场服务，看企业兴衰，财富跌宕，风云变幻。眼看着起高楼，眼看着楼塌了；眼看着有人笑，眼看着有人哭。有几条规律是明确的：

1. 当企业忽视或无视客户利益时，反过来就是摧毁公司的利益根基；

2. 当企业缺乏道德自律时，也是企业走向覆灭的开始；

3. 企业缺乏技术竞争优势，很难有大规模的持续发展能力；

4. 创业团队要坚持拥有控制权，才能保证最初的价值观的把握和持续；

5. 资本永远都是产业发展的工具，不可本末倒置，企业不值得为玩资本而丢掉产业；

6. 市场上洗牌的力量来自技术创新和价值观优势；

7. 企业家的福报来自对大众社会的价值给予。

在刚刚迈过千禧年的元旦，一位华为的客户从西藏飞到上海来看望我，他说，以你的能力，不应该只满足做财经传播，因为没有足够大的市场规模，不能让你将产业做到很大。一语惊醒梦中人，我想，是啊，虽然服务上市公司风光无限、财富无虞，但是打造产业价值才是更有意义的人生。

回忆起来，这八年的资本市场服务，与其说是第一次创业，更不如说是学习如何打造一个规模化的产业，是我真正走向产业创业的序幕，几百家企业发展史的阅卷使得我在创业企业发展模式的设计上更加健康和稳健。

英伦学习脑认知技术回国开发HaFaLa字典

从2004年开始，我开始接触《思维导图》，后来连续赴英国学习脑认知学习技术。这犹如打开了我的神经丛林，一下子觉得世界简单了许多。无疑，这是一把打开大脑宇宙之门的钥匙。联合国科教文组织评价它为“21世纪最先进的学习技术”。德国、美国、日本、新加坡都列入到国家计划里，纷纷宣布进入“大脑时代”。

联想到国内上市公司的股市表现，尤其是企业的技术创新能力乏善可陈，创新人才匮乏；而长期以来，教育观念陈腐、手段陈旧，一代又一代的儿童被填鸭，成为考试的能手，创造的低能儿。这样的国民素质如何与世界竞争？

于是，我的创业方向逐渐明朗，那就是要：1. 对社会有重大推动作用的产业；2. 有无限发展的产业空间；3. 合乎我个人兴趣和才能的领域。2007年，在张江集团的支持下，我们成立了韬图公司，英文名Tao to Education， 教育之道；韬，理性，属于左脑；图，感性，属于右脑；也就是左右脑教育技术的发展定位。

我首先选择了将脑认知学习技术应用在《汉语动漫字典》的开发上面。这是一个独立的项目，有着广泛的市场需求，可实现多媒体多平台应用，同时，上可以To B进入教育体系，下可以To C进入家庭和个人用户。更重要的是，这是一项利国利民的工程。所投不会浪费，所积皆成正资产。还有一个有趣的情结，那就是，中学时代，语文老师要求每一位学生每天都带字典上学，我是唯一坚持每天背着厚厚的字典上学的学生。所以，每当有同学回答不出来一个字或词的解释时，语文老师总是信心十足地点名让我来解答。

这是项前所未有的大工程，没有现成的模式。我推出了Happy Learning， Fast Forward， Lasting Memory的HaFaLa学习技术并制定开发指标和流程，在国内首次提出先进的三位一体的教育理念和科学的、可测量的教育技术手段。

第一期产品目标是服务海外汉语学习人群的，我连续两年往返加州、新加坡、伦敦验证开发，邀请了海内外的专家联合打造中英文版本。随后推出的《汉语独体字快速学习动漫字典软件》在参加美国的ACTFL外语教辅教材展览时，抢购一空；随后三年，该产品几乎覆盖了海外孔子学院和孔子课堂的英语系人群，在软件类排名第一。同步推出的《汉字王国》、《来自大自然的奇妙汉字》系列动漫片，纷纷进入了海外中文学校课堂。该片在美国麒麟台的点播节目中排名第七。

目前，二期海外动漫字典已经推出，国内版的汉语动漫字典正在紧锣密鼓地开发中，字典产品将全面实现网络化和跨平台化，未来将更好地服务个人学习和课堂教学市场。从韬图公司从事学习技术创新的路途上，我有以下心得：

1. 不要做容易做的技术项目，因为很容易被别人颠覆；

2. 看远了再走，踏实。以30年展望，做10年布局；以10年趋势，做3年计划；

3. 用户利益至上，市场满意度和口碑第一，决不糊弄，哪怕没人知道；

4. 及早培养团队，培养企业接班人，把企业从“我”变成“我们”；

5. 公平甚至超值分享成果，优先他人，不要独吞；

6. 不要虚荣，不要攀比，不要装，实事求是；

7. 创业之初，资源有限，一定要聚焦。

歌舞时年

未央

狂歌一曲不为别，春红几度摇曳？
诗情如海，残阳啼血，谁关前路风雪？
江涛雄阔，一任向东泄！
轻舞错步向何醉？
纱翠两袖斜飞。
歌声如浪，皓月吐辉，

把酒征途豪杰：
雄关逶迤，万里朝西越！

膺世博未来学习技术创新疆韬图双语教程

当别人向你求助，我的第一反应就是答应。这可能就是所谓的济世情怀。而后来发现“被需要”往往隐含着无限的商机。也就是说，“被需要”可能隐含着更真实的商机，而满足它就应了“施者有福”的说法。

2010年，HaFaLa学习技术入选为上海世博未来学习技术代表，并且成为世博历史上首款出版类特许商品。正当我们忙于世博业务时，上海市商委邀请我们赴喀什参加上海援疆项目展览。

一无所知地来到了新疆喀什，看到比肩接踵的异域风情，街上的文字基本上都是民族文字，听到的话语都是民族语言。援疆办派我到乡村小学去试讲一堂课，我跟孩子们在一起的时候，我发现除了微笑和身体语言外，我所说的普通话基本上不能起到交流的作用。于是，我拿出HaFala动漫汉语软件，跟娃娃们一起用动漫、用舞蹈、用游戏将汉字教会给他们。新疆和上海的领导们看到短短几分钟，娃娃们就能学会十几个汉字，全场响起掌声。课后，当我要告别孩子们的时候，我被她们紧紧地围住，她们眼睛里含着泪光抱着我，久久不让我离去。我被震撼了，我不知道这里的孩子会这么需要我！当我走到操场的时候，大家希望我留下来，帮助民族师生开发一套好学的汉语动漫教程。想着孩子们期盼的目光，我，答应了。

没有一点儿的思想准备，没有团队，没有预算计划，甚至没有采购承诺。有的是所有的未知数：民族地区工作怎么开展？有危险吗？团队怎么组建？资金怎么解决？公司业务怎么办？离亲人那么远怎么办？

就这样，在最不像创业的地方创业了。我能做的第一步，就是驻扎在南疆乡村学校，做基础的度受体分类认知能力和手段对比研究，探索出最适当的知识教学模式。感恩团队，愿意跟我一起在那个缺乏卫生设

施、缺乏蔬菜、经常停水停电断网和偶尔存在生命危险的全国最贫困县一起教学研究。接下来，由于系统在开发过程中，教育部门不能正式采购，每年的开发投入和工具制作发放，除了争取科技扶持资金和社会各机构的资助以外，我将所有的房产和车辆逐年变卖，以确保每个学期成千上万的师生正常展开教学，因为，HaFala双语教学系统在民族地区已经成为一旦升维便无法降维的配套工具。

过去的五年，我们就这样逐年开发出一到六年级的新疆双语动漫教程，试点规模从2个班级扩大现在的1000个班级，开展了建国以来最为科学缜密的、最系统完备的、最具规模的民族地区双语教学难点和认知方法的研究与开发，全面适应本土化的教学能力和教学条件，全面配合教学目的和需求，成为了民族地区最为有效的双语教学系统。该教程系统，经过五年实践和完善，极大地提高了学生的学习兴趣、认知能力和课业水平，极大地帮助了民族教室提高知识水平和教学能力，实现课标要求和学科发展能力，为普及义务制教育、提高升学率和就业率、提高收入水平和生活水平，奠定良好的语言工具学习基础。经过每学期严格的评估，教育部高度重视和认可该教程系统，并制定计划在新疆民族地区全面推广和普及。五省藏区为此也呈交申请报告，要求在藏区试点推广“韬图汉语动漫教程”。

新疆的创业，感恩那些把我留下的娃娃们，感恩所有贡献的群体，感恩给我历练和效力的机会：

越远的路越近。成功之路没有捷径。只有你为最需要的市场付出后，你离成功也就更近。

利益大众是企业长青的土壤。创业，也是一种创造业力：只有创造善因，才会收获善果。

当你胸怀梦想又觉得孤立无援：融入，像根一样，伸向大地；大地会给予你所需的力量。

太阴与太阳

未央

大漠与大海，同一轮明月；
香馕与月饼，共一桌情缘。

独处时，心圆：情系亲友；
欢聚时，心谷：胸怀天下。

水自昆仑流，成长江至东海；
云从大洋起，成东风往西原。

葡藤绕明月，明月伴旅人，
霓江映婵娟，婵娟依故园。

秋至熟，收获一季又一季；
月至明，圆满一年又一年。

太阴而太阳，养藏成大壮；

极弱而极强，韬光成图愿。

——于小央 2012年中秋节喀什

顺应潮流推游戏乐园创造汉文化产业帝国

当我在台伯河逡巡的岁月，回望阳光下的古罗马帝国，我想，中华文化的魅力也应该重新再现；

在德国的新天鹅堡徜徉，我遏制不住地热血喷张，一个童话般的东方智慧乐园必须呈现人间；

在迈阿密的迪斯尼乐园嬉戏，我眼睛所看的，仿佛都变成了HaFaLa汉文化乐园；

当我在昆仑山线脚下叶尔羌河畔五年援疆的岁月，每当苦寂的时刻，想到彼得大帝在波兰学习造船技术的日子，那是一颗沉静的雄鹰之心，将自己过往的尊贵荣耀剥去，成为一个最低级的学生、最底层的服务生，不忘梦想，吸进大地，积攒最雄浑的力量。

HaFaLa欢飞鸟可以飞到五千公里以外，我相信，她还会飞到更广远的疆域；而这神奇的翅膀是那无远弗届的互联网！

甲午年，又一地支的开始，市场开始了新一轮的迭进。当我们深耕细作将汉文化结合世界普适价值，条分缕析地开发出孩子们喜闻乐见的动漫学习产品时，市场向我们伸出合作的双手——主题公园、商业中心、社区乐园希望我们继续开发成汉文化乐园，儿童启蒙游戏、青少年智慧游戏和大型虚拟游戏次第展开，提供给更广泛的海内外人群享受汉语的学习乐趣和汉文化的娱乐世界。

2亿的儿童市场，2亿的国内教育市场，2亿的海外汉教市场。在线汉语动漫字典与游戏社区互联，线下乐园与线上虚拟乐园互通，O2O产生循环长尾衍生销售效应；打通教育、教娱和娱乐的用户群体，让孩子们在娱乐中学习、在学习中娱乐；让汉语言和汉文化走向世界。

在未来，娱乐和教育的界限逐渐模糊，线下的乐园是一座座的课堂，线上的各品类系列游戏是充满活力的认知世界，满足从学前到青少年、海内外不同人群的心理诉求；而且线上线下是孩子们生活的常态。创造全新的教娱模式，让世界分享汉文化的光芒！

古希腊的文明，斯巴达的精神，英国的实证，德国的严谨，美国的娱乐和霸气；宗教的自律与奉献精神，艺术的浪漫与激情，科学的严谨与理性，商业的进取与开放……这些主流的价值观与传统中华文化的精华进行巧妙地融合，创造更为与时俱进、充满活力和商业价值的新一代汉文化产业版图。

一个普罗的快乐汉文化产业王国，是由众多的力量联合打造的。无论是线上还是线下，扑面而来的是前所未有的合作关系。打造产业链条，整合产业资源，创造全新的产业王国，考验自己的是合作的能力，是选择的判断，是无界限的创新经营能力，是将自己放平放小的把握，是归零重新学习的能力，是虚谷胸怀和时时换位思考的能力，是分配利益和分享成果的智慧……

面对一个全新的世界，让一个有限的我实现无限的梦想，戒定慧：

产业做大，最大的阻力是自己。必须以小我的心，合作的力，成就大产业……

角色定位从技术开发者转型到运营管理者，从球员转型到裁判，从命令转型到服务……

选择合伙人和合作伙伴、设计利益方案，成为工作的重心……

合伙人的专业经验、行业业绩、人品口碑、合作能力非常重要……

汉文化产业王国，因大势所趋，也必将属于世界，属于参与者、合作者、投资者……

东方力
其乐未央

饮罢干白邑，
阅尽千帆毕；
不信市场西风肆，

东风正给力。

汲水洛河易，
张弓乌雀移；
而今华夏全通吃，
复兴在雄起！

——于小央　写在2013年国庆

文化产业女性大可为乾坤正泰大海纳百川

许多人问我，你认为女性创业是优势多还是劣势多。我通常回答不出来，因为没有当过男性，没有比较。但是，我从来没有认为女性创业有什么大的障碍，反而我认为优势多多。当你饱含着母性大爱时，事业的推进更加容易获得支持；当你心细如发时，项目的操作更加完备顺畅；当你隐忍担当时，你更能将事业坚持到成功；当你闻过即改时，你更容易调整前进的路向和方法。我经常告诫自己，要舍得要奉献，要大度要包容，要舍小我要利他，要淡定要稳健。

我在意大利从事技术引进和产业投融资的时候，有一天周末陪同老板步入了官邸，主人忘记了一群看院的狼狗散养在外，洞然将大门打开。大门紧闭后，很快十几条狼狗一步步进逼将我们包围住并且趴上我的胸前，这个时候，害怕、叫嚷、逃跑均是无用之举，我意识到，要让它们意识到我们没有恶意而且还是朋友才是唯一的生路。当一条狼狗的利爪正要伸向我的脸庞时，我朝它笑了，我跟它边比划边说（用英语和意大利语，这个时候我认为身体语言更有用）：你好，我们是来访的客人，到里面的会议室。我边抚摸着狼狗的背，轻拍着它的头说，跟我们走，带路吧！就这样，一路，十几条狼狗，谨慎着防范着我们陪着我们走进了大厅的门内。这一次险遇，使我明白，只要有一颗真诚的大爱之心，即使是表面对立的对象，也能化解为朋友和盟友。

南疆是一个比较传统的以男性为中心的工作环境，许多民族干部对于女性企业家非常不理解并且比较轻慢，开展工作会遇到发达地区意想不到的性别歧视的问题。不仅有性别歧视问题，还有体制歧视的问题，大家认为教育领域，怎么可以有民营企业来做呢？时不时的暴恐事件，使得每一位去援疆的人都会审视和犹豫。我们在农牧乡村里，到农民的家中一起吃饭，一起跳麦西来普；我们跟老师们一起住宿舍，一起上课，一起吃食堂；我们帮娃娃们洗脸洗手，教孩子们学拼音写汉字；我们学习维语，到乡亲们家过古尔邦节，并分享古尔邦节的传说中忠孝的主题。很快，HaFaLa老师成了美好的代名词。

五年过去了，韬图汉语动漫教程已经纳入新疆的双语教学资源库，并在民族地州逐步推广普及，成为教育部新疆双语教育的骨干教辅。现在，大家普遍认为，在新疆民族地区创造双语学习系统，看来还得是这位体制外的女性人物才有可能领军实现，因为足够有大爱、足够包容、足够隐忍、足够细腻，成为民族融合和科技创新教育的一个产业援疆典范。

如果真要说出女性创业的感受，我认为在文化产业方面，女性创业者尤其有优势：在创意方面、在推广方面、在团队合作方面、在对外利益处理方面、在整合合作方面，都能体现女性特有的优势。在作为企业领导人方面，女性的温和低调、换位思考、善解人意、贤惠善良、包容关爱、自我牺牲肯定成为女企业家母仪天下的天然优势。但是在葆有女性优势的同时，也要吸纳男性的常见优点——豁达、坚强、忍耐、格局、理性、沉稳、大气、包容、达观……

是的，完美是不可能的，但是，守阴抱阳，以坤承乾，天之道也。

梦想翩跹

未央

我在你珊瑚般的丛枝穿来穿去
只见你花开不见你花散

我在你明珠般的目光游来游去
只见你璀璨不见你滞黯

我在你砗磲般的心情翔来翔去
只见你伸展不见你悸颤

我在你玛瑙般的胸膛驰来驰去
只见你澎湃不见你息偃

我在你麝香般的唇齿滑来滑去
只见你芬芳不见你凋残

我在你琥珀般的才情潜来潜去
只见你深涵不见你枯干

我在你水晶般的愿里映来映去
只见你恒久不见你缱绻

——于小央　写在2013年，登五台山前

创业乃生命大树蓬勃生命为创业土壤肥沃

创业者的瓶颈是什么？心态？格局？能力？体能？健康？应该说都有关系。

看到了许多企业的起落兴衰，目睹了许多企业家的悲情与生命之殇，我经常思考创业和生命的关系。如何能让创业之树长青？

创业者通常都是短跑高手，但是中长跑的领跑者才是真心英雄。由于自己所从事的教育产业从市场覆盖面到年龄阶段跨度都比较大，从单个项目到垂直领域甚至到横向相关教娱领域都在改变着社会，自身要经历不同发展阶段的角色变化和不同市场与技术迭代的与时俱进，因此，创业的成功意味着需要获得多维生命空间的支持。在创业中，人要偏执；但要想事业之树长青，生命必须丰满。木秀于林，根植大地，方不易折；即便受折，亦能重生。

关于定与静的力量。繁忙是企业家的主旋律。但是，繁忙容易迷失自我和方向。每隔一段时间，我总要找一处安静的地方，要么是山林，要么是水边，放空自己，审视自己：大政方针是否有误？企业决策是否有致命的问题？管理是否有大的漏洞？个人行为是否有什么重要过失？静，才能生智慧。越忙，越要能静下来。而定力，对于创业者而言更为重要。在瞬息多变的世界里，真伪正纷至沓来，耳边总有许多声音，告诉你什么是离钱最近的东西。但是，我只做价值观正确的事情，因为，只有价值观的正确才能保证企业的长期赢利和成功。

关于健康的加持。许多企业家为了事业不惜牺牲自己的健康，包括曾经的我自己。在开发第一期产品时，我经常工作到晚上三点以后；而在新疆的那几年，工作条件非常艰苦，工作量巨大，健康严重透支。受到海归马群的影响，我开始恢复慢跑、爬山、瑜伽、健身，慢慢地觉得工作的压力小多了，身心的能力扩容了。目前，管理的公司、项目、人员比过去增加很多倍；在未来，可能还会成倍增长。一个高容量的身体硬件，能保障宽松的心态和持续高负荷运转的能力。

关于生命的土壤。创业不应该是一件极端的事情。不同的生活角色实际上都是创业的一种修行；生活的欢歌实际上是对创业的伴奏。一个母亲的角色，使得自己对儿童的心理会更加敏感周到；一个女性的角色，会对合作伙伴更加细腻体贴；一颗文艺的心，会让产品更有粘性；一名豪爽的远足行侣，使同道更有信心；一颗慈善的心灵，汇聚越来越多的正能量。有爱的心，是创业的甘泉。企业的角色，社会的角色，家庭的角色，公益的角色，朋友的角色，个人的角色……奏响了创业的交响曲。唯有生命土壤肥沃，创业大树才能丰茂蓬勃。音乐、舞蹈、诗歌、健身、旅游、宗教、哲学、历史、科技、商业、娱乐、游戏、时尚、舞台剧、美术、建筑、雕塑、美食……环绕着我，使得我可以不断地产生创造的灵感、创业的活力和跨越困难的动力。

这一世
末央

这一世，我如孩提般睁开双眼……风不扰我，我随风欢跑；这一世，我似清晨拉开帷幕……露不沾我，我拂袖清香。这一世，云是故乡，你给我一饮的恩想；这一世，来路梯上，你给我一指的神光。这一世，影在心底片上，在何生呈像？这一世，芽在芳土地上，在何轮开花？这一世，这一世，我默默回望，压缩了带往我归去的地方……

这一刻，在时光的列车上，牵着现在，牵着将来；这一刻，在圆形的地平线上，刻着直线，刻着弧线。这一刻，在月光的目送中，从左眸到右眸，从右眸到左眸；这一刻，在呼吸的心跳中，从起到伏，从伏到起。这一刻，这一刻，这一刻将手拢起飘带，西去婆娑的云彩……

这一斛，这一斛，浓浆浊酒，我都当作佳酿，一饮为畅！这一斛，这一斛，涩汁酸汤，我都当蜜糖，唇齿留香！这一斛，这一斛，辣烈烧呛，我都当清汤，遐思飞扬……这一斛，这一斛，这一斛在潋滟的波光，将心灵涅槃照亮！

——于小央 写在2013年，欧美百年纪念日，北京）

于小央[①]简介

字未央，喜诗歌、舞蹈，习《孙子兵法》、《鬼谷子》，研《易经》、《道德经》，曾获全国中学生文学社作文一等奖，全国平面广告文案第一名。高中保送进厦门大学新闻传播系，后赴美国明尼苏达大学获大众传播学硕士，赴英国博赞中心学习脑认知快速学习技术，并任职世界脑力运动委员

① 于小央为本书封底“这一世”诗的作者。

会。开创国内财经传播行业，著有《海风之旅——中国海外上市十年》、《海外上市企业投资者关系管理优秀案例》；上海市“千人计划”专家，创造Happy，Fast，Lasting三位一体的HaFaLa学习技术，应用动漫游戏等技术手段创设新型娱教产品，推动教育改革，提升国民素质，建设行业标准；新疆“百人计划”人才，事迹入选上海欧美同学会百年庆典《世纪扬帆》画册；带领团队参加2013年中国创新创业大赛（上海赛区）获“优秀企业”称号，上海市欧美同学会创业分会副会长，上海华夏文化研究会书同文专委会主任；上海韬图动漫科技有限公司董事长，新疆华疆教育科技有限公司董事长，上海市汉嬴网络科技有限公司合伙人，上海爱欢童文化产业有限公司合伙人，发起设立汉语教育公益基金。

人生能有几回搏　向天再借五百年

——勇于创新　造福人类

文/俞　昌

聪慧进取少年

上海的思南路，记载着很多历史名人的故事，路旁高大的梧桐树，幽静而美丽。俞昌的生物医学公司就坐落在这里。透过办公室的窗户，两百米开外就是上海第二医学院，俞昌曾在那里度过了半年的大学生活。他的心中感慨万千："也许我的心从来没有离开过医学，命运让我30多年前与它擦肩而过，现在我又回到了医学领域，我相信我可以做得更好。"

1958年2月，俞昌出生在上海静安区的一个医学世家。母亲、外祖父和家里的很多亲戚都是医生。从小他就和医学有了不解之缘。

"或许是从小受到父母的影响，尽管我很贪玩，却对学习始终有浓厚的兴趣。也喜欢尝试和探索新的事物，好奇心极强。”

“我从小就爱玩，什么都喜欢。打弹珠、养金鱼、种花草。在我的童年里，充满了各式各样有趣的游戏。”

甚至到了小学正逢“文革”，无所事事的他竟然又玩起了逗蟋蟀，父母亲怕他不务正业，逼着他去学习了小提琴。

俞昌的父亲热爱文学、历史和地理，作为中学老师后来又成为中学校长的父亲对小时候的俞昌影响更大一些。因此俞昌从小就喜欢古典文学，尤其是古诗词和历史小说。“我曾经熟背过《唐诗三百首》，还研读过毛主席诗词。小学时，我就读了《三国演义》、《水浒》、《隋唐英雄传》之类的中国古典名著。到中学时，迷上了外国文学作品。像《简·爱》、《红与黑》、《战争与和平》、《牛虻》、《呼啸山庄》等，都是在那个时候读的。英、美、法和前苏联的很多文学大家的作品我都通读过。”俞昌还十分热爱音乐，特别是古典音乐和交响乐。在小学还唱过京戏，那时候的俞昌是个典型的“文艺青年”。

1975年高中毕业后，他被分配到了上海戏剧学院，成为一名校工，跟着师傅后面学音响效果技术。如果换作别人，成天在上戏这样美丽如画的校园里工作，调调音响，每天中午都可以回家吃饭、睡午觉，收入也稳定，肯定不会再有其他想法了，但俞昌却不愿意。高考恢复，俞昌决定考大学。父母没有反对，只是在填报志愿的问题上，他们没有支持俞昌选择自己热爱的文科专业，出身医生世家的母亲希望将来儿子能够成为救死扶伤的白衣大夫。

1977年，他顺利地考上了上海第二医学院。可是命运总是不让人轻易地如愿。在进入大学的第一学期末，因为色弱放弃了学医，转学到了物理专业。当时的俞昌感到失落，可能这一辈子都不会再跟医结缘了。

1981年，正值改革开放不久，新思想像潮水一样涌入中国。接受过西方教会教育思想，曾怀揣过“出国梦”的母亲，自然更加敏感地意识到留学深造对儿子前途的巨大作用。大三结束那年俞昌毅然放弃了很快就要拿到的大学文凭，听从母亲的安排，通过一位美国亲戚的帮助，顺利进入了美国密苏里州立大学肯萨斯分校，继续攻读物理专业。幸运的是，在国内的学分一并被计入了美国的大学，两年后，俞昌便顺利拿到了理学士学位。和早期留美的中国学生一样，俞昌身上体现出强烈的进取意识。除了在餐馆里打工端盘子，他几乎将所有时间都用在了学业上。1983年大学毕业后，他继续攻读密苏里州立大学的硕士研究生。一年多后，他又顺利地进入了宾夕法尼亚州立大学，攻读博士学位。美国的求学生涯，为俞昌今后在事业上通向成功夯实了基础。

“现在回想起来，”俞昌说：“当年从医学转到物理专业，反而是件好事情。从本科到博士，到后来的工作经历，我的大学研究和专业涉及力学、摩擦力学、光学、光声学、物理、化学、表面化学、模拟计算、激光、纳米技术，再到纳米材料的研制，以及后来的创业经历，所有的一切都为我现在所从事的生物医学事业打下了夯实的基础，积累了丰富的跨领域的经验。如果当初我继续我的医学专业，肯定没有现在的视野和能力。”

“知识不分领域，学科不分界限。”俞昌说：“生物医学科技是汇集了生物、力学、化学、材料学等各种领域的复杂系统工程。它需要全面和综合的系统知识。之前的求学与工作经历是上帝对我目前工作的最好的礼物。”

超前创新“疯子”

拥有超前创新思维的俞昌常被业内专家称作“疯子”。 可就是这个“疯子”，每次都能面对扑面而来的各种怀疑、猜忌和不看好，用成功的业绩证明他的正确。

1989年，博士毕业后，俞昌进入了美国500强公司“美光科技”，成为一名工艺研发工程师。“在美光工作的三年时间里，我最大的收获就是明白了创新精神对企业的重要价值。”“我在美光短短的三年时间里，申请了30多项专利技术。”俞昌对新领域的尝试是“大无畏”的，而且，他为自己设定目标时，总是以对手无法承受的高难度为标准。“这实际上是从哲学的层面上来排除竞争对手。最难的项目，必然先天地缩小了竞争的范围。所以，我永远都在做最艰难的尝试。”事实证明他的确可以把“天方夜谭”变成现实。

1992年，俞昌在一个前沿工艺流程领域里的成就，引起了一家“大公司”的关注，这便是发展正如日中天的“摩托罗拉”。在俞昌一次回上海探亲的时候，摩托罗拉的人把电话打到了他美国的家中。因为当时摩托罗拉在移动通讯领域和芯片领域的知名度极高，发展前景很广阔，加上俞昌强烈的好奇心，总想尝鲜。于是，回到美国俞昌便直接去了摩托罗拉位于德克萨斯州奥斯汀市的研发中心。那里是一个人才高地，当年摩托罗拉的研发中心汇集了近400人的团队。拥有博士学位的就近百名。其中，有很多都是世界级的顶尖专家。他在摩托罗拉工作了两年时间。公司的企业文化，员工的自由度并不高，但分工更细，做事更加系统，也更加严谨。在那里，俞昌与其他分支领域的专家建立了很多合作关系，对今后起到了重要的帮助作用。

1994年，美国另一家全球最大的从事工业自动化与信息技术的巨头公司“罗克韦尔”，以研发小组组长的优厚条件向俞昌抛来了橄榄枝，成功地将这颗正在冉冉升起的科技界华裔“新星”收入麾下。这是他第一次担任研发组长职务，承担着更加重大的责任，也为今后领导和管理团队打下了基础。

1996年，一位名叫Young的美国猎头找到了俞昌，这个快退休的老猎头是受美国一家名为卡博特的百年大公司之托，重金邀请俞昌加盟的。此前工作的三家公司，从事的都是工艺流程研发，但这是家材料公司，与之前的工作差异很大。不过，在摩托罗拉做工艺研发的时候，俞昌已经意识到技术瓶颈，在于材料跟不上工艺发展。他曾自己动手研发化学机械抛光液，也进行过测试。所以，到卡博特从事IC材料研发有了一定的基础。已经在美国的半导体工艺流程领域拥有很高知名度的俞昌，在近40岁的时候选择了转行，跨入了材料研制领域。这次，他一干就是六年半，亲眼看着自己参与研发的产品从实验室走出来，走向市场并获得成功，俞昌也被升任研发总监。他带领的科学家研发的材料后来占据了很大的市场份额，占据全球市场至今。2000年，这个部门在纳斯达克独立上市，成为一家独立的成功高科技公司。

通过十多年各种不同的工作经历和磨练，俞昌逐步显露出了独具一格的做事风格和理念，磨练了带领团队和大跨度转型的能力。“我喜欢跨行业发展，喜欢创新思维。在我看来，做什么和学什么并没有必然的联系。我喜欢追随自己兴趣。有了浓厚的兴趣，加上开阔的视野，做事情就会特别有效率。”这也是他能够屡次挑战常规科技理论和专家的勇气所在。

在美国的事业如日中天，已经成为行业领域内屈指可数的专家之一的时候，俞昌却产生了回国的念头。2001年，俞昌带家人回上海探亲，看到中国的发展已经大大超乎世界的想象，未来充满了机遇。2002年，俞昌作出了一个重要决定：移居回国。回到上海，俞昌加入了集成电路芯片制造企业中芯国际，负责存储器的工艺研发。“薪水和美国比当然打了一个大折扣，但这不重要，我坚信我未来的事业在中国。”这一次，俞昌的直觉是敏锐的。由于全球的高端芯片材料生产厂数量很少，一些顶尖的材料更是只有几家国外企业能做。中国内地，能做高端半导体材料的更是凤毛麟角。而此时，国外的材料商在中国大陆设立的分支机构普遍面临缺乏自主性的困惑，在价格和定制服务等方面没有足够空间。俞昌认为机会来了，这一次，他要自己创业，用自己创新打破国外的垄断。

2004年，46岁的俞昌与三个合作人一道在浦东张江高科技园区创办了安集微电子（上海）有限公司，他出任总裁。他们的目标高远：做全球最高端的芯片材料。通过两年多埋头苦干，产品终于在2006年开始批量进入市场，打破了海外巨头的垄断，公司也从最初6人发展到现在近100人，并带动上海浦东张江高科技园区成为国内领先、国际先进的IC产业集群高地的典范。2009年俞昌博士成为国家第一批入选“千人计划”的科学家。

回国创业的近10年里，从创业初期选择如此高的技术门槛而不被人理解，受到质疑，到后来融资上的困难重重，遭遇竞争对手的打压等各种困难，俞昌一直秉着十年磨一剑，安心做实业，不赶时髦，敢于挑战技术极限的理念，凭着过人的胆识和干劲，取得了第一次创业的成功。

跋山涉水 圆梦之路

弹指一挥间，30多年过去，俞昌又回到了年轻时梦想的医学领域，投身于生物医疗事业。现在的他已不是当年上海医学院的毛头小伙，而是一个经过历练、身经百战的战士了。

“成为一个单纯的技术专家也许很容易，但成为一个同时拥有跨领域转型能力的复合型人才，是非常难得的，我很庆幸通过多年的努力我做到了。”

2010年，俞昌创立安派科生物医学科技有限公司，截至目前安派科创新的肿瘤检测技术在全球范围内处于世界领先地位，已建立团队包括10多名来自世界顶尖大学（耶鲁大学）、世界500强、美国500强及纽交所和纳斯达克上市高科技企业的管理和科技精英，以及10多名拥有医疗器械和生物医药行业丰富工作经验的成员。全球专利布局基本完成，核心技术在全球13个国家和地区包括美国、日本、加拿大等申请了113项专利，其中22项已经授权。

从“本业”的纳米工艺领域，到“副业”的材料研制，再到坚守梦想的生物科技，这是俞昌又一次大胆突破，挑战自我的尝试。“现代医学难题的突破需要复合型的知识和人才，”俞昌特别讲到。

俞昌一直非常享受带领团队的过程。也许骨子里仍然带着父亲教书育人的基因，俞昌很享受带领和凝聚着年轻的团队，和他们一起成长，一起碰撞出创新的火花的过程，并享受开花结果的喜悦。

同样，这一次，更多的质疑声和怀疑的眼光接踵而来。但是这一次俞昌的信心比以前更足。安派科通过超过两万例检测结果与全国数家著名医疗机构的验证，安派科全球首创CDA技术（肿瘤区分分析技术）具有独特性和唯一性的全球领先技术。其独特性和唯一性体现在：实现一次性对16种癌症（超）早期、普查的技术；全球唯一可以采用血检对食管癌和脑癌进行检测的技术；同时实现高灵敏度和高特异性的技术

（同时达到70%-85%之间）；唯一能实现对正常、非癌症疾病（包括炎症）、癌症的检测有显著的、统计学意义上的差异。

“命运让我又回到了为人类造福的神圣的医疗领域，这也是迄今为止我从事的最艰难的项目。我将把我的余生奉献给这个事业，把最大的能量投入到这个事业，我坚信我们可以成功。”这是俞昌掷地有声的话语，他的眼中充满了坚定，充满了对未来的憧憬和对再次创业的激情。

机遇和挑战并存。俞昌相信自己，相信团队，相信员工，相信自己的视野、能力和底气；时间和结果会证明一切。他坚信这一次会达到一个新的高峰。

而正是这份自信，安派科飞跃与突破不断。包括：全国多家知名医院包括排名前五的肿瘤专科医院中的2家（如中国医学科学院肿瘤医院）进入了实质性的合作阶段；与北京、上海、浙江、江苏、河南和陕西的三甲医院/肿瘤医院也进入正式科研合作阶段；以俞昌博士为主导的联合国内著名医院提交的论文在全球多个著名学术论坛/会议、杂志上发表超过6篇；与多家央企的体检合作积极开展中，预期将实现超过10万多人次的肿瘤检测客户；上海、江苏、浙江的高端人才体检、500多人次的社区体检已完成；与著名医疗机构开始正式合作，销售和推广安派科肿瘤检测服务；与多家单位联合承担了“863计划”；建立健全全国三级服务网框架已初步构成，2015年8月底全面上线。三级服务网计划覆盖全国27个省及所有直辖市，目前已确定139个服务网点；成立安派科美国分公司，为2016年美国纳斯达克上市铺平道路。

如今，安派科的团队，技术和产品受到了越来越多客户、市场和机构的认可。公司于2015年7月初完成了首个千万级风险投资机构的引入，与其他风投机构的洽谈及上市计划在有序地进行中。在全国建立具有不可复制性的特色肿瘤检测项目服务已经开始。为海外市场拓展打下基础的与国际战略合作伙伴在临床、专利、国际市场和销售、投资方面的合作也在进行中。

安派科利用原创和独特的技术产品，通过垂直整合从专利申请到设备、试剂和零部件研发和生产到直销肿瘤检测服务，最后为客户提供健康咨询及数据管理的一站式服务模式，在专利保护、成本控制、增加技术壁垒以及提高客户忠诚度上，开辟了肿瘤检测服务领域的新理念，使得价格可控，盈利更持久，高利润、高专利保护。

轻舟已过万重山

出生于医学之家，大学起于医学院，命运将他带入物理专业，研究生课题和工作涉及表面力学、摩擦学、物理、表面化学、相变、光声学技术、激光、芯片技术、材料、化学、模拟计算、最终又回到医学领域。

放弃优越，放弃安逸，从国际巨头公司工作到初创小型企业再到做大做强；经历过了科技领域的更新换代，大起大落；经历了从无到有，从别人不看好和怀疑到由衷地认可和佩服；从小到大到上市；从没有风投想投资到抢着要入股；从默默无闻到明星企业。风风雨雨，一路走来，俞昌充满了感恩的心，感谢命运和机遇。同时他更感激和感到幸运的是通过伯乐、合作伙伴、团队、自己和支持者的努力，屡次尝到了成功的喜悦。

俞昌对未来充满了信心：“认定了目标，就大胆地走下去吧。不要犹豫，不要怀疑。只要你怀着坚定的信念，就一定会收获成功的喜悦。”

“未来，我还会不断创新突破，为前沿医学，在跨领域合作上不懈努力，攻克各个难题，造福人类！”

俞昌简介

俞昌，安派科生物医学科技有限公司董事长，国家首批千人计划专家。1958年2月出生于上海医学世家，美籍华人，考入上海第二医学院，后转读物理，获美国宾夕法尼亚州立大学物理学博士。历任美国三家500强企业及知名纳斯达克、纽交所上市公司研发部经理、研发中心技术处处长、技术总监等高职。200多项专利的发明人。2009年担任国家“十一五”重大专项负责人。从上世纪70年代末开始的30多年间，多次以超前的视野和颠覆性的技术挑战，成功地将产品大跨度转型；神奇的二次半创业经历，创造200多亿元的市场价值。成为留美华人中极少数能够同时为200多项专利发明人和200多亿元创新产品研发者的科学家和企业家。

“我就像个老顽童，喜欢新鲜的知识和领域；我是个不甘于寂寞的人，愿意接受挑战。我很享受这样的过程。”俞昌说：“活到老，学到老。年轻时是死记硬背，现在我看这些东西不仅一下就懂了，而且记住了，这就是成长。”

不止一个同行发出由衷的感叹：“俞昌的确具有超凡的前瞻视野，当我还在犹豫和迷茫的时候，他总是看得很准，而且又是那么执着！”

创业三部曲

文/袁　岳

我相信青春的能量与每个人所具备的潜力，你的创业尝试也许成功，那么你可能站在自我认同与社会认同的中心，但即使不成功，创业历程所带来的另外一些方面的报偿足以补偿你在某些方面的失落。创业中，没啥失去的；创业中，你的斗志创新；创业中，你的青春常在。

不创不青春

我有一个哥哥是20世纪80年代中国改革开放开始以后的最早一批创业者之一，他就是不听话、自己折腾的典范，差不多在我记忆的家庭与亲友语境里面，就是一个反面典型——整天在外面跑市场，没完没了做生意，跟谁说事来往都要签个协议，一不小心就会听说他亏了一笔。我们有很多方式度过与使用我们的青春，我们可以做一个乖乖的大宝宝，听爸爸妈妈的话、向老师学知识、在老板的领导下从事规范的工作；我们也可以特立独行，独来独往，有一技之长，靠自己的专业能力做新一代的自由职业者；当然也可以领头、参与或者跟随创业。创业这件事情，在过往的多少年里都是小众甚至是例外行为，创业者不是我们中的传说，就是我们中的另类，因为在历史上创业是与高成本、高风险、高付出联系在一起，它当然不是家长们、老师们与大部分习惯了中庸与秩序的尊长们的优选；但是今天互联网与服务经济的发展，改变了创业门槛的高度、创业机会的分布密度与创业资源寻找的容易度，这样创业也越来越变成为一种大众与常见的行为。

青春是个美丽的名字，它富有想象力、激情性、可塑性与创造性，我们每个人的青春不只是一个静态的年龄段，最重要的是一种发展的状态——我们是开放地学习、模仿、追求、确定目标、尝试、练达，还是封闭地被训练、听话、被安排与被代表；我们是按照爱我们或者管我们的尊长的意见，把我们自己整成一个他们心目中的典范，还是成为一个我们在自己的探索与行动中发现的自我、一个在不断交往与服务中更加对人设身处地的大我、一个有团队意识与实践经验的管理者与一个创造了超越自然人的法人领导人。我们按照小我、大我、团队、组织、社会作为一轴，把发现、准备、启动、成长、练达作为另一轴，来把我对于自然人与法人在创业进程中的成长需要与发展要点，分布在这两个轴构设起来的四个象限里面。这个架构，体现了我们扩展自我、建造组织的创业征程，是对于我们的塑造，也是对于更多在我们组织框架中的人的塑造，也是对于与我们以不同的方式接触的人的塑造，创业型的塑造方式总是那么充满神奇与魅力。

小我是人生的起点，过于自我当然不好，但如果连独立的自我都没有就一切无从谈起，因此我们必须形成并且表现出那个不同于父母、师长、朋友的人格，而不至于形成人格分裂与压抑；大我不是说随大流，而是包容与体验其他人的需要，从而让我们成为更有同情心的自我，这样我们就可以自然地成为影响与带领其他人的人，大我会在连接过程中形成——连接产生可能性，通过和其他人的连接产生关系，通过共同的行为经验来形成，交往本身会改变我们和其他之间连接的模式；在大我基础上形成团队，团队有分工与协作，再弱的团队比个体强；而进一步的，团队演化为组织，组织的治理结构与资源整合能力，所得它在社会上成为更可能凝聚大的能量的新单元，所谓法人；社会实际上是由成熟的组织支撑的——在我们的社会中真正控制关键权力的不是个人，就算成为大我也控制不了大的社会，社会的控制是由组织形态来实现的。总之，人生要在早年的时候成为独立的小我，小我要在不断跟其他人接触和关怀的过程中间孕育大我，大我要落地、操练，形成你参与和主导的团队，团队要发育构建成为具有行动能力的组织，我们就能有更大的话语权去影响社会和社会本身的变迁。

因此，我们的结论是：组织化就是创业的核心。那么我们要搞一个什么样的组织呢？我们要在自己有感觉的事情上聚焦我们的资源，实现组织创造，这就需要我们去发现自己的创业点。人本来就有最精密的感受程度，最敏感的心理，重点是在于你要足够理性，把你的身体机能、你的细胞、你本来有的感知能力调动起来——我们找的只是那一个点，我们不是要简单地拥有全世界，因为所有人的事业都要从一个点开始，所以为什么我们要读万卷书、行万里路，我们即使能整合很多资源，还是需要落在一个点上，才能出成果。然后在这个点上准备，准备团队、准备发展条件、准备领导力、准备行动意识，并且选定一个点去启动我们的事业长征。实际上我们今天很难说啥时候我们就完全准备好了，因此边干边学是很重要的，在纠错中前进。其实大部分成熟的模式，是进化出来的，事物发展的周期越来越短，很多事情在快速变化，我们要开放性地成长。我们是在社会形势的发展中间学习适应和成长的，然后通过反复学习成长来达到练达的程度，不断操练达到成熟的水平。我们的目标是创造，创造不是一个想法，是实际行动的结果和成就。

进化的节奏

作为一个智库，我过去强调了要有数据、要有多学科团队作业、要有独立立场，那么今天对于智库，我还有更多的强调点：要有多源数据，而不是单一来源的数据；要有多智库平行论证，校验性论证，竞争性论证，而不是单一的论证，要有不同角度与不同资源智库的多立场呈现；不只要有顶层设计，或者微观基层行动方案，而应该更强调具有操作性、衔接性的中层设计。我想，这里面强调的意思是：智库实际上是一种话语权，是一种认识角度，是方法论的竞争，也是一种表达模式，任何单一的模式都不足以智，而平衡多元的视角，才可能让决策者达到兼听则明的程度。

传统的未必就落后，前沿的未必就先进。我们做创业服务，很多企业理念很前沿，但可能执行力不够，也不能形成规模；而很多传统的事物，有相当的规模但可能对于新的模式接纳不是那么敏感。如果两者结合呢？是兼得其弊，还是兼得其利？很多人选择了分离，有少数选择了融合，我想这样的分合里面，会产生不同的组合结果。

很多创业者，开始想的与开始做的会有距离，早期做的与迭代的结果差距很大，不同的创业团队可以听到不同的意见，是接受这些意见还是不接受这样的意见，接受了太多他人的意见，自己有没有执行的能力，只按照自己的思路会不会有太大的偏差，进化也是一种分寸的把握。

我们的知识与对待问题的看法，在某个知识层次上达到一个认识，然后如果我们就冻住在那个层次上，在很短的时间内就变成了对于其他基于新知与新情况的创新模式与新的尝试的阻力。由于移动互联导致的变化节奏的加快，因此新知价值更为突出，进化变成了整个社会不同模块保持协调的关键。

那些得到利益、资源、权威的人看起来刻板与千篇一律，而那些草根、微观、奋斗的人，则风格与路数各个不一。可见市场化、江湖化、社会化，才能导致活力的产生，才会导致压力机制的普遍作用，才会导致不同的选择方案。所以，进化的关键在于微观与基层，在于用微小力量面的进化与创新，在微小面的能量与资源的累积中导致大的进步。

长得好的人花更多精力在美化上，因为她需要不断强化自己的资源。因此，那成了她的强项，在这方面的进化能力很强，相应的在另外一些事情上的进化能力也许不如相貌不如她的人。而那些长得不那么好的人，反而自暴自弃，不怎么在美学上进化。进化很难是全面的，而是片面的。多个片面的进化，导致全面进化。

冲锋陷阵又四年

2011年8月我与3131创新联盟主席杨振宇兄讨论了一起做一个创业服务机构的想法，结果一拍即合。2011年9月27日我们就在当时的3131电商峰会上决定与范敏、于刚等飞马君子一起创立这个机构。

如今转眼四年过去，飞马旅已经成为天使创业服务机构中的知名品牌。这四年，飞马旅走过了大约70个城市，进行动员活动180多场，与超过50个战略伙伴合作，通过飞马连营与飞马创业聚，接触创业企业3万家左右，大约12000家申报飞马星驹，90家企业透过赛马会中选。飞马旅及其旗下的飞马园区、飞马基金、飞马学堂、飞马众筹平台等，热爱创业，可以说是马不停蹄地踏遍神州，确立了基于网络与信息化创新服务业领域的龙头地位，也为草根创业热潮做出了自己独特的贡献。如今飞马旅部已经确立在北京、上海。深圳也将很快建立旅部。

在创业领域展开天使服务与天使投资过程中，我们获得了如下一些心得体会：

首先，要聚焦某个领域，成为前沿的趋势把握者。天使服务与投资，需要让创业者与其他投资者认可我们的服务内容，因为广谱的撒钱者挺多，但是能够让创业者觉得是行家，而且能先人一步做出功课的却有限。我与飞马旅的核心发起人，在聚焦创新服务业发展新趋势方面，有高度共识。

其次，需要聚精会神形成一支有战斗力的年轻团队。我承诺亲自带队展开项目业务，杨振宇兄负责投资事务，在其他飞马君子与年轻团队成员的辅助下，我们一路过关斩将，在很短的时间内就在早期投资领域崛起。在过去的四年中，我为了在各地过滤项目，保持了每年180个来回的飞行记录，取得了很好效果。

最后，是资源协调。我过去那么多年因为做零点调查的专业服务、做财经电视节目主持积累的嘉宾资源，参与各类行业活动积累的企业家人脉，在做飞马旅之前一直觉得资源很多但用处不大。而到了飞马旅创业时发现，资源有了落地的载体。其实，资源真的很有限，而我们开辟的项目，也是资源，为很多企业家正在高涨的天使与风险投资兴趣提供了一个很好的项目选择和合作的机会。因此，这里就不只是利用资源的问题，也是一个分享资源的可能。

我记得，当初我提出邀请何伯权兄加入作为飞马旅发起人的时候，他问我一个问题，你会认真地做几年领头人吗？我说我会的。四年CEO做下来，何伯权兄再见到我时就说，没想到你真的会那么投入地做飞马旅，投入超出了我的预期，因此成效也超出了我的预期。我要说，飞马旅的每一位都很投入，成就归于大家。

袁岳简介

袁岳博士于1992年创立零点调查公司，目前已发展成为国内最大的提供专业的策略性研究咨询服务的集团公司之一。

袁岳博士曾留学美国，于2001年获美国哈佛大学肯尼迪政府学院公共管理专业硕士学位（MPA）。

袁岳博士于2004年获北京大学社会学专业博士学位，在组织管理、高级谈判、市场营销、品牌管理等领域有相当深入的研究，担任清华大学等高校的兼职教授、EMBA/MBA/MPA兼职导师。袁岳博士发表有管理学、经济学、社会学等方面论述20余册，担任多家重要媒体和企业的长期管理顾问。

袁岳博士于2007年被评为耶鲁世界学者，现担任中国市场研究协会副会长、北京科技咨询业协会理事长等职务。

袁岳博士于2011年作为发起人之一设立飞马旅，是国内首家创业项目专业管理支持机构，专注于创新服务业，下属有飞马旅创业支持机构、飞马创业基金、飞马投资基金联盟、飞马国际君子会。

我的创业之路

文/张鹏飞

谈创业经验的文章很多，我自己也读过不少，不过也许真的是因为“书中读来总觉浅”，常常觉得那些聪明的道理和正确的警句对自己帮助不大，击节赞叹后也就忘了。现在要我来总结创业经验，心里不免惴惴，担心只是罗列一些“正确的废话”，因此索性就原原本本地讲讲我创业的经历，让读者至少可以当个故事听听，我已经心满意足了。如果有人能从我的经历中悟出道理一二，对自己有些许启发和帮助，或者能避免我犯过的错误，那就求之不得了。

1. 硅谷

我的创业经历是从美国硅谷开始的。

1999年年末，经朋友介绍认识了一个准备做蓝牙芯片的团队。所谓团队一共有四个人，其中有三个伊朗人和一个名字叫Paul的中印混血儿。他们原本是一家挺大的半导体公司的同事，这家公司当时刚刚被飞利浦收购，他们就离了职，准备自己创业。四个人中有两个是做半导体器件仿真模型的，一个做市场的，一个是产品经理，就是没有做芯片设计的。尽管这样，他们已经接触了好多家风投，这其中包括贝塞默(Bessemer Venture Partners)。贝塞默当时在硅谷很活跃，专投高科技初创公司，使人不太容易联想到其实它已有近百年的历史了。贝塞默的创始人费普斯(Henry Phipps, Jr.)是钢铁大王卡耐基的合伙人，当年作为卡耐基钢铁公司的第二大股东，成立了这个投资公司。经过近百年的经营，其投资的公司已有上百家成功上市。贝塞默准备投10M美金，条件是创始团队要有会做射频芯片设计的。

这个条件听起来一点儿也不苛刻，要做蓝牙芯片却没有会做芯片设计的人是说不过去的。可是在那个疯狂的年代，找人比找钱困难。我第一次和四个人见面，他们就很兴奋地劝我加盟。据他们后来跟我说，见面那天我跟他们刚分手，那个Paul就跟三个伊朗人说：我们挖到金矿啦！(We found a goldmine!) 从那以后，Paul一直是我在公司最忠实的粉丝，我做什么他都赞成，直到我离开美国回上海创业，他主动要做天使投资，直到现在还是我公司的股东，这是后话。

贝塞默说话算话，10M美金到位。有了钱我们就开始租房子、买电脑、招兵买马。据说万事开头难，我们还没开头呢，就发现一个大难题：我们需要决定到底做什么。本来跟投资人讲好的是要做蓝牙芯片的，动工前大家商量了一下，主流意见认为蓝牙已经不是热点了，仅仅硅谷做蓝牙芯片的就有好多家Start-up公司，还不算那个英国已经做了近十年的CSR(Cambridge Silicon Radio)，以及从北美到欧洲好多大公司。而射频集成电路设计在当时的热点技术是无线局域网（WLAN），就是后来的WiFi。1999年IEEE刚刚发布WLAN规范的初始版本，并在持续不断地修改、升级，市场上还没有商用产品。特别是规范要求使用5～6GHz的U－NII频段，在这个频段做射频电路的设计比蓝牙的2.4GHz更难。当时最先进的半导体生产工艺是0.18um，学院研究认为0.18um做蓝牙的2.4GHz是没问题的，而实现5.8GHz的WLAN能否做到大规模量产还有风险。

尽管这样，也可能正因为这样，大家意见出奇地一致：高风险才有高回报，要做5.8GHz的WLAN。投资人看到团队这么有斗志，也乐见其成地表示强烈赞赏。于是乎，决定直截了当，目标简单清晰，我们的目标就是要做一个没人做出来过甚至还没有一个准确的产品定义的5.8GHz无线局域网芯片。

工程团队很兴奋，招人似乎也变得容易了。加班加点是家常便饭，实际上在2000年到2001年的两年间，我们的研发人员有大半没休过假，而我在这两年时间里每周只有星期天下午不在办公室。每次设计完成后为了能按时将设计数据提交给代工厂常常要连着工作不止一个通宵。我们只用了半年时间就完成了射频收发器的试产，芯片样品从封装厂回来那天，全公司的人都趴在实验室的窗户上看我们测试，当我们经过多次的扼腕、跺脚、拍脑门之后，将一个正弦波从实验台一边的发射机无线传送到另一边的接收机的时候，我们CEO转身跑去打电话通知贝塞默来看演示了。第二天，投资人来了，不仅贝塞默的人来了，还带了几个别的投资公司的人，他们仔细比较了左边示波器上显示的正弦波和右边示波器上的正弦波，有一位还把食指放在发射机的芯片上试了试温度，然后他们说，你们可以去喝啤酒啦！

硅谷的公司似乎都有这个传统，碰到好事大家就一起去吃披萨喝啤酒。我们公司的办公室在圣荷西机场和北一街之间，附近有一家酒吧，是我们定点的喝庆功酒的地方，只要说可以去喝啤酒了，不用说地点，大伙儿就自动呼啸而去。

这样的酒喝了几次以后，有一个叫Intersil的公司看上我们了，出价35M美金要收购我们。Intersil这家公司很有来头，它的前身是标准普尔指数公司、老牌军工企业哈里斯公司(Harris Corp)的半导体部门。1999年它从哈里斯分拆出来独立上市时是美国半导体行业有史以来最大的IPO。谈了一上午后，我们很客气地送走了客人，回来大家对视片刻后几乎同时说，有没有搞错啊。是的，我们不卖的。事实上，当时我们基本落实了第二轮20M美金的融资，在比利时收购了一个做基带的团队，在俄罗斯组织了一个软件团队，真正准备大干一场了。

等到了2002年秋天，当RFMD来问我们要不要把公司卖给他们的时候，我们不仅开发出了5.8GHz的WLAN收发器，也完成了一个同时集成5.8GHz和2.4GHz的双频多模射频芯片，也有了集成ARM处理器的基带和完整的MAC，是当时为数不多的能提供完整的WLAN套片和解决方案的公司。这个RFMD是个很传奇的公司，公司的创办人普拉特(Bill Pratt)是当年被Analog Devices解雇了之后，被逼无奈走上创业之路的。RFMD做的产品是手机上用的射频功率放大器，公司初创时手机产业还不成气候，很长时间整个公司所有产品“放不满一个火柴盒”（普拉特语）。可是普拉特老先生有眼光，他最早用的GaAsHBT技术，最早配合不被看好的高通（QualComm）CDMA方案，最早跟诺基亚（Nokia）全面合作，等诺基亚成了全球最大手机品牌，RFMD也成了全球最大射频功放供应商。特别是2000年前华尔街“疯牛”的时候，RFMD的股票也长疯了。股票长得吓人，就需要有高速增长的业绩来支撑，而购并别的公司是让业绩快速增加的捷径，所以RFMD一到我们公司就有点势在必得的味道。

而我们当时也真的想卖了，虽然我们后来又有融资，银行里还有超过30M美金现金，但2002年美国经济形势很差，特别是由于2001年911事件，消极思想和悲观情绪充斥美国社会。而RFMD很下功夫，普拉特和他的合伙人都来公司谈，一来就拿自己开玩笑，说自己当年是个不错的电路设计师，设计的功放很厉害，不仅输出功率大，效率也很高。“当然了，也不能说就很完美了，” 老先生说，“我设计的那个芯片只有一个小毛病，就是工作时间有点短，通电以后要赶紧测，因为2秒钟后就自己烧成一股青烟飞掉了。” 这个“自黑”的方法很奏效，我们都一下子喜欢上了这个老头。

RFMD动作很快，2002年10月份谈妥，12月就完成了合并，133M美金，我们成了RFMD的一个部门。2003年2月，我去旧金山参加国际固态电路年会(ISSCC)宣讲我们的WLAN射频收发器的设计，大会结束后回到公司的时候，普拉特本人也到了公司，他从RFMD总部的北卡搬到加州，亲自接管了这个新买来的团队。

2. **回国**

1990年刚认识高秉强教授的时候我还在清华读书，后来他推荐我到美国留学，他自己则离开当了8年教授的伯克利加大，跟旧金山州立大学的校长吴家玮一起回香港筹建香港科技大学。在全球半导体行业里，高教授享誉甚高，这不仅因为他在伯克利领导完成的电路仿真模型成了行业标准，更是因为他多年一贯无条件地提携后进。从2002年开始，我帮高教授在硅谷组织过几次晚餐会，晚餐会参加者大多是在高科技公司工作的中国人。高教授当时已经从香港搬到上海，着手筹建一个半导体创业公司的孵化机构，设想着建立一套完整的人事、行政体系，维护一个完善的芯片设计软硬件环境，让芯片创业公司能依托这个环境快速启动，他给这个机构起了一个非常胸怀全球的名字：芯联国际。这些晚餐会主要是听高教授讲国内半导体产业的情况。每次结束的时候，他总是要说一句，半导体的机会在中国，你们都应该回国了。对于我，高教授说启动资金他都准备好了，我随时可以回上海。

我想离开RFMD的消息是公司IT安全部门告诉普拉特的。起因是我写的一个PPT格式的商业计划书被IT监控搜索到了，第二天早上打印件就送到了普拉特的办公桌上。我当时正在科罗拉多的Boulder出差，我们刚在当地收购了一家公司，我去出差的目的是和他们团队讨论开发计划。会议尚未开始，忽然接到电话让我马上飞回圣荷西办公室，老板要召见。当我第二天走进普拉特办公室，看到他桌子上放着的我那份刚刚开了个头的商业计划书，我在感叹IT部门的高效的同时也明白了被紧急召回的原因了。普拉特见面就跟我说，他理解我的创业冲动，他认为我当时的情况跟他当年创业之前的情况很像，他在Analog Devices的时候，也想离开公司去创业，但老板劝他留下，并让他去北卡的分公司当总经理，他就答应并留下了。他希望我也能先不急着再去创业。当然老先生没有讲他留下当了总经理之后，过了两年公司就把他解雇了，这样他才去创办了RFMD。尽管这个现身说法的例子说服力实在不是太强大，我还是答应他两年内不离开公司，离开公司后5年内不做WiFi。老先生很满意，为了我的承诺，也为了他自己的说服力。

这么一折腾，我计划回国创业的消息公司里很多同事就知道了，有好几个同事表示要跟我一起回国，这其中就有郭大为。大为在国内是中国科大毕业的，出国后在洛杉矶加州大学读了博士。上世纪80年代关于国内的大学有个说法，就是“穷清华富北大不要命的上科大”，说的是科大竞争很厉害，考上科大要很聪明才行。大为也的确非常聪明，当年他来公司面试的时候对混频器的噪声分析思路独特、结论清晰，给我留下的印象很深，加入我们团队后很快就成了骨干，他当时在硅谷芯片设计行业里很有名气。而Paul则找到我说，如果我回国一定要告诉他，他要投资。

说到投资，就要提到普讯。普讯是我们卖给RFMD前最后一轮融资时进来的风投，普讯的创始人柯文昌有台湾“风投教父”之称，他在做了惠普亚洲的董事长10年后，开风气之先，于1989年成立普讯创投，并成为富士康和宏碁等公司最早的投资人。2000年前后普讯在硅谷非常活跃，但随着西风东渐，普讯开始看好大陆市场。得知我准备回国，普讯决定投资我，而我成了普讯在大陆的第一个投资案。

两年时间说来不长，但从国内传来的消息还是让人时不时地兴奋起来，要么是清华的学长武平和陈大同创办的展讯设计的手机芯片获奖了，要么是清华学长的陈凯成立的鼎芯做出“中国第一射频芯片”了。好在硅谷公司的生活节奏紧张，多数时间也顾不上去羡慕，忙碌中两年时间白驹过隙般过去，到2005年年初，我和大为先后来到上海，开始了我们的归国创业之旅。

3. 上海

我回国之前就把公司的名字想好了，就是Beken Corporation。Beken用的是Beacon的古英语写法，这样可以避免跟众多的“灯塔”公司重名。Beken是“灯塔”、“烽火”的意思，都是人类最早的无线通讯手段，恰好吻合我们成立公司致力于无线通信产品的初衷。去工商局注册要起个中文名字，跟Beken有相似的起始音的双音节词想了很多，但在工商局都因为重名被拒。“博通”是我和高教授不约而同想到的，我们两人当时都不知道Broadcom的中文名字是博通，并且我们在上海工商局注册时居然顺利地获批了这个名字，一直到很晚以后我们才发现这个巧合的重名，我们的客户为了区分常常称我们为“小博通”，以与美国那个排名世界前10的半导体公司相区分。

彭景辉是纽交所上市公司LSI的工程副总，高教授介绍我认识他的时候，他刚刚辞去LSI的工作加入世界最大的无绳电话品牌厂家伟易达，做CTO。新官上任，当然要纳个“投名状”。而他由于在芯片行业的背景，顺理成章地琢磨着在芯片方面为伟易达做个重要项目。

无绳电话在上世纪90年代曾经是红极一时的高科技产品，知名半导体公司几乎都做过无绳电话上的芯片，比如国家半导体、德仪、飞利浦、英飞凌、西门子、东芝、富士通、ADI、Atmel和DSPG等等。到我回国创业的2005年，无绳电话市场已趋于饱和，终端的生产和销售高度集中，伟易达和友利电两家公司占了全球出货数量的80%以上，但两家公司竞争得很厉害，都在拼命地拼价格抢零售渠道商（如沃尔玛）的订单。低价抢订单的后果就是疯狂压榨芯片供应商，搞得多数半导体公司都退出了。只有飞利浦和DSPG等三两个厂家还苦苦坚持。

伟易达在加拿大的温哥华有个研发团队，鉴于在2.4GHz的产品线上与友利电互相杀价杀得难以承受，他们打算在产品性能上打主意。北美市场上客户对无绳电话的通讯距离特别看重，如果能在不增加成本的前提下让通讯距离比竞争对手多出20米，会在竞争中很有杀伤力。增加发射功率是最直接的加长通话距离的方法，但增加发射功率是有局限的，世界各国对不同无线传输设备的最高发射功率都有严格的规范，在北美地区必须遵守美国联邦通信委员会（FCC）制定的标准。伟易达的工程师研究了FCC的要求，发现如果将现有的2.4GHz无绳电话的发射频谱做一定的调整，理论上讲可以改变其相关规范的适用条款，按FCC相关规定的书面意思来看可以合法地提升发射功率10dB，而要做到这一点，就需要重新做一颗芯片。

我和大为到温哥华去跟伟易达团队沟通了一下，觉得这个芯片我们可以做。虽然有将来FCC安规检测能否被认可的风险，但是我们选择了相信伟易达技术团队的判断，毕竟他们是最了解无绳电话的行业和规范的。从温哥华回上海的飞机上，我和大为很兴奋，憧憬着很快会有千千万万的人用上我们的芯片做的无绳电话，已经有种梦想成真的感觉。

我们回到上海组织我们当时尚不足十人的团队，立即启动了这个项目。那段时间我们过得特别充实，我们当时的办公室在张江园区的国家信息安全基地，我们入驻的时候，整个基地园区没几家公司，园区的篮球场几乎成了我们Beken专用。每天下午4点半，大家一起到篮球场打1个小时篮球，然后吃个叫来的外卖就回到办公室继续工作到夜深。功夫不负有心人，我们的辛苦没有白白付出，当我们经过测试、修改、再测试、再修改并最后跟伟易达的技术团队一起，把一个完全符合技术规格的样机做出来的时候，整个团队都有一种如释重负的开心。最后的测试是在伟易达的温哥华办公室完成的，测试通过的当天，我租了辆车，带着参加测试的同事一起开到温哥华的著名景点格兰维尔岛（Granville Island），去了名字叫沙吧（The Sandbar）的一个当地最抢手的临海酒吧，把这大半年积累的疲劳和辛苦，用和岛同名的手工精酿啤酒痛痛快快地洗刷了个干干净净。

从加拿大回来，就开始准备预定产能、安排下单和生产备货了。没想到忽然有一天早上，我接到彭景辉的电话。他说："鹏飞，我想不出一个婉转的方法来说，只有直截了当了，伟易达决定取消这个案子，我们不想冒FCC安规的风险。"

如果这不算最坏的消息，我不知道什么还能算。为了这个项目，我们在人力和财力上都做了最后的冲刺，现在团队有点精疲力尽了，银行里的钱也花得差不多了，而项目的取消让我们一下子回到了原点。我和大为把同事们叫到一起，告诉了大家伟易达的决定和公司目前的状况。尽管内心很失望，但我知道我们无论如何不能放弃，我们才刚刚开始，再坏也不过就是重新开始。我跟大家讲，虽然伟易达取消了这个项目，我们大规模出货的时间不得不推迟，但由于我们之前与伟易达的频繁交流和合作，使我们对无绳电话的芯片需求有了丰富的了解，在完成这个项目的过程中积累了大量适用于无绳电话的IP，我们团队在这个领域的战斗力和竞争力与项目开始时相比有质的提升，并且同等重要的是，伟易达基于差异化竞争的考虑对芯片设计的需求没有改变，我们可以提供的价值没有改变，我们仍然有机会。

令人欣慰的是，我们的团队并没有因为伟易达取消项目而消极沮丧，我们通过伟易达的温哥华团队了解到目前他们生产的5.8GHz的无绳电话是用飞利浦2.4GHz的芯片加上多个变频器件完成的，由于芯片集成度低所以系统BOM成本高，生产过程复杂，产品可靠性差。而我们既有前一个伟易达项目中积累的语音处理和调制解调等相关电路设计可以复用，又有之前在美国时做WLAN积累的5.8GHz芯片设计的成熟经验，我们来做这个芯片简直是水到渠成的事情。我们Beken团队没有时间去怨天尤人，而是立即开始了一个新的5.8GHz芯片的设计。这样，在伟易达取消我们第一项目的三个月后，我们与伟易达的工程人员已经开始在温哥华测试当时业界集成度最高的5.8GHz无绳电话芯片了。这款芯片随后顺利地实现了规模量产，仅仅靠这一颗芯片，在2006年，Beken成立的第二年我们就实现了盈利。这款芯片的生命周期长达4～5年，给伟易达的直接经济效益每年就有上千万美金。而由于它的利润支持，我们又相继开发了大量的射频通讯芯片并在高速公路ETC、对讲机、无线键鼠、蓝牙等多个细分市场做到了全国第一。

4．马拉松

在清华上过学的人，由于受马约翰老先生的传统的影响，多有坚持运动的习惯。我回国之前几乎每天都去健身房。越是生活紧张工作繁忙的时候，运动越是不可或缺。创业对创业者在体力和精力上的需求是没有止境的，因此管理好自己的健康是每个创业者需要学会的第一管理技能。刚刚回国的时候，因为早上5点钟健身房都不开门，而我一天当中其他的时间都不由我自由支配，不得已我就到附近的公园去跑步，这样就慢慢喜欢上了长跑。2008年的时候硬着头皮报了个上海的半程马拉松，居然跑得出乎意料地轻松，而且成绩还不错，跑到了2小时以内。从2009年开始，每年都“软硬兼施”地拉公司同事们参加上海马拉松。很难说每年跟着我参赛的同事有多少是因为有现金的奖励，有多少是因为有“老板”的压力，但是管他什么原因，参加了就有机会喜欢上这个运动，而有个运动的爱好真的可以受益一生。2013年在上海的马拉松赛事上，Beken有6人跑完全马，28人跑完半马，14人跑了10公里健身，加上十几个服务人员，在沪的同事们大半都参与了。其中有好多是连续参加了多年的。战后总结，我在公司全体例会上要每个人回答一下当年上海马拉松的主题“我跑是因为……”，答案当然五花八门，有的是因为减肥，有的是因为健身，有的是因为有心上人在终点等，有的是因为公司活动必须参加（潜台词：被逼迫），有的是因为公司的马拉松奖金，有的说要给下一代树榜样……，不一而足。其中有个同事说，是为了经历人生。的确，马拉松在运动项目中最象人生本身：不论天资和条件，不分专业和业余，每个人都可以做最好的自己，每个人都可以在和专业选手同场竞技中获得战胜自我的快乐。

创业，和马拉松一样，是浓缩的人生。给自己一次全力以赴的机会，去感受竭尽全力之后到达终点的愉悦。

最后，以我2014年为一个马拉松庆祝活动写的一首小诗与读者共勉：

跑向前

生命只有一个方向
赛道只有一个终点
时间嘀哒流逝
我自奔跑向前
跑向前
汗水相伴
辞别忐忑和怯懦
自信和坚强离我不远
只有试一试才有难以忘怀
只有试一试才有丰富多彩

跑向前
疼痛相伴
缠斗绝望和无助
重生的喜悦等在终点
天份是一分冷冷的骄傲加九十九分咬紧牙关
纵使蜗行牛步，42.195也要趟完

跑向前
风雨相伴
跑过夏暑和冬雪
春华和秋实露出笑脸
莫再问如何坚持
我不是坚持，我是喜欢

跑向前
寂寞相伴
踏着浮躁和嚣喧
回头望我行已远
漫长的旅程是一步步的蹒跚

伟大的人生由一天天的琐碎相连

生命只有一个方向
赛道只有一个终点
时间嘀哒流逝
我自奔跑向前

张鹏飞简介

现任博通集成电路（上海）有限公司首席执行官兼总裁。

从1983年到1994年在清华大学电子工程系获学士、硕士和博士学位，并于1994年赴美在洛杉矶加大（UCLA）从事博士后研究工作。随后在美国半导体工业界多家知名公司从事过工程开发和管理工作，在高速集成电路、模拟信号集成电路、射频收发器及无线通讯系统等领域有丰富的研发经验，是业界知名专家。

回国之前曾在美国硅谷成功创业。他在美国共同创立了集成电路设计公司Resonext Communications，先后融资6千万美元，并在不到两年的时间里，作为主要设计人和领导者成功地组织研发了世界首款无线局域网CMOS ZIF双频收发器，实现规模量产，公司因此以1亿3千万美元被美国RFMD成功并购。2005年他作为共同创始人在上海张江高科技园区成立博通集成电路（上海）有限公司，专注于无线通信领域集成电路的研发设计。博通目前是国内最大的无线连接芯片公司,拥有完整的产品平台,支持丰富的无线协议和通讯标准,为包括多个世界知名品牌在内的国内外客户提供低功耗高性能的无线射频和微处理器SOC芯片,为智能交通和物联网提供完整的解决方案。

拥有12项美国发明专利并发表了28篇学术论文，在2004年国际专用集成电路大会（CICC）上获得了唯一的最佳论文奖。2007年获中国半导体创新产品和技术奖， 2008年获上海市科技进步二等奖，2009年获张江高科技园区归国创业精英奖，2010 年入选国家千人计划，2011年获中国IC设计公司成就奖，2012年当选上海市优秀技术带头人。

缘于情怀归于生活

文/周　敏

还记得十几年前，应前辈盛邀参加欧美同学会聚会时的情景：那时，我刚回国没多久，与会的基本上都是一些老前辈，年轻人少之又少。而今的欧美同学会，已逐步成为年轻海归们相识交流的有效平台。通过这样的平台，大家可以进行交流，相互学习，也让进入新环境的海归们知道有组织关心，同时也为大家提供了与当地政府、相关部门对话沟通的渠道，可以更好地解决问题，寻找商机。

在2014年5月，我还有幸参加了历时一周的上海欧美同学会第六期海归创业者培训班，并担任了班长，有机会和那么多年轻人接触、交流，感受大家创业的热情，很是欣喜。也希望我在创业过程中的点滴心得与体会，可以给大家带来一些启发。

海归回国创业，不可不说的情怀

说到创业，可能要先提到我的丈夫徐红岩。1987年，他在中科院上海有机化学研究所获硕士学位，然后在交通大学任教。而我，则是1988年上海中医学院大学毕业，随后进了上海市药材公司工作。1990年，我丈夫决定自费到美国麻省医学中心攻读博士学位，而我则跟随他一起飘洋过海。

在美国的那段时间，我们俩先后进入由导师乔治·怀特教授主持的实验室从事技术研究。乔治·怀特教授在有机金属化学、纳米技术等诸多领域均有突出的贡献，作为他的学生，自然是受益匪浅，这也为我们之后在多肽领域的研究打下了坚实的基础。1994年9月，我丈夫获得了博士学位，此时，他和怀特教授共同开发的一项成果，得到美国政府SBIR的资助和美国风险基金的投资。又过了一年多，在1996年初，我丈夫，怀特教授及另一位中国留学生在美国麻州创办了吉尔合成公司。

按照常理来说，固定的工作、美满的生活，那么下一步，应该就是在美国安家落户了，可以像很多人羡慕的那样，享受美国的社会福利，让一双儿女在海外成长。然而，就因为那些骨子里的爱国情怀，让我们做出了不同的选择。我觉得，当一个人身在他乡，以一个黄皮肤黑头发的中国人的身躯，走在他国土地上的时候，那种民族归属感、和想为祖国做些什么的想法，会不断地在你的血液中涌动，挡也挡不住。相信，这种感觉，每一个走出国门的学子都能体会得到。记得那时，我和我丈夫徐红岩在美国听了场演讲，那是一场由国内有关部门在美国组织的报告会，为海外游子描绘了一幅上海浦东开发开放的美好蓝图。那一天，在异国他乡的我们，听到了祖国母亲深情的召唤，禁不住流下了眼泪。当时我们就想，用国内原料一定也可以生产更多的产品，而且成本将大为降低，并可填补我国在这个领域的技术和产业空白。

在美国，尽管生活条件不错，但总有心理上的压抑感。我们想回国谋求发展，当时许多人不理解，说我们自找麻烦。其实只有把个人的理想和追求融入到祖国的改革开放大业中，我们的人生才会更加精彩，今天越来越多的人准备回国创业也正是基于这样的考虑。1996年金秋，作为怀揣梦想和希望的留学生，我和我丈夫毅然放弃了在美国创下的家业，回到了上海这座我生长的城市，经过一年多的考察、选址、筹建，1998年，吉尔生化（上海）有限公司在浦东张江高科技园区呱呱坠地，成为首批入驻园区的六家企业之一。

为了情怀，不断进取、攻坚克难

回国以后，我们将企业的发展方向瞄准了国际市场，致力于多肽类、核酸类产品的研究开发。多肽类产品，主要是指多肽以及和多肽相关的一类生化产品，包括：人工合成的非天然氨基酸、多肽、蛋白质，以及合成多肽所用的缩合剂、保护剂等等。近年来，由于多肽、核酸类产品被广泛地应用于新医药领域，该领域正受到国际社会的高度重视，同时，也得到了国内政府的积极关注。但是，也正因为在当时的中国，多肽尚属新兴领域，技术尚未成熟，许多多肽产品（特别是成品和核酸类产品）完全依赖进口。着眼于国内数倍于美国的广阔市场，我和我丈夫计划在国内开展多肽、核酸类产品的研究开发工作。另一方面，在海外先进实验室的多年实践，也帮助我们积累了雄厚的技术“资本”，我们相信，凭借自己在美国研制高科技产品的经历和技术，如果改用国内的原料，在上海生产这类产品，成本将大大地降低，那么，用于出口，我们的产品就会极有竞争力；而用于国内，也可以填补我国在这个领域上技术和产业的空白，从而改变多肽类产品完全依赖进口的窘境，骄傲地生产出纯正的“中国制造”。

当然，想法是好的，执行起来，仍是一个不断进取和攻坚克难的过程。初创时期的吉尔生化，仅拥有188平方米的一间实验室和一间办公室及5名员工。吉尔生化主要从事多肽类产品的开发生产，并将其应用于新医药领域。然而由于当时国内市场的局限性，多肽的应用还没有得到推广。为了维持公司的正常运营，在创业初期，我们只接了一些简单的合成试剂订单，也没有专门的研发部门去进行多肽的研究。直到两年后，我们才设立了一个专门研发多肽的部门。很长一段时间，对于新药的研发，我们只能一点点摸索，失败率很高。我当时和这个项目负责人说："你这个项目做得让我连房租都交不起。"我们公司遭遇了研发经费匮乏、技术难题等诸多困难……可尽管如此，我们还是硬着头皮坚持了下来，别的实验室做那些能卖得出去的产品，这个实验室还是负责多肽。终于，我和公司技术人员抱着"知难而进"的攻坚精神，历时一年多，研发出了公司第一个多肽合成缩合剂-HBTU，产品纯度达到99.8%，且高于国外同类产品。

当我们还沉寂在第一个产品问世的喜悦中时，新的考验却马上来临。由于产品属于新产品研发，没有任何的中文资料可供查询。但按中国海关化工类产品出口明文规定，我们在提交出口申报资料时必须提供中文版产品官方说明书方能办理出关手续。为使历经千辛万苦研发出来的产品能顺利出关，我通过美国公司查询该产品的理化性质和安全检测参数等文献资料，并翻译成中文说明提交给上海化工研究院检测中心，以协助他们进行产品的安全性检测（当时还没有互联网可以查找相关资料）。在拿到安全报告的同时，我数次奔波于报关公司和虹桥机场海关申报窗口，一次次地不厌其烦地向关口审单的海关官员解释该产品的物理和化学性质，告知忠于职守的官员们，我们回国创办企业，是不会去做国内已有的产品的，否则我们自身的价值是不可能得以体现的。我也曾风趣地跟他们讲，将来我们一定会自己来书写中文版的产品说明，到那时也就不用为难我们的海关了！由于我的坚持和极富专业性的解释，最终还是感化了海关的工作人员并由此也改变了我们机场海关只凭化工产品官方中文说明才能予以报关审核的一贯做法，我们的产品最终在海关仓库放置近一个月后得以顺利报关出口。

随后，通过公司技术人员不断地技术创新、新产品开发，结合销售网络的不断开拓与完善，吉尔彻底打破了国外产品在国内市场的垄断局面，国内知名科院所例如清华大学、复旦大学、军事医学研究院、上海生化所、上海药物所等单位开始从吉尔采购多肽试剂产品，在国际市场，吉尔产品远销到世界30多个国家和地区。至此，凭借吉尔团队在海外积累的市场资源，我们的产品迅速进入美国市场，更是创造了120万美金销售收入，为公司的发展积累了技术和资金上的“第一桶金”。

在创业进取的过程中，量力而行

创业初期一定要量力而行，我个人一直奉行有多大能耐做多大事情的原则。公司运行前十年，我们没有从银行贷过一分的款。因为我深知银行向来是做锦上添花的事，不可能成为创业者艰苦创业过程中雪中送炭的救世主。脚踏实地一步一个脚印凭借着自身的努力走下来，虽然走的道路不乏坎坷和艰辛，但每走一步所打下的基石将是无比地牢固和异常地坚实。

量力而行，乍一听有些让人气馁，但其实，只是让我们在有创业热情的同时，可以更接地气、更多地从实际情况出发，考虑自己的优势，结合现状、扬长避短。打个比方，我接触到的很多回国创业的留学生，都普遍地会产生失落感，而且存在很明显的弱点——不太接地气。一些刚从国外回来的留学生，特别是掌握着最高端最前沿技术或者有很多专利的人，他们会盲目地认为自己拥有别人没有的技术，只要能做出最最高科技的产品来就一定有市场，然而，在现实面前却往往会碰得头破血流，心灰意冷。针对这种情况，我觉得，这样的心态是不可取的，因为商品经济的市场和你想象的完全不一样，社会关系复杂，哪怕再有本事，被认可且最终被接受也需要一个过程。

量力而行，还有一点至关重要：抓住一切可以利用的机遇，巧借东风。2003年，SARS爆发，给吉尔生化带来了发展的机遇。治疗SARS最主要的药就是胸腺五肽，该药可用于提高肺部的免疫能力。当时的吉尔生化，是全国第一个做胸腺五肽原料的企业，为中科院上海药物所研究抗SARS病毒新药提供了技术支持，在我看来，SARS正是吉尔生化在国内被同行业认可最好的契机。为此，我和技术人员们在生产车间不分昼夜地赶制订单。直到现在，上海市药物所和生化所都是吉尔生化最忠实的客户。

刚才说了大事件给我们带来的机遇，再来说说东风：政府的各项政策，特别是海归在上海创业投资环境的改变。习主席在中国欧美同学会建会一百周年庆祝大会上提出的四点希望中“希望广大留学人员积极投身创新创造实践”，并高度评价我国留学人员的作用和贡献，同时强调应大力推进“千人计划”，使留学人员回国有用武之地，留在国外有报国之门！我深感归国留学生创业需要有坚定的信念和科学发展观的指导，创业过程中希望各级政府部门从落实国家战略高度重视归国留学人员这一创业群体，关注归国留学人员的创业期望，进一步优化创业环境，通过推进各项配套改革，为归国留学人员创新创业创造宽松的体制环境，进一步完善留学人员创新创业的融资渠道，进一步加强对归国留学人员创业企业服务，建立人才绿色通道，适应创新创业企业对人才的需求，进一步改善科技园区的生活服务环境。

除此之外，作为企业掌管人，了解自己的长处和不足，并不断完善和优化也是很重要的。从另一个角度来看，这也是如何让员工对企业文化有认同感的关键。企业在不断发展的过程中，除了领导者的英明决策，至关重要的是员工的齐心协力。吉尔生化从创办初期不足十个人发展至今近千人的规模，依靠的是上下员工对公司行之有效的管理制度的认可和遵循。管理出效益，这在公司先行整体运作中起到至关重要的作用。

进取过后，回到生活

在这条创业的路程上，充满了艰辛。我既是总经理，又身兼销售员、仓库管理员、出纳员、出口报关员等数职。除此之外，我还有一个重要的身份，就是孩子的母亲。记得那时，我坐公交车送货，经常要乘坐一条徐川线，从徐家汇到川沙一路颠簸，而儿子就像个小尾巴，跟着我四处奔波。对于今天所取得的成就，我只想说，我们不是女强人，只是做事比较勤快，能吃得起苦而已。而在进取过后，人还是要回归到生活中。

现在，虽然工作忙碌，但我始终会刻意地隔离生活与工作的界限，比如，下班不把电脑带回家、不用手机处理邮件、把家安置在离公司较远的地方。我希望，在家里我可以做一个普通的家庭主妇：打扫打扫卫生、给家人做做饭，带着狗狗遛个弯儿……在进取过后，如今我已年过半百，我希望一切都可以回归生活。吉尔生化从张江起步，创业十多年后，重新走在张江的郭守敬路上，回想当年，曾无数次沿着这条路步行到公司，那时的马路冷冷清清，而今却已是绿树成荫，我见证了浦东的发展、企业的成长，更看到了自己。在一切过后，我觉得，应该更珍惜生活，学会享受当下，即使看着路边的小花，也让人觉得无比幸福。

当年，上海市人事局为了鼓励留学生回国创业出台了许多优惠政策，比如留学生回国注册企业的话，仅需6万美元就可以注册生产经营型的公司，还拥有外贸进出口权，现在这些条件早就取消了。取而代之的，是更完善、全面的扶持政策。在我看来，很多园区及时、准确的配套政策，从另一方面决定了这些创业企业的发展方向和上升空间。打个比方，拿张江科技园对园区企业的保护来说，比如任何单位和机构，哪怕是上海市各级检察部门、劳动局、环保局，都不可以直接到企业检查，都必须先跟园区沟通，由园区安排，他们才能到企业来；即使接受媒体的采访、拍摄，都要事先和园区打好招呼，园区安排好了才接受。这样，园区就为入驻园区的企业设立了一道屏障，那企业就可以专心做企业该做的事情了。

当然，创业企业绝不能单靠政策来运作，大家都应该拥有独立解决问题的能力。企业要自己坐正了，把自己的事情做好，不能产生依赖性，才能长久，让政府与商会腾出精力去帮助有需要的人。今天，政府正致力于打造“大众创业，万众创新”的大环境，这也正是我们海归学者回国创业的大好时机。我诚心地期待，有更多的留学人员能回到故土，以饱满的热情融入到创业的氛围中！

周敏简介

留学美国，药物化学专业，吉尔生化（上海）有限公司总经理，曾就职于美国麻州医学中心，现为吉尔生化（上海）有限公司总经理、上海吉尔多肽有限公司总经理。

海归女性创业企业家，归国留学人员创业的成功典范，曾荣获首届中国留学人才归国创业“腾飞”奖、全国三八红旗手、全国归侨侨眷先进个人。2012年7月，作为上海地区的三位女性得奖者之一，获得“全国就业创业优秀个人”称号。

上海市第九次、第十次党代会代表，闵行区侨联副主席、上海市欧美同学会创业分会副会长，欧美同学会闵行分会会长，浦东新区归国留学生联合会副会长,中共张江高科技园区回国留学生联合支部书记。

后记

《体验创业II》今天出版了！创业不仅需要胆识，更需要智慧，执着、坚持和历练！书中编入的31位海归企业家创新创业的传奇故事，让我们感受到了创新创业历经磨难，方能涅槃。

遗憾的是本书没有比较全面地录入已经在编名册中的海归创业者，由于他们奔波于海内外，忙于事业和工作，没能如期完成稿约而错失本书编辑。他们是：彭少成（上海第一家民营医院“博爱医院”的开创者），赵箭（大道计算机上海公司总裁），韩白衣（上海白衣缘生物工程公司董事长），陈瑶（上海德朗动力电池公司总经理），梁建章（携程旅行网CEO），张汝京（映瑞光点科技公司董事长），罗楹（上海睿星基因技术公司董事长），陈春麟（上海美迪西生物医药公司总裁执行官），熊泉（弥亚微电子公司董事长），邱慈云（中芯国际CEO兼执行董事），臧广陵（上海市成功综合律师事务所主任），等等。

我们希望在出版发行《体验创业III》时能再现他们的身影和故事。

借本书出版发行之际，我们要特别感谢在百忙之中抽出时间努力写稿的创业学长，也要特别感谢抽出时间接受本书记者采访的创业企业家，如：武岳峰资本的武平学长，壹药网的于刚学长，微创医疗的常兆华学长，软银赛富的陆豪学长，长森药业的王喆学长，中微半导体设备的尹志尧学长，等等。

借此机会我们要特别致谢本书的责任主编侯小倩学长对本书出版发行所做出的大量工作及各种努力和辛勤付出！

同时也非常感谢戴为东学长对本书前期策划做出的贡献，以及徐丽娜、朱勇文、陈卓君、孙云、马浩强、白柠茵、赵麟、沈军、李小燕、刘雪欢、王丹丹、张艳婷、张丹茹等学长，对本书编辑出版发行所给予的各种努力和支持！

由于本书编辑时间仓促，如遇差错或不足，敬请读者指出以促使我们以后编书工作更好改进。

应钢星
上海市欧美同学会创业协会《体验创业Ⅱ》执行主编
2015年11月